KB174505

自由人 인터뷰 1

정치경영연구소의 **자유인 인터뷰** 1

세 번째 개똥은 네가 먹어야 한다

1판1쇄 | 2013년 3월 25일

엮은이 | 김경미
기획 | 정치경영연구소

펴낸이 | 박상훈
주간 | 정민용
편집장 | 안중철
편집 | 윤상훈, 이진실, 최미정
제작·영업 | 김재선

펴낸 곳 | 후마니타스
등록 | 2002년 2월 19일 제300-2003-108호
주소 | 서울시 마포구 합정동 413-7번지 1층 (121-883)
전화 | 편집_02.739.9929/9930 제작·영업_02.722.9960 팩스_02.733.9910
홈페이지 | www.humanitasbook.co.kr

인쇄 | 천일_031.955.8083
제본 | 일진_031.908.1407

값 15,000원

ⓒ 정치경영연구소, 2013
ISBN 978-89-6437-174-9 04300
      978-89-6437-173-2 (세트)

이 도서의 국립중앙도서관 출판시도서목록(CIP)은 e-CIP홈페이지(http://www.nl.go.kr/ecip)와
국가자료공동목록시스템(http://www.nl.go.kr/kolisnet)에서 이용하실 수 있습니다.
(CIP제어번호: CIP2013001350)

세 번째 개똥은 네가 먹어야 한다

정치경영연구소의 **자유인 인터뷰 1** | 김경미 엮음

후마니타스

일러두기

1. 단행본, 정기간행물에는 겹낫표(『 』)를, 앨범 제목에는 겹꺾쇠표(《 》)를, 기고문, 단편, 시 제목에는 큰따옴표(" ")를, 법령, 공연물, 텔레비전 프로그램, 노래 제목, 인터넷 정기간행물에는 가랑이표(〈 〉)를 사용했다.

2. 인터뷰 당시 시점을 살려 표기하되, 독자의 이해를 돕기 위해 출간 시점을 기준으로 도입부 글을 썼고, 필요한 곳에는 괄호 주를 첨가했다.

3. 본문에 수록된 사진은 최형락 〈프레시안〉 기자가 제공했다. 단 엘리자베뜨 사바놀, 이근식 인터뷰의 사진은 본인에게 제공받았다.

엮은이 서문

1

이 책의 인터뷰들은 2011년 봄부터 2012년 10월까지 진행되었다. 〈프레시안〉에 연재되었던 것을 책의 형태에 맞게 고쳐 썼다. 1권에는 주로 문화·예술인과 학자, 기업인과 사회 활동가 들의 인터뷰를, 2권에는 정치인의 인터뷰를 실었다.

적지 않은 시간이 흐른 만큼 그들 중 상당수의 상황은 당시와 많이 달라졌는데, 이는 2권에서 한층 두드러졌다. 세상을 떠난 이도 있고, 2012년 대선 캠프에서 뛴 이도 있으며, 또 직접 대선 후보로 나선 이도 있다. 누군가는 새롭게 당을 일구고 있으며 또 누군가는 재야의 정치인으로 새로운 정치 인생을 시작하고 있다. 예상했던 경로를 따라 움직인 이도 있지만 뜻밖의 행보를 보인 이도 있다. 그래서인지 지진이 일어난 진앙지를 미리 들여다봤다는 느낌이었다고 할까. 그들의 행보로 인해 우리 사회에 크고 작은 파장이 일 때마다 이 인터뷰를 다시 들여다보며, 그 선택이 어떤 맥락에서 나왔을까 유추해 보는 과정은 내게 무척이나 흥미로운 일이었다.

인터뷰이들의 정치적·사회적 입장은 다양하다. 하지만 이들의 인터뷰는 하나같이 '자유'라는 키워드로 시작해 "당신에게 자유란?"이라는 질문과 그 답으로 마무리된다. 이 책에는 자유에 대해 27명이 내린 27개의 정의가 담겨 있는 셈이다. 모두가 자유를 꿈꾸지만 각자 꿈꾸는 자유가 다를 수 있다는 것을 아는 사회, '함께 또 따로'의 자유를 꿈꿀 수 있는 사회는 분명 특정한 사람만 자유를 꿈꿀 수 있거나, 한 가지 색깔의 자유만을 꿈꿔야 하는 사회보다 더 아름답다고 믿는다. 그렇기에 모두가 다른 맥락으로 정의한 자유의 다양함이야말로 우리 사회를 풍요롭게 하리라 기대하며, 즐거운 자유의 조각 맞추기를 시도해 보았다.

2

자유란 무엇인가? 누군가 내게 묻는다면 나는 자유란 공기와 같다고 답하겠다.

공기의 가치를 일상적으로 느끼기는 쉽지 않다. 하지만 공기가 부족하거나 오염될 경우 사람들은 생존 자체에 위협을 느끼고 비로소 그 가치를 절실하게 생각하게 된다. 이처럼 우리는 더 많은 자유를 원하는 상황보다 자유가 억압되어 있는 상황에서 이로부터 벗어나고자 자유의 가치를 말할 때가 많다.

그러나 '무엇으로부터' 자유로워지고 싶다는 이유만으로 자유의 가치가 중시되는 것은 아니다. 우리는 권력으로부터 벗어나고 싶을 뿐만 아니라 공익에 맞게 권력을 선용하고 싶어 하기도 한다. 배고픔에서 해방되고 싶은 욕망만이 아니라 사랑하는 이에게 맛있는 음식을 요리해 주고 싶은 욕망도 함께 지닌 존재다.

자유의 개념은 확장적이다. 나의 자유가 중요하다면 다른 사람의 자유도 평등한 권리로서 향유될 수 있어야 한다. 이 점에서 자유는 인간이면 당연히 누려야 할 권리로 접근할 수 있다. 그런데 인간의 권리로서 자유는 개인적인 차원에서 사회적인 차원, 더 나아가 생태적인 차원으로 확대될 수 있다. 유엔이 시민적·정치적 권리를 제1세대 인권으로, 경제적·사회적·문화적 인권을 제2세대 인권으로, 평화, 의사소통, 인류 공동 유산으로부터 이익을 받을 권리 등을 명시

한 연대의 권리를 제3세대 인권이라고 규정한 것이 대표적인 예이다.

3

'want'라는 영어 단어는 동사로 쓰이면 '원하다'를 뜻하지만, 명사일 때는 '결핍'을 의미한다. 『위건 부두로 가는 길』을 보면, 조지 오웰이 한 광부에게 언제부터 그 지역에서 주택 부족 문제가 심각해졌는지를 묻자 "사람들이 그런 소리를 할 때부터."라고 답하는 대목이 있다. 문제를 자각하고, 변화를 추구하고, 소망하는 바를 좇는 것이야말로 인간이 살아온 자유의 역사가 아닐 수 없다.

사회의 규모가 커져 각자의 선의만으로 서로의 자유를 보호해 줄 수 없게 되면, 자유는 정치의 역할을 필요로 한다. 누군가는 더 많은 소득을 원하고 그것이 또 다른 누군가의 소득을 떨어뜨리는 결과를 가져올 때, 집단 간 싸움이 벌어지는 양상을 피할 수 없다.

이익과 열정을 둘러싸고 개인과 개인, 나아가 집단과 집단 사이의 갈등을 동반할 수밖에 없다면, 자유의 운명은 해당 사회에서 그런 갈등이 어떻게 다뤄지느냐에 달려 있다. 바로 이 점에서 자유는 갈등 조정과 관련된 정치의 문제와 결합된다.

다양한 분야의 자유로운 영혼들을 만난 이 인터뷰에 정치인을 많이 포함한 것은 그래서다.

4

자유주의 혁명을 이끈 영국의 정치사상가 존 로크는 『통치론』에서 "모든 인간은 어떤 타자의 의지 또는 권위에 종속됨이 없이 인간의 자연적 자유에 대해 평등한 권리를 갖는다."라고 선언한 바 있다. 우리의 현실은 어떤가.

'삼성 장학생'이라는 말이 있을 정도로 한국 사회의 정치·경제·사회·문화 등 모든 영역에서 자신들의 영향력을 심고 확장해 온 대기업 삼성 일가가 누리는 자유와, 그 계열사인 삼성 반도체에 다니면서 백혈병으로 사망한 노동자나 그 유가족이 누리는 자유가 동일하다고 할 수 있을까? 지금까지 23명의 부고를 들어야 했던 쌍용자동차 해고 노동자와 그 가족은 자유로운가?

억대 출연료가 당연시되는 소수의 연예인과 굶어 죽은 시나리오 작가가 공존하는 우리 사회는 진정 자유로운가? 갈수록 불평등해지는 현실에 분노하고 좌절하다 못해 자살과 범죄로 항의하는 사람들이 나날이 늘고 있는 지금 대한민국은 자유로운 사회인가?

강자의 자유, 부유한 자의 자유만이 존재하는 사회라면 그건 야만이다. 자유가 인간의 보편적 가치라면, 이는 만인의 평등한 자유라는 차원에서 조명되어야 하며 그럴 때에만 자유는 인간 정신의 위대한 발달로 찬사를 받을 수 있다.

양극화된 자유의 분단선을 넘어 만인이 평등한 자유를 누릴 수 있는 사회가 속히 왔으면 좋겠다는 마음으로 자유인을 찾아 나섰다. 자신이 서있는 곳에서 자유의 공간을 늘리기 위해 노력하고 있는 자유인을 만난다면 우리도 좋은 영향을 받을 수 있지 않을까 싶었다.

5

만인의 평등한 자유를 위해 싸워 줄 초인을 바라는 것은 아니었다. 우리 스스로 답을 갖고 있다고 생각해서 이 일에 나선 것도 아니었다. 오히려 인터뷰이들 각자가 갖고 있는 자유롭고 다양한 목소리를 듣고 전하고 싶었다.

사회를 구성하는 개인의 삶을 소중히 여기면서, 그 기초 위에서 자유로운 개인들이 각자의 차이를 인정하고 조정해 가며 함께 일구는 공동체를 생각했다.

우리 시대의 여러 과제와 씨름하면서도 자유의 감수성을 잃지 않았으면 좋겠다는 생각도 했다. 한때 사랑할 자유도, 방황할 자유도, 의심할 자유도, 회의할 자유도, 자신의 미래를 스스로 선택할 자유도 시대의 무게에 짓눌려 사치라고 느껴야 했던 이들도 많았다.

청년 시절은 한국 사회가 군사독재의 억압 속에서 암울해 한 시기였고, 늘 불만과 불안을 안고 산 시기였다. …… 마음이 흔쾌하고 즐겁고 행복한 적이 별로 없었던 것 같다. 연애를 하거나 즐거운 순간에도 문득 '내가 이렇게 즐거워도 되나?' 하는 죄의식을 항상 느껴야 하는 시기였다. …… 낭만이라는 것도 일종의 죄의식을 갖게 하는 그런 시기였다(김창남 성공회대학교 교수).

(우리가) 자유를 위해 싸웠다고 생각하지 않는다. 오히려 민주화를 위해 싸웠다. …… 민주화되기만 하면 지난 1백 년 동안 숱한 희생과 고통을 겪은 한반도의 5천만 내지 7천만이 새로운 세계로 나아갈 수 있는 그런 사회가 도래하리라고 생각했다. …… 민주화가 나뿐만 아니라 우리 시대의 화두였던 데 반해, 자유는 민주화로 인해 얻게 되는 열매들 중 하나라고 생각했다. …… 그것이 1970년대 민주화를 위해 싸워 왔던 사람들 대부분의 자유에 대한 감각이 아닌가 한다(고 김근태 민주통합당 상임고문).

그러나 그들 자신의 삶을 우리에게 권한 인터뷰이는 아무도 없었다. 앞선 세대로서 그런 고통이 있었기에, 개인의 자율성과 사회의 공동체성이 공존할 수 있는 '균형 잡힌 자유'가 얼마나 소중한지를 더욱 깊이 인식할 수 있는 것이 아닐까 싶다.

6

하고 싶은 것과 해야 되는 것 사이에서 부단히 흔들려 보고 스스로 결정하는 우리가 되어야 한다는 생각을 갖게 한 것은, 이 책에는 담겨 있지 않지만, 2012년 9월 변영주 감독과의 인터뷰였다. 그녀는 다음과 같이 빈센트 반 고흐의 말을 소개했다. "예술이란, 영화란, 인생이란 하고 싶은 것과 해야 하는 것 사이에 놓인 거대한 벽을 조그만 끌을 가지고 천천히, 그러나 아주 오랫동안 긁어내는 것이다."

이 책에서 우리가 만난 자유인은 모두 이런 사람들이 아니었나 싶다. 원래 자유로웠던 것이 아니라 자유롭기 위해 끊임없이 노력하는 삶, 제아무리 제약과 한계가 있더라도 "그럼에도 불구하고"라고 말하며 자신만의 벽 긁기를 포기하지 않는 삶을 말해 준 그들이야말로 진정한 자유인들이 아니었을까. 그들이 만들어 내는 크고 작은 균열들 사이로 자유의 공기가 넘쳐 나길 바란다. 그리고 이 인터뷰가 그 균열을 넓히는 데 조금이나마 기여하길 바란다. 자유인이 많아질수록 벽을 무너뜨리는 시간도 더욱더 당겨지리라는 소박한 마음과 함께.

2013년 3월
김경미

그렇지만 시대가 아무리 마음에 들지 않더라도,

아직은 무기를 내려놓지 말자.

사회는, 여전히 규탄하고 맞서 싸워야 하기 때문이다.

세상은 저절로 좋아지지 않는다.

__에릭 홉스봄, 『미완의 시대』 중에서.

自由人

2012
05
10

강산에

분노는 보편적으로 저항은 예술적으로

악보를 볼 줄 모른다지만 〈라구요〉, 〈넌 할 수 있어〉, 〈거꾸로 강을 거슬러 오르는 저 힘찬 연어들처럼〉, 〈와그라노〉 등 주옥같은 노래를 만들고 부르면서, 노래를 통해 사회의 아픔을 이야기하고 상처 입은 영혼들을 위로하는 가수 강산에를 만났다.

사회적 메시지를 담은 노래를 하게 된 계기에 대해 묻자, "외국의 경우에는 뮤지션들이 사회에 대한 메시지를 담은 곡을 많이 발표하는데 우리나라는 그렇지 않았다. 그래서 '그러면 나라도 하겠다.'는 저항감과 소명감이 들어 노래에 사회적 메시지를 담기로 했는데 그렇게 하니 생활이 정말 힘들어졌다."고 답한다.

《물수건》, 《KISS》 등 최근의 앨범들은 사랑, 일상 등의 내용이 주를 이룬다. 그래서 강산에가 변했다는 평가도 있다는 말을 전하며 이에 대한 생각을 묻자, "돌이켜보면 항상 뭔지 모를 무겁고 거대한 명분과 관념에 대해 말하고는 있지만 발은 부유하고 있었다. 그런데 어느 날, 가까이 있는 내 옆의 사람들을 보니, 그리고 지나가다 밟는 들꽃들도 가만히 들여다보니 참 좋은 것이다. 나도 그런 것들을 눈에 담고 일상의 가벼움, 작은 기쁨들을 느끼며 살아야 하지 않겠나."라고 이야기한다.

그 계기는 사회 속에 표류하고 있는 것이 너무 괴로워 훌쩍 떠나 버린 사막 위에서 자신을 재발견하게 된 데서 시작되었다고 말한다. "나는 누구인가, 자유는 무엇인가, 평화란 무엇인가 등의 생각에 빠져 있었다. 이런 고민과 혼란 속에서 어느 날 사막으로 여행을 갔는데, '내가 여기서 뭘 하고 있지?'라는 아주 본질적인 질문을 나 자신에게 던지게 되었다. 짧은 시간이었지만, 그 질문을 시작으로 '나는 어디서 왔나, 내가 원하는 것은 무엇인가, 내가 힘들어하는 것은 무엇인가.' 등에 관해 끊임없이 물으며, 나를 누르고 있던 것으로부터 해방될 수 있었다."

그런 그가 공연은 우리 사회에 분노를 증폭하는 도구가 되어서는 안 된다고 이야기한다. "우리 사회의 공연 현장은 때려서 폭력적인 것이 아니라 분위기가 폭력적이다. …… 분노로부터 시작해 사고를 닫아 버리고 적을 만드는 행동은 위험하다. 자꾸 우리의 마음을 분노로 쪼개 버리는 일은, 아무리 명분이 좋다 하더라도, 동조하기 힘든 것 같다. …… 분노는 보편석으로 서항은 예술적으로 해야 한다."라고 자신의 생각을 밝힌다.

"2001년 어느 날, 〈라구요〉를 부르다가 10분간 노래를 잇지 못하고 운 적이 있다. 라이브로 하다 보면 그때그때 즉흥적으로 하게 되는데 엄마에 대한 이야기를 하다가 울컥했다. 빨리 노래를 끝내야 하는데 자꾸 감정이 북받쳐 오르고 눈물이 나서 반주만 계속 이어졌던 기억이 있다. 그때 10분 동안 관객도 밴드도 정적 속에 서로의 마음이 공명했던 것 같다. 그때의 감동이란 정말이지……."

공명을 일으키는 가수, 강산에. 청년 시절, 거친 사회를 향해 거친 비판을 쏟아 내던 그가 사막 한가운데서 거칠 대로 거칠어진 자신의 영혼을 만나 끌어안고 다시 돌아왔다. 그리고 지금은 부드럽지만 그래서 더 강한 울림으로 우리의 마음과 영혼을 달래 주고 있다. "분노의 절정에서 명상하자."는 그의 이야기가 우리에게 또 어떤 공명을 일으켜 낼지, 그의 다음 노래가 무척이나 기대된다.

악보를 볼 줄 모르는 것으로 알고 있다. 그럼에도 좋은 곡을 만들어 내고 악기를 연주할 수 있다는 것이 놀랍다. 어떻게 그것이 가능한가? 다 외우는 것인가?

자랑은 아니지만 내가 처한 환경에서 내 방식대로 해오다 보니 악보를 볼 수 있는지와는 상관없이 음악을 할 수 있었다. 악보를 볼 줄 알면 좋겠지만, 내가 하고 있는 음악에는 그다지 필요하지 않은 것 같다. 악보는 옛날에 클래식(고전음악)을 할 때 모든 선율을 다 외우지 못하니까 그것을 기호로 표시하면서 나왔을 것이다. 그런데 우리 대중가요는 보통 3분에서 5분 사이로 이루어져 있으니, 이 정도면 악보 없이도 선율을 외울 수 있다. 또 기타 같은 악기로 기억해도 된다.

어떤 리듬을 만들지 고민하면서 그것을 기록하는 방법으로 나만의 기호를 쓰기도 하는데, 이 기호가 바로 선율이 된다. 일렉트로닉스 사운드(디제잉)를 하는 사람들의 악보는 굉장히 재밌다. 그들의 악보는 오직 자기만 알아볼 수 있다. 최근에 유튜브에서 일렉트로닉스 사운드 악보와 물건을 연관시켜서 만든 동영상을 보았는데, "탕 탕 탕 치킷 치킷." 이런 소리라면, "탕 탕 탕." 하는 부분에 야구공 세 개가 배치되는 식이었다. 이렇듯 악보란 일종의 그림 같은 개념이 아닌가 싶다.

전문적인 교육을 받지 못해 음악을 하고 싶어도 도전할 생각을 못하는 친구들도 있을 것 같다. 그런 고민을 하는 이들에게 해주고 싶은 이야기가 있다면?

음악 듣는 것이 좋으면 그냥 들으면 된다. 음악은 듣는 것부터 시작된다. 하지만 음악을 하고 싶은 사람은 무엇인가를 듣고 그로부터 받은 느낌이나 떠올린 영감을 악기나 목소리를 통해 구현하고 또다시 그 소리를 듣는다. 귀로 들어간 소리가 입으로 나와서 다시 귀로 가는 것이다. 음악을 한다는 것은 음악을 통해 자신이 전하려는 것을 제대로 던질 수 있을 때까지 이 과정을 반복하는 것이다. 미술도 마찬가지다. 그림이라는 것도 무엇인가를 보고 그로부터 생겨난 감정과 느낌을 그리는 행위로 반복해서 풀어내는 것이라고 본다. 그렇기 때문에 음악과 미술은 누구나 할 수 있다. 사람들에게 전달하고자 하는 바가 있으면 되는 것이다.

그런데 예술에는 양면성이 있다. 누구나 할 수 있지만 아무나 하지 못하는 것이다. 이것은 자기가 얼마만큼 '올인' 하느냐에 달린 문제이다. 우리의 감성을 건드리고 때로는 의식을 넓혀 주는 자극이 되는 무엇인가를 만들고 표현한다는 것은 그만큼 공을 들여야 하는 일이다. 누구나 도전할 수는 있지만 그렇게 온 정성을 쏟을 수 있는 사람은 많지 않다. 하지만 음악을 통해 사람들에게 전달하고자 하는 바가 있고, 음악에 올인 할 수 있으면 된다. 그 외에 딱히 어떤 사람이 해야 한다는 기준이나 왕도는 없는 것 같다.

가사들이 독특하다. 일상적인 내용, 과거나 내면의 이야기, 사투리, 저항적인 메시지 등을 담는 데는 많은 경험과 성찰, 관찰력이 필수일 것 같다. 작사할 때나 창작을 위해 생활 속에서 특별히 신경 쓰는 부분이 있는가?

앨범을 낼 때마다 당시 상황에 대해 자유롭게 이야기한 것밖에 없는데 사람들은 가사가 독특하다거나, 어떻게 그런 생각을 했느냐고 말한다. 내가 그런 가사를 쓸 수 있었던 배경 중 첫 번째로 무식함을 꼽을 수 있다.(웃음) 내 안에 틀에 박힌 관념적인 룰이 있었다면 아마 시도하기 힘들었을 것이다. 고정관념이 별로 없다 보니 '왜? 하면 안 돼?'라는 생각이 들었다. 그렇다고 무식해야 한다는 이야기가 아니라, 아는 범위 내에서 하면 된다는 것이다. 내 가사들은 책을 많이 읽고 공부를 많이 해서 쓴 것이 아니라, 그저 일상에서 사용하는 용어들로 내 느낌을 표현한 것일 뿐이다.

두 번째로 창작 활동은 자유와 연관된다. 인간은 본능적으로 자유를 갈구하고, 나 또한 어떤 관념으로부터 자유롭고자 하는 부분이 있다. 〈와그라노)는 그래서 만들어졌다. 누군가 직접적으로 가르쳐 준 것은 아니지만, 나는 지방에 살면서 서울과 지방 간 문화의 격차를 느꼈고 상대적으로 서울에 대한 동경이 생겼다. 전후戰後 가난했던 우리 국민들이 서양과 서양인들을 막연히 동경했던 것과 같은 맥락이 아닐까 싶다. 늘 서울말에 귀를 기울였고 익숙해지려 노력했다. 그러다가 데뷔하고 나서 제3국으로 여행을 다닌 적이 있는데, 그곳에서는 경상도다, 서울이다 하는 관념에 얽매이지 않아도 되었다. 자유로워진 것이다. 거기에서 어느 날 내뱉은 "와그라노?"라는 말이 공명되어 귀에 들렸을 때, 이제 그것은 말이 아닌 소리 자체로 들어왔다. 소리가 너무 예쁘고 스페인어 같기도 하고.(웃음) 그래서 '오, 이거 재밌네. 노래로 만들어 보자.' 했다. 이렇게 관념에서 벗어나고 싶은 본능적인 욕구가 창작으로 이어졌다. 생각을 얽매는 부분에 대해 '왜 안 되나?' 하고 도전했을 때, 그리고 이것을 통해 그동안 나를 옭아매던 것으로부터 자유로움과 해방감을 맛보았을 때는 정말이지 짜릿했다. 이런 과정을 뚫고 만들어진 노래에 사람들이 "와아아." 하고 공감해 줄 때 경상도 말로 정말 '기분 쥑인다'!(웃음)

여태껏 나온 앨범들을 모두 모아 보면 스토리가 있는 것 같다. '과거, 젊은 시절의 고뇌와 삐딱함, 성숙, 자아 성찰, 일상'인데, 마치 한 사람의 일대기를 보는 느낌이다. 자신의 앨범을 되돌아보면 어떤 느낌이 드는가? 앨범과 연관된 에피소드가 있다면?

1집은 가수가 되기 위해 만든 것은 아니었다. 1집 타이틀 곡인 〈라구요〉는 엄마에게 선물하기 위해 만들었는데 우연히 데뷔 앨범이 됐다. 운이 좋았다. 스스로 가수라고 의식하며 앨범을 만든 것은 2집부터다. 첫 앨범은 Vol.0이다. (1집을 Vol.1이 아니라) Vol.0이라고 한 이유는 '왜 항상 시작은 1부터일까?'라는 의구심이 들어서다. "인생은 빈손으로 와서 빈손으로 가는 것"이라는 말도 있지 않나. 나 역시 모든 것을 맨몸으로 시작하기도 했고, 창작은 아무것도 없는 데서부터 결과물을 만드는 거니까 '그럼 나는 0부터 하련다.' 해서 1집을 Vol.0으로 시작했다.(웃음) 사람들이 생각하는 대로 내가 삐딱하고 싶은 것일 수도 있고, 튀어 보이고 싶은 본능이 내 무의식에 잠재되어 있는지도 모르겠다. 나중에는 이게 도가 지나쳐서 반항적인 모습으로 보인 것 같다.

앨범의 시작을 0부터 하다 보니 본의 아니게 사회에 물의를 일으킨 점도 있다.(웃음) Vol.3이면 4집, Vol.4면 5집이 되는 건데 사람들은 Vol.1이라고 하면 1집인 줄 안다. Vol.4, 즉 5집을 낼 때 인터뷰를 했는데 그때 앨범 표지에는 "Vol.4/5zip"이라고 쓰여 있었다. 기자님한테 그렇게 설명을 해줬건만 잊어버렸는지 기사에는 '4.5집'이라고 나왔다. 마음대로 리메이크 앨범이라고 생각했나 보다. 당시 '.5집'은 우리나라에 처음 있는 일이었다. 연예계에서 그걸 보고 기발하다고 생각했는지 '.5집'을 내기 시작했다. 인스턴트 빵 찍어 내듯 중간중간 '.5집'을 찍어 내면 이익이 되니, 기획사들이 얼마나 좋아했겠는가. 그렇게 물의를 일으켰다.(웃음)

가장 애착을 갖는 앨범이나 노래로 〈라구요〉를 꼽곤 하던데?

노래마다 만들어진 배경과 그것을 지을 때의 기억이 달라서 맛도 다르다. 그래서 이런 질문이 가장 곤란하다.(웃음) 〈라구요〉에는 특별함이 있다. 앞서 말했듯이 〈라구요〉는 엄마에게 선물하기 위해 만든 곡이지 가수로 데뷔하기 위한 곡이 아니었다. 처음에는 노래가 촌스럽다고 생각해 부르기를 꺼렸는데, 많은 사람들이 좋아해 주시면서 애창곡이 되었다. 이제는 노래를 부

20

를 때마다 그 맛이 깊어져서 작년의 〈라구요〉와 지금의 〈라구요〉의 느낌이 다르다.

2001년 어느 날, 〈라구요〉를 부르다가 10분간 노래를 잇지 못하고 운 적이 있다. 라이브로 하다 보면 그때그때 즉흥적으로 하게 되는데 엄마에 대한 이야기를 하다가 울컥했다. 빨리 노래를 끝내야 하는데 자꾸 감정이 북받쳐 오르고 눈물이 나서 반주만 계속 이어졌던 기억이 있다. 그때 10분 동안 관객도 밴드도 정적 속에 서로의 마음이 공명했던 것 같다. 그때의 감동이란 정말이지……(웃음)

〈라구요〉의 인기는, 어머니 이야기이지만 근현대사가 담긴 우리의 이야기이기도 하기 때문인 것 같다. 가사에서 드러나듯이 아버지, 어머니의 이야기를 듣고 자란 강산에의 유년 시절은 어떠했나?

전쟁이 없었으면 나는 태어나지 못했다. 엄마의 유년 시절은 일제강점기였고 스물서너 살에 충청도에서 함경도로 시집을 갔다. 남편은 함경도 분은 아니고 남쪽 사람이었는데 일 때문에 그곳에 계신 분이었다. 남편을 따라 그곳에서 생활하면서 아들을 낳았는데, 그게 바로 우리 형이다. 1949년에 형이 태어나고 그 이듬해에 전쟁이 일어났다. 연합군이 올라오니 남편은 처자식을 안전하게 피난 보냈다.

엄마가 어렸을 때부터 피난 이야기를 많이 해주셨는데, 겪어 보지 않아서 잘 모르겠지만, 진짜 난리이긴 했나 보다. 흥남 부두에서 피난 가는 배를 타는데, 일단 최대한 많은 사람들이 타야 하니 마치 콩나물시루처럼 사람들을 밀어 넣었다고 한다. 그러고는 거제도까지 오는데 움직일 수가 없어서 화장실도 못 가고 그 자리에서 싸야 할 정도였다고 한다. 그 배를 타지 못해 죽은 사람도 많았다고 하니 정말 생사를 건 피난길이었던 것이다. 엄마는 그렇게 내려와 거제도 피난민 수용소에서 생활하면서 생선을 팔며 하루하루를 버텼다.

이후 내 아버지를 만나 결혼했는데, 아버지도 똑같은 처지로 함경도 분이고 처자식도 있있는데 난리 통에 뿔뿔이 흩어져 홀로 피난을 온 분이었다. 나이 차이가 스물 몇 살이 나는데도 결혼했고, 두 분 사이에서 누나와 내가 태어났다. 전쟁이 누나와 나를 만든 것이다. 아버지는 당시 의사여서 어려운 상황에서도 쉽게 자립할 수 있었고, 돈을 쌓아 둘 만큼 많이 벌었다고 한다.

하지만 아버지가 돌아가신 후, 세상 물정에 그리 밝지도 않고 약은 성격도 아닌 엄마는 사람들에게 그 돈을 모두 떼이고, 당시 돈으로 딸랑 1만8천 원 정도를 가지고 아이들과 함께 부산으로 내려갔다. 나의 유년 시절은 없는 것에 익숙했다. 그땐 모두가 그랬으니 그렇게 없는 것이 당연한 줄 알았다.(웃음)

사회적 메시지를 담은 노래를 하게 된 계기는 무엇인가?

처음에는 내 노래를 통해 사회에 대한 메시지를 전달할 생각은 없었다. 〈예 럴랄라〉는 청년 시절에 막걸리 마시고 완행열차 타고 왔다 갔다 할 때의 생활을 노래했다. "창밖으로 보이는 들판, 햇살 부서진다, 우와! 새는 날고 기차는 달려간다, 하모니카 불자."와 같은 내용이었다. 2집 앨범 타이틀이 《나는 사춘기》인데 그때부터 국경, 민족, 반전反戰 등의 사회적인 이야기를 했다. 1989년 여행 자율화가 시작되던 해에 어느 정도 서울 생활에 적응했을 즈음 일본에 가게 되었다. 우리나라 안에만 있다가 해외에 나가니 정말 별세계였다. 문화적 충격이 엄청 컸다. 그게 나의 삐딱함을 건드렸다. '내 청춘

돌리도!' 하며 막연히 불특정 다수인 기성세대에 대한 저항감이 생겼다.

외국의 경우에는 뮤지션들이 사회에 대한 메시지를 담은 곡을 많이 발표하는데 우리나라는 그렇지 않았다. 그래서 '그러면 나라도 하겠다.'는 저항감과 소명감이 들어 노래에 사회적 메시지를 담기로 했는데 그렇게 하니 생활이 정말 힘들어졌다. 내성적인 성격 탓도 있지만 다 같은 가수임에도 다른 사람들과 잘 섞이지 못하고 마치 물 위에 뜬 기름 같은 나를 발견했다. 나도 어울려 놀고 싶은데 속에서는 욱하는 것도 있고, 주변 사람들도 내가 진지하고 듣기에 불편한 말들만 하니 서로 조화되지 못했다.

사람들의 곱지 않은 시선 때문에 주로 이태원에서 놀았다. 지금도 우리 사회에는 여전히 보수적인 사고가 남아 있지만, 그때는 그런 경향이 더 심해서 긴 머리, 부츠, 팔찌나 목걸이 같은 액세서리, 특이한 셔츠 등을 걸치고 카페에 앉아 있으면 모두 좋지 않은 눈빛으로 쳐다봤다. 그러면 자연스레 나도 '뭘 쳐다봐?' 하는 식으로 반항적이 될 수밖에 없었다. 참는다고 참았지만 그렇게 한 번씩 터져 나올 때가 있었다.

3집은 제목부터 아예 대놓고 《삐따기》였는데 물 위의 기름 같은 나에 대한 이야기를 담은 앨범이었다. '끼리끼리 모여 있으면 나는 어디로 가야 하나. 생각도 마음도 모든 것이 삐딱 삐딱 삐딱 삐딱. 삐딱하다고들 하니 차라리 삐딱하고야 말겠어.' 하는 식이었다. 어느 날 시청 앞의 태극기가 때가 타서 꼬질꼬질한 모습을 하고 그마저도 약간 삐딱하게 걸려 있는 것을 봤는데, 나의 삐딱함과 너무나 닮아 보여서 동질감을 느꼈다. 시청 앞을 지나가는 사람들은 그 태극기에 아무 관심도 없었기 때문에 왠지 그 태극기가 나 같다는 느낌이 들었다. 그렇지만 "나는 스스로 만든 '삐따기'이지만 너는 우리가 만든 '삐따기'다."라고 태극기에게 말했다. 그러면서 당시 삼풍백화점이 무너지고 노태우 대통령의 비자금이 밝혀지는 등 사회 곳곳의 곪은 것들이 터져 나오는 상황도 풍자하고 싶었다. 직접적으로 비판할 수는 없어서 삼풍은 바람 풍風을 써서 '三風'으로, 태우는 비 우雨를 써서 '太雨'로 가사를 지었다. 재미있지 않은가. 그런데 사람들은 이 노래를 국경일에만 듣더라.(웃음)

《물수건》,《KISS》등의 앨범들은 사랑과 일상 등의 내용이 주를 이룬다. 그래서 강산에가 변했다는 평가도 있는데 어떻게 생각하는가? 시간이 흐르면서 바뀐 것이 맞나?

그렇다. 자연스럽게 바뀌었다. 늘 삐딱삐딱하게 다니고 거대한 명분을 이야기하면서 사회에 대들었지만, 한편으론 외롭고 물 위에 떠있는 기름 같았다. 그러다 보니 진지하게 나에 대해 생각하기 시작했다. 살면서 인생에 대한 본질적인 화두를 찾을 때가 있지 않은가. 내게도 그때가 있었다. 레코드 회사에서 어느 정도 위치가 되었을 때 휴가를 내고 해외로 돌아다녔다. 회사와의 약속도 있으니 중간중간 들어와서 《연어》를 내고 리메이크 앨범(《하루아침》)도 냈지만, 그 후에는 또 밖으로 나갔다.

《연어》는 IMF 사태(1997년 외환 위기)가 터졌을 때 나온 앨범인데 당시는 뉴스를 보지도 않았고 사회적 이슈에 관심도 갖지 않았다. 나는 누구인가, 자유는 무엇인가, 평화란 무엇인가 등의 생각에 빠져 있었다. 이런 고민과 혼란 속에서 어느 날 사막으로 여행을 갔는데, 거기서 '내가 여기서 뭘 하고 있지?'라는 아주 본질적인 질문을 나 자신에게 던지게 되었다. 짧은 시간이었지만, 그 질문을 시작으로 '나는 어디서 왔나, 내가 원하는 것은 무엇인가, 내가 힘들어하는 것은 무엇인가.' 등에 관해 끊임없이 물으며, 나를 누르고 있던 것으로부터 해방될 수 있었다. 그동안 나를 누르던 것들이 '뻥!' 하고 날아간 느낌이었다.(웃음) 가벼워진 것이다. 아무도 없는 사막, 그 사막 위에 있는 바위에 앉아 있다가 문득 깨어난 것이다.

자신의 존재 이유에 대해 고민하며 그 답을 스스로 얻어 보고, 그 속에서 더할 수 없는 해방의 기쁨을 느껴 본 사람은 많지 않을 것 같다. 대부분은 오늘을 살아가지만 과거에 매이고, 또 미래에 매여 살아가는 경우가 많은데.

후배들이 고뇌에 차서 인생이 무엇이냐고 물어 올 때가 있다. 그러면 "인생? 이거야 이거. 디스 이즈 라이프.This is life."라고 대답한다. 현재 당신이 보고 있는 것이 인생이다. 사막에서 "내가 지금 뭘 하고 있지?"라고 물었는데 그때 찾았던 대답이 "네가 원해서 와있잖아."였다. 내가 원하지 않았으면 그곳에 앉아 있지 않았을 것이다. 원했기 때문에 그곳에 있었던 것이다. 그래서 다시 "왜 원했을까?"라고 질문했다. 왜 태어났는지도 모르겠다고 대답했다. 그러나 모든 현상이 발생하는 데는 다 이유가 있고, 내가 태어난 것도 자의든 타의든 무엇인가 이유가 있을 거라 생각했다. 누군가 우리에게 삶을 주었다면 그것은 우리로 하여금 삶을 살아 내라고 준 것이고, 만약 내가 원해서 태어난 것이라면 그 의지대로 살면 되는 것이다. 태어난다는 것 자체가 삶이다. 태어남은 삶을 부여받고 그 삶을 잡은 것이다. 그런데 그동안 내가 벗어나고 싶었던 것들 모두가 삶이었다. 도망치고, 혼란스러워 하고, 울고 웃고, 보고 듣고, 그 자리에 앉아 있던 것, 그 모두가 삶이었다. 이 사실을 받아들이고 나서 한국에 귀국했다.

지금 생각해 보면 나 자신과 내 삶을 받아들이지 못했던 것은 일종의 두려움 때문이었던 것 같다. 아니면 무엇인가 더 하고 싶은 욕망이나 미련이 남은 탓일 거다. 그래서 내 삶이 그저 꿈이더라도 괜찮으니 용기 있게 현재의 삶을 더 즐겨야겠다고 생각했다. 그래서 하고 싶은 걸 하겠다고 결심했다. 물론 그 안에는 이별과 고통도 있겠지만 그것도 삶이 아니겠는가.

1970~80년대 학생운동이 치열했던 시기를 살아온 사람들은 시대의 무거움 때문에 일상의 기쁨을 잘 모르고 지냈다는 이야기를 들었다. 사랑할 때조차 시대와 동료들에게 죄스럽게 느꼈다고 했다. 그런 이야기를 들으면 그 시대를 지나온 사람들에게 애잔함을 느낀다. 그런 시대에 음악을 했는데 본인에게 음악은 어떤 의미인가?

아마 내가 음악을 하지 않았다면 어떻게 됐을 것이다. 내 안의 분노나 혼란 때문에 정신병이 들거나 깡패가 되었을지도 모른다. 음악이 마음속의 분노와 즐거움 등 모든 것을 담는 창구이자 통로 역할을 했기 때문에 내가 정제되고 차분해질 수 있었다. 문화·예술은 몸과 마음을 치유해 준다는 측면에서 좋은 것이다. 음악이 없었다면 나는 제명에 못 살았을 수도 있다.(웃음)

한대수, 보노, 트레이시 채프먼, 존 레논을 좋아한다고 들었는데 이들의 공통점은 메시지를 전하는 가수라는 점이다. 본인이 추구하는 음악 세계와 비슷한가?

특별히 정해 놓은 것은 없다. 그렇지만 무거운 것은 다 내려놓고 가볍게 가고 싶다. 사람들이 날 보며 '저렇게 가벼워질 수도 있구나.' 하고 느끼게 하고 싶고, 그 가벼움을 함께 나누고 싶다.

처음부터 사랑이나 일상을 노래했으면 모르겠지만, 강산에가 부르는 사랑 노래는 처음부터 쭉 사랑 혹은 일상의 이야기만 노래해 왔던 가수들과는 느낌이 사뭇 다르다.

지금 생각해 보면 나 자신과 내 삶을 받아들이지 못했던 것은 일종의 두려움 때문이었던 것 같다. 그래서 내 삶이 그저 꿈이더라도 괜찮으니 용기 있게 현재의 삶을 더 즐겨야겠다고 생각했다.

돌이켜보면 항상 뭔지 모를 무겁고 거대한 명분과 관념에 대해 말하고는 있지만 발은 부유하고 있었다. 그런데 어느 날, 가까이 있는 내 옆의 사람들을 보니, 그리고 지나가다 밟는 들꽃들도 가만히 들여다보니 참 좋은 것이다. 나도 그런 것들을 눈에 담고 일상의 가벼움, 작은 기쁨들을 느끼며 살아야 하지 않겠나.(웃음)

음악을 하면서도, 인권 콘서트인 '휴먼'과 '어쿠스틱 레인보우', 그리고 '노무현 전 대통령 추모 콘서트'에 참여하는 등 꾸준히 사회참여 활동을 하는 이유는 무엇인가?

자의 반 타의 반이다. 사람들의 요구가 나를 움직이게 하는 경우도 있고, 스스로 나설 때도 있다. 선천적으로 타고난 것이 여린 탓도 있지만, 예전에는 좋은 취지로 하는 일에는 부르면 바로 갔다. 하지만 그런 활동을 숱하게 하면서 가끔 화가 날 때가 있다. 좋은 취지로 하는 일인데 초점을 다들 딴 데 맞추고 있기 때문이다.

초점을 딴 데 맞추고 있다는 말은?

A라는 뜻을 세우기 위해 B라는 일을 한다면, 아이디어와 행동, 노동력 등 모든 것을 B에 맞춰야 한다. 예를 들어 '심장병 어린이 돕기'를 위한 공연이 있으면 그 공연을 잘 치르는 데 모든 초점을 맞춰야 한다. 그림 그리는 사람에게는 전시 공간을 잘 마련해 줘야 하고, 가수에게는 그에 걸맞은 여건을 준비해 줘야 한다. 그래서 공연과 전시가 성공적으로 잘 치러져야 그것을 보러 온 사람들의 마음도 열리게 되는 거다. 관객을 감동시키지 못하면 공

연과 전시의 목적과 취지가 전달되지 못한다.

그런데 공연의 목적과 취지에 동감해서 자원봉사로 참여하는데 그마저도 노래방 기기로 노래하라는 식이면 곤란하다. 가령 만델라 석방과 에이즈 문제 해결을 위한 외국 공연들을 보면 공연 자체로도 완성도가 매우 높다. 사회적 의미를 담은 공연은 연예인 얼굴 한 번 보러 가는 정도의 만족감이 아닌, 다른 공연과는 다른 문화·예술적인 감동을 주어야 한다. 그래야 좀 더 많은 사람들이 그 공연과 전시에 오게 되고, 그래야 애초에 전달하려고 했던 메시지도 잘 전달할 수 있다. 사회적 취지를 담은 공연에도 '이 공연은 좋은 이야기만 하는 것이 아니라 문화·예술적으로도 수준이 높다.'라는 대중의 신뢰가 쌓여야 한다.

"분노는 보편적으로, 저항은 예술적으로" 해야 한다고 이야기한 바 있다. 본인이 생각하는 저항과 예술의 상관관계와 바람직한 예술의 모습에 대해 듣고 싶다.

내가 그런 말을 했었나? 하도 한 말이 많아서 무슨 이야기를 했는지도 모르겠다.(웃음) 지금은 돌아가신, 내가 아주 좋아했던 일본 아티스트 한 분이 있다. 다큐멘터리 때문에 일본에 갔을 때 촬영하면서 얘기도 하고 개인적인 친분을 쌓았는데 아주 재밌는 분이었다. 한번은 야외에서 하는 그분의 공연에 초대받아 갔더니 온갖 히피 같은 일본인들이 모두 와있었다. 도대체 다 어디 있다가 나온 건지 모르겠더라.(웃음) 그들이 프리 마켓도 열고 공연도 하는 모습을 봤다. 공연 주제가 반전과 평화였는데, 만약 노래를 통해 던지는 메시지가 "전쟁은 안 됩니다! 알겠어요?" 하는 강한 주장이었다면 관객들은 반감이 들었을 거다. 그런데 그러지 않고 "이 시간이 좋은 이유는 이게 바로 평화이기 때문이 아닐까요? 왜 싸우는 걸까요? 우리가 원하는 가치는 이런 것, 행복, 평화인데 말이에요."라며 행복하고 평화로운 공연장의 분위기를 통해 평화가 참 좋은 것임을 느끼게 해주었다. 매우 인상적이었다.

그런데 우리 사회 공연의 현장은 물리적으로 폭력적인 것이 아니라 분위기가 폭력적이다. '노무현 대통령 추모 공연'에 해마다 참여하는데 기획하는 친구에게 사적으로 화낸 일이 있었다. 물론 노무현 전 대통령을 괴롭히고 반대했던 사람들에 대해 많은 사람들이 분노하겠지만 이런 분노를 폭력적으로 증폭시키는 것은 해가 될 때도 있다. 추모 공연이면 그에 맞게 추모하고 회상하는 데 주력해야지 왜 자꾸 적개심을 갖게 만드는지 이해할 수 없고, 또 그건 위험하다고 생각한다. 분노로부터 시작해 사고를 닫아 버리고 적을 만드는 행동은 위험하다. 자꾸 우리의 마음을 분노로 쪼개 버리는 일은, 아무리 명분이 좋다 하더라도, 동조하기 힘든 것 같다.

변명은 아닌데 사실 학창 시절부터 내 마음이 그랬다. 당시 텔레비전으로 〈F학점의 천재들〉, 〈하버드 대학의 공부벌레들〉이라는, 대학생들의 이야기를 담은 미국 드라마를 봐서인지 대학에 대한 환상이 있었다. 대학에 가면 꼭 서클 활동을 하리라 생각했다. 그런데 서울에 올라와 보니 현실은 너무 달랐고, 그로부터 오는 괴리가 굉장히 컸다. 선배들이 들어와서 비장한 목소리로 서클을 소개하며 백합, 목련 같은 이름들을 칠판에 적는데 살벌하게 다가왔다. 아름다운 꽃 이름이지만 투쟁적이라는 느낌이 들다 보니 무섭고 마음이 내키지 않았다. 그런데 하루는 한 팀이 와서 "GLEE"(미국식 '남성 합창단'인 글리클럽을 일컫는 말)라고 칠판에 적으며, 목소리가 조금 다른 누군가가 서클을 소개했다. 합창단이었는데 '저거다!' 싶어서 들어갔다. 젊었을 때는 투쟁적인 운동 방식에 대해 토론도 많이 하고 싸우기도 했다. 투쟁적인 것이 무섭기도 했지만, 잘 모르는 것을 억지로 할 수는 없었다. 그 당시 사회문제에 대해 잘 알았다면 어쩌면 나도 직접적으로 운동에 뛰어들었을 수도 있다.

공연을 통해 사회적인 메시지를 풀어내는 것이 보편화되었는데, 한편으로는 그런 공연의 분위기가 선동으로 이어지는 것을 거부하고 두려워하는 사람들이 있다. 이 문제를 어떻게 풀어야 할까?

내가 분노는 보편적으로, 저항은 예술적으로 해야 한다고 이야기한 것은 아마 공연의 분위기가 선동으로 이어지는 것이 싫다는 맥락에서 나왔을 거다. 간디처럼 '비폭력'을 실천하고 싶다는 수준은 아니어도 문제의식은 비슷했을 것이다. "분노의 절정에서 명상하라."는 말이 있는데, 어느 지인이 부처의 이야기를 내게 전해 준 것이다. 처음에는 그 뜻을 완벽히 이해할 수 없었는데 마음 한편에 이 말이 늘 남아 있었던 것 같다. 언제부터인가 내가 주변 사람들에게 이 말을 전하고 있었다. 분노라는 감정이 생길 때 호흡 한 번 더 하고 왜 화났는가를 침착하게 잘 관찰하라는 뜻이다. 내가 왜 화를 내는지도 모르고 열 받아 하는 경우가 있는데, 분노를 찬찬히 들여다보며 그 원인이 무엇인지 살피면 이를 전달하거나 다스릴 방법을 아는 지혜가 생길 것이다.

한국 가요계의 현실을 이야기하면서 "우리 한국에는 대단한 원석原石이 많음에도 그것을 갈고 다듬고 잘 가공해 내는 환경이 마련돼 있지 못하다. 현재 많은 다이아몬드가 썩고 있다."라고 밝힌 기사를 보았다. 홍대 음악인들과 활발히 교류하고 있다는 소식을 들었는데 그 둘이 연관되어 있는 것인가?

데뷔 때 한 말인데, 당시 사회적·문화적 환경과 시스템에 대해 말하고 싶었다. 어느 나라든 원석들이 있는데 이 원석을 잘 다듬어 줄 수 있는 시스템과 환경이 조성되어 있어야 선진국이다. 때로는 정치적·사회적으로 열악한 상황이 위대한 예술가를 낳기도 한다. 예를 들어 한영애 씨 같은 사람을 들 수 있겠다. 하지만 오늘날 한국의 대중음악은 자본의 지원을 받는 케이팝 위주로 움직인다. 자본의 지원을 받지 못하고 있는 다른 한쪽에도 좋은 원석이 많은데 말이다. 그래서 아쉽다.

일본의 어떤 유명한 감정가가 인터뷰에서 자신이 감정가로 성장할 수 있었던 이유를 이야기했다. 그가 어릴 때 그의 아버지는 아버지 본인이 관심 있어 하던 물건들을 "이것 좀 봐라." 하며 아들에게 보여 주곤 했다고 한다. 그것이 아버지의 스트레스 해소법이었는지는 모르겠지만, 그 영향으로 그는 진품과 모조품을 가려내는 안목이 생겼다고 한다. 이렇게 보는 만큼, 듣는 만큼, 맛보는 만큼 살게 되는 것이 삶이다. 그런데 막연히 넋 놓고 들려주는 대로 듣고, 보여 주는 대로 보고 있으면 그 정도로 끝날 가능성이 크다. 노래방 사운드에만 익숙해져 버리면 귀 버린다. 맛있는 것도 먹어 본 사람이 안다고, 질 좋은 걸 자꾸 들어야 한다. 삶의 질이란 그와 같지 않겠나.

그 말은 소비자들이 대중음악이나 문화를 소비하는 데 좀 더 주체적일 필요가 있다는 이야기인가?

그렇다. 거대 자본에 기대어 음악을 찍어 내는 생산자도 문제이지만, 대중음악에 대한 소비자들의 주체적인 태도가 필요하다. 텔레비전에서 들려주는 것만 들어서는 안 된다. 찾아 듣는 노력을 할 필요가 있다. 또한 창의적인 인재나 결과물들이 많이 나오려면 그것을 소비할 수 있는 사람들이 있어야 한다. 즉 중산층이 많아야 한다. 문화·예술인들도 자신의 작품을 봐줄 사람들이 있어야 할 맛이 나지 않겠는가. 구조적으로 상위 계층만 거대 자본을 가지고 문화·예술을 향유하게 되면 문화도 당연히 그쪽으로만 쏠리게 된다. 우리 영화 시장에서 1천만 관객의 시대가 되었다고 좋아했는데 그건 창피한 일이다. 한쪽으로만 사람들이 몰린다는 것은 그만큼 다른 쪽이 빈약해진다는 이야기다. 문화를 걱정하는 사람들은 이미 그때 이런 쏠림은 좋은 현상이 아니라고 생각했다. 영화인들 스스로도 그것이 망하는 지름길이라는 것을 몰랐을 것이다. 음악 시장도 다양성이 없으면 망하는 길로 가게 된다. 무엇이든지 생각이 한쪽으로만 쏠리는 것은 좋지 않다.

동시대의 청년들, 특히 문화·예술 분야에서 자신의 꿈을 펼치고 싶어 하는 청년들에게 하고 싶은 말이 있다면?

미국의 여성 화가인 그랜드마 모지스Grandma Moses; Anna Mary Robertson Moses의 다큐멘터리를 우연히 보고 감동을 받았다. 이분은 일흔 살이 넘어서 그림을 그리기 시작했다. 남편을 여의고 자식들을 모두 키운 후에 자수를 놓으며 평범하게 살고 있었는데, 어느 날 관절염이 왔다. 자수를 놓기가 힘들어지자 딸은 엄마에게 그림을 그려 보는 것은 어떻겠느냐며 이젤을 갖다 주었다. 이때부터 그림을 그리기 시작했는데 어느 날 어떤 사람이 지나가다가 그녀의 그림을 보고 사갔다. 그 그림이 뉴욕에서 전시되면서 유명해지기 시작했고 나중에는 그녀의 그림이 크리스마스 시즌만 되면 카드와 연하장에 찍혀 나올 정도가 되었다. 그때 한 토크쇼에 출연한 모지스에게 진행자가 "앞으로 그림을 그리고 싶어 하는 청년들에게 한 말씀 해주세요."라고 하니, 뭐라고 했는지 아는가? 굉장히 쿨하게 "그냥 그리세요."라고 했다.(웃음) 자기는 그냥 그렸을 뿐이라면서 말이다. 진행자는 그분의 비결, 유명한 화가가 되는 왕도를 시청자들에게 알려 주고 싶어서 물어봤겠지만 그분은 그냥 그리라고 말했다.

　모든 일에서 '하우 투'how to는 자기가 찾는 것이라 생각한다. 삶도 마찬가지다. 누가 어떻게 살라고 말해 줄 수가 없다. 각자 처한 상황이 다르고, 거기에 따르는 선택 또한 제각각이다. 인생은 사막을 걷는 것과 같다. 사막에는 길이 없다. 가보니 진짜 길을 닦아 놓지 않았더라.(웃음) 거기서는 내가 가는 길이 곧 길이 되더라. 물만 있으면 되더라.(웃음) 그 물이 예술일 수도 있고, 사랑하는 사람이나 인생의 목표일 수도 있다. 내게 물이 되어 줄 수 있는 사람, 꿈 혹은 그 무엇을 가지고 사막에서 어떻게 살 것인지 스스로 찾아야 한다. 그러면서 나도 누군가에게는 물이 되어 줄 수 있을 것이다.

自由
人

2012
06
14

강용주

최연소 비전향 장기수, 그의 마르지 않은 눈물

강용주 광주 트라우마 센터 원장을 만나고 왔다. 말로만 들었던 광주 민주화 항쟁, 그 현장에 있었던 이를, 더구나 마지막 날까지 총을 들고 싸웠다는 이를 만난 것은 처음이었다. 그래서 마지막 날 총을 버리고 도망쳐 나올 때의 마음이 어땠는지 물었다. "열여덟 살짜리 고등학교 3학년이 그 이후의 생을 살아가기는 너무나 힘들다. 30년이 지난 지금도 나는 내 영혼이 쨍하고 금가는 소리를 들은 그때에 갇혀 살고 있다." 그 말을 하고 그는 한동안 말을 잇지 못하고 울었다. 그에게 고통스러운 질문이 되리라는 것을 뻔히 알면서도 그 질문을 한 내가 원망스러울 만큼.

　　마지막 순간 두려움에 총을 버리고 도망갔던, 살아남은 자의 부끄러움에 어쩔 줄 모르던 그 고교생이 대학에 들어가 고교 선배에게 학생운동, 노동운동, 민주화 운동에 관한 자료를 주었다는 이유로 1985년 구미유학생간첩단 사건에 연루되어 우리나라 최연소 장기수이자 세계 최연소 무기수가 되었다. 그리고 많은 이들이 사면되어 나오는 순간에도 전향서에 서명하지 않는다는 이유로 세상에 나오지 못했다. "전향하지 않았던 이유는 단순했다. 간첩 사건이 조작이라 인정할 수 없었고 재판 과정에서 변변히 항변해 보지 못한 것이 억울했다. 또한 전두환 정권이라는 학살자들에게 또다시 반성한다고 할 수는 없었다. 고문에 굴복해 쓰레기통 속에 처박혀 버린 내 영혼을 일으켜 세우고 싶었다. …… 전향 제도와 싸우다가 내 영혼이 근저에서부터 무너져 내리더라도 이 싸움을 하겠다고 선택했고 그렇게 14년을 싸우고 나왔다."

　　그리고 그는 이렇게 덧붙였다. "감옥에 있을 때 나는 '내 전 존재를 걸고 전향 제도와 싸우겠다. 그리고 내 손으로 이것을 폐지하고 나가겠다.'고 나 자신에게 약속했다. 전향 제도를 폐지하고 준법 서약서를 쓰지 않고 나오게 되었을 때 '아, 이제 나는 세상에 빚이 없다.'라는 생각이 들었다."

그렇게 더는 세상에 빛이 없다던 사람이 의사가 되어, 국가권력에 의해 조작 간첩으로 몰려 생애 전체가 파괴된 사람들을 치료하며 살아가고 있다. "2008년 3월에 전문의가 되고 나서 시작했던 일이 바로 고문 생존자들을 치유하는 모임이다. 양심수도 계급이 있고 신분이 있는데, 이른바 민주 인사, 재야 단체 인사가 1급, 민청련(민주화운동청년연합)이나 국민운동본부 출신이 2급, 학생운동과 노동운동을 했던 사람들이 3급이다. 그 밑의 4급은 성경으로 말하면 암 하아레츠Am Ha'arez, 즉 '땅의 사람들'로 인도식으로 표현하자면 불가촉천민에 해당하는 조작 간첩이다."

그리고 자신의 영혼이 쨍하고 금가는 소리를 들었던 그곳으로 돌아가, 그와 같이 국가 공권력에 의해 영혼이 깨어진 채 살고 있는 5·18 관련 생존자와 피해자의 재활을 돕는 일을 시작했다. "5·18 관련 생존자와 피해자 가운데도 여전히 고통을 겪고 있는 사람들이 많다. 이미 많이 늦었지만 5·18을 비롯해 국가 폭력에 의한 피해자들과 가족들을 위한 사회적 지지 및 재활 프로그램이 절실히 필요하다. 고통을 당한 사람을 중심에 놓고 그 사람의 아픔을 치유하면서, '망각'에 맞서 과거를 제대로 '기억'하는 일은 더 미룰 수 없는 과제라서 광주 트라우마 센터의 일을 맡게 되었다."

1980년 5월, 대학 입시를 준비하며 학교에서 열심히 공부하고 있었을 수험생이 옆에서 쓰러지고 넘어지는 사람들을 지키기 위해 책 대신 총을 들었다. 마지막 날까지 총을 들고 싸우다 두려움에 총을 버리고 도망갔다. 그리고 30여 년이 지난 지금까지 살아남은 자의 부끄러움을 갚기 위해 금이 간 영혼이라는 살얼음을 걸으며, 두려운 듯 두려워하지 않으며 살아가고 있다. 그렇게 그는 자신의 현재 진행형인 고통을 통해, 모두가 잊고 싶어 하는 이들의 고통을 보듬으며 살아가고 있다. 시대가 그에게 참 많은 빚을 지고 있는 것 같다.

"고문이나 국가 폭력의 피해자는 거기서 완전히 자유로워질 수가 없다. …… 그 경험이 되살아나면 자신도 모르게 과도하게 흥분하고 편안해지지 못할 때가 있다."라고 했다. 인터뷰를 하고 싶다고 걸려 온 낯선 전화에 긴장되지는 않았나 모르겠다. 요새는 어떻게 지내는가?

국가 폭력 중에서도 고문을 당한 사람들을 보면 기본적으로 몸은 지금 여기에 있지만, 영혼은 고문당하던 그날 그 자리에 갇혀 있다. 세월이 흘러 몸은 나이가 들어 노쇠하지만 영혼과 정신은 남산 안기부 지하실에서 불법 감금되어 두들겨 맞았던 순간으로부터 자유롭지 못한 것이다. 고문의 트라우마는 세월이 흐른다고 해서 저절로 좋아지는 것이 아니다. 연구 결과들에 따르면 고문 피해자들의 90퍼센트 정도가 다양한 형태로 고문 후유증을 겪고 있으며 이것이 저절로 회복되는 경우는 거의 없다고 한다. 나도 마찬가지다. 내게 생기는 여러 현상이 고문의 경험과 관련이 있고 나의 영혼과 삶을 여전히 갉아먹고 있다. 고문이 준 상처를 안고, 여기에서 자유로울 수 없는 채로 살아가는 것이다. 더러 내가 일하는 병원으로 낯선 전화가 걸려 올 때가 있는데 꼭 나를 찾는다고 하면 경찰서나 검찰청인 경우가 있다. 현재 나는 〈보안관찰법〉에 의한 피보안 관찰자 신분인데 이것에 관한 한 모든 것을 거부하고 있다. "보안 관찰 심사 받아라", "보안 관찰 갱신되었다", "〈보안관찰법〉 위반으로 불구속 기소됐고 약식 재판으로 벌금이 2백만 원 나왔다."라는 전화를 받을 때면 솔직히 마음이 힘들어진다. 경찰이 병원까지 찾아오는 경우에는 애써 유지해 오던 평온이나 안정감이 깨진다.

　고문은 한 사람의 영혼에 죽음을 각인시키는 행위이다. 국가권력에 의해 영혼에 죽음이 각인되고, 내면의 자아가 가진 정체성과 완전성이 근본에서부터 망가지고 훼손되는 것이다. 그로부터 다시 온전한 자아와 사회적 관계를 회복하기란 쉬운 일이 아니다. 힐러리 클린턴은 "아이 하나 키우는 데 온 마을이 필요하다."라고 말했는데, 나는 "고문 생존자가 다시 우리 사회의 구성원으로 정상적으로 살아가기 위해서는 당사자의 노력뿐만 아니라 온 사회의 힘이 필요하다."고 말하고 싶다. 만약 고문 생존자의 회복을 사회 전체의 노력이 아닌 생존자의 몫으로만 남겨 둔다면, 그는 남산 안기부 지하실에서 고문당했던 그날 그 순간에서 한 걸음도 나올 수가 없다.

고등학교 3학년 때 광주 민주 항쟁을 겪었다고 들었다. 특히 항쟁 마지막 날까지 총을 들고 서있다가 도청이 계엄군에게 점령되는 것을 보고 너무 두렵고 무서워서 총을 버리고 도망쳤고, 그 기억이 살아남은 자의 부끄러움으로 원죄처럼 따라다니고 있다고 했다. 하지만 마지막 날까지 총을 들고 있었던 것만으로도 정말 큰 용기가 아니었나 싶다. 총을 버리고 도망쳐 나올 때의 마음이 어땠는지 듣고 싶다.

지금 총을 들라고 하면 다시 들 수 있을지 모르겠다. 또다시 우리 모두가 총을 들고 싸워야 하는 처지로 내몰려선 안 된다는 것만은 분명하다. 1980년의 일은 한 번으로 족하다. 이 상처를 딛고 일어서서 민주화를 진전시켰고 그나마 절차적 민주주의를 이뤘는데 같은 일이 되풀이된다면 그만큼 재앙적인 상황은 없다. 하지만 다시 1980년 5월로 돌아간다면 똑같은 선택을 할 것 같다. 그때는 시민들이 자기 생존과 권리를 위해 국가 폭력에 저항하지 않으면 안 되는 막다른 골목에 내몰려 있었다. 그때 남은 선택은 불의한 국가권력에 맞서느냐 아니면 굴복하느냐, 이 두 가지뿐이었다. 만일 그 상황이 재연된다면 또다시 총을 들고 나가 싸울 것 같다.

당시 나는 고등학교 3학년이었는데 5월 18일 광주 항쟁이 시작한 때부터

27일 공수부대의 진압으로 막을 내리는 순간까지 참여했다. 사회적 의식이 크고 민주주의에 대한 신념이 확고했다기보다는 내 앞에서 총과 곤봉에 맞아 쓰러지고 끌려가고 죽어 가는 사람들을 보고 분노해서 싸웠다. 두렵거나 무섭다는 생각보다 추상적으로나마 민주주의를 지키고, 공수부대에 의해 학살당하는 시민들을 지켜야겠다는 마음으로 그곳에 있었다. 싸우다 보면 바로 옆의 사람이 총에 맞아 쓰러지기도 했다. 5월 26일에는 도청 앞 기독교 청년회YMCA 건물 안에 있었는데 밤 9~10시부터 다음 날 새벽 2~3시까지 긴 시간 동안 내게 남은 기억이라곤 형광등 불빛처럼 창백할 뿐이다. 다른 것은 없고 그저 그렇게 멈춰 있다. 내 안의 방어기제가 작동해서 그 순간의 기억들을 지워 버린 것 같다. 광주 항쟁을 겪은 순간, 내 영혼에 금이 가버렸구나……(한동안 흐느낌) 그렇게 느꼈다. 열여덟 살짜리 고등학교 3학년이 그 이후의 생을 살아가기는 너무나 힘들었다. 30년이 지난 지금도 나는 내 영혼이 쨍하고 금가는 소리를 들은 그때에 갇혀 살고 있다. 그러면서 한편으로는 '더는 이렇게 안 살았으면 좋겠다.'고 생각한다. 하지만 세월이 흐른다고 해도 그때로부터 자유롭지는 않을 거라는 생각이 든다.

이후 대학교 때 고교 선배에게 학생운동, 노동운동, 민주화 운동에 관한 자료를 주었다는 이유로 1985년 구미유학생간첩단 사건에 연루되어 감옥살이를 했다. 사형에서 무기징역으로, 무기징역에서 다시 20년 징역으로 감형되어 긴 수감 생활을 했는데, 그 시간 동안 억울함과 분노의 감정을 어떻게 처리할 수 있었는가?

분노가 나를 지켜 준 원동력이었다. 감옥 안에 있으면서 인간으로서 내가 가진 장점과 아름다움이 하나씩 부서지고 내 삶의 향기가 냄새로 바뀌는 것을 느꼈다. 그럼에도 전향하지 않고 버틴 것은 수많은 광주 시민을 학살한 전두환 군사정권과 그 학살을 방조한 미국에 대한 분노 때문이었다. 그것이 고문으로 쓰레기통 속에 처박힌 내 영혼을 일으켜 세우는 데 힘이 되었다. 설령 내 영혼을 메피스토펠레스에게 팔아서 남은 것은 메마른 껍데기뿐일지라도 내 전 존재를 걸고 전향 제도와 싸우겠다고 생각했다. 감옥에서 인간이 정신적으로 영적으로 성숙한 모습을 보이는 것은 책에나 나오는 이야기다. 대부분은 악과 싸우면서 악을 닮아 가고, 불의와 싸우면서 불의가 가진 폭력적인 모습에 자기를 비추며 살아간다. 전향 제도와 싸우다가 내 영혼이 근저에서부터 무너져 내리더라도 이 싸움을 하겠다고 선택했고 그렇게 14년을 싸우고 나왔다.

사실 전향서 한 장만 썼다면 14년이라는 긴 시간을 감옥에서 보내지 않아도 되었다. 그나마 14년은 줄어든 것이고 원래대로라면 정말 기약 없는 세월을 종이 한 장과 바꾼 것인데, 본인에게 전향서는 어떤 의미였나?

한 인간이 자기의 전 존재를 거는 중대한 결정을 한다는 것은 한순간에 의해 결정되지 않는다. 여러 과정 속에서 어떤 결정을 하게 하는 상황들이 발생하고, 여기에 인간이 각각의 상황들이 주는 질문에 진실하게 답하면서 이루어지는 것이다. 전향 제도는 절대 불가침적인 인간 내면의 양심의 자유를 침해하는 것으로서, 이것과의 싸움은 누군가는 할 수밖에 없는 정언명령이다. 누군가가 전향 제도를 폐지하고 양심의 자유가 우리 사회에 뿌리내리도록 싸우는 것은 필연인 것이다. 내가 그 필연을 담보하고 실현하는 존재가 된 것은 우연이었다. 헤겔이 역사를 발전시키는 데 우연한 개인을 통해 '이성의 교지'가 발현된다고 했던가? 그 말처럼 우연한 개인으로 내가 그 자리에 서있었고 양심의 자유를 지키는 정언명령이 묻는 질문에 성실히 대답했

기 때문에 역사적인 필연을 떠안고 전향 제도와 싸우게 된 것이다.

전향하지 않았던 이유는 단순했다. 간첩 사건이 조작이라 인정할 수 없었고 재판 과정에서 변변히 항변해 보지 못한 것이 억울했다. 또한 전두환 정권이라는 학살자들에게 또다시 반성한다고 할 수는 없었다. 고문에 굴복해 쓰레기통 속에 처박혀 버린 내 영혼을 일으켜 세우고 싶었다. 처음에 서울구치소에 있다가 대전교도소로 옮겨졌는데 '모스크바'라고 불리는 비전향 장기수들이 있는 15사동으로 보내졌다. 당시 반공·반북을 제일로 하는 〈국가보안법〉 체제하의 남한에서 전향하지 않던 사람은 대전교도소 15사동의 비전향 장기수 70여 명과 청주 보안감호소의 비전향 장기수 수십 명까지 1백여 명이 있었다. 그중 15사동에 한국전쟁 때인 1951년부터 감옥살이를 한 최주백 선생님이라고 계셨는데 스물네 살에 들어와서 환갑 때까지 거기 계셨다. 끔찍했다. '나도 전향을 안 한다고 했으니 저분처럼 환갑을 여기서 보내겠구나.' 싶었다. 최 선생님은 위암에 걸렸는데도 전향하지 않고 버티다가 결국 돌아가셨다. 그분이 돌아가시자 전향 공작을 담당하던 전향 공작반의 박영기 교회사教誨師가 15사동에 와서 "이 빨갱이 새끼들아! 너희가 전향을 안 해? 너네는 죽어서도 전향하게 되어 있어. 이것 봐라."라며 최주백 선생이 찍은 지장 날인이라며 흰 종이를 흔들어 댔다. 나는 거기서 인간이 얼마나 잔인할 수 있는지, 불의한 국가권력 안에서 인간이 얼마나 야만적이고 불의할 수 있는지, 그 밑바닥을 보았다. 그 모습을 보며 '비전향'이라는 것이 평생을 갇혀 있는 일이고, 죽어서야 끝나는 일이며, 목숨을 다 걸어야 가능한 일이라는 사실을 깨달았다. 앞뒤, 위아래 하나 없는 쇠로 만든 관 같은 곳에 내가 놓여 있다는 생각을 했다. 여기에서 벗어나려면 전향해야 하는데 차마 못하겠으니 벗어나고 싶어도 벗어날 방법이 없었다. 한 3~4개월 동안 너무 무섭고 두려워 밤마다 이불을 뒤집어쓰고 울었다. 어찌할 도리가 없었다. 하지만 결국 '나는 여기서 죽으면 죽었지 전향하지 않는다. 내가 평생 갇혀 있더라도 전향하지 않겠다. 만약 전향하라고 폭력적으로 테러하고 고문을 하면 차라리 죽어 버리겠다.'고 생각했다. 그리고 '나이 60~70세가 될 때까지 전향하지 않고 있는데 그때도 우리 사회가 이 꼴이면 그때는 정말 죽어야지.' 했다.(웃음)

1987년 6월 항쟁 이후 새로운 헌법이 만들어지고 선거에 의해 정권이 교체되는 등 절차적 민주주의가 진행되었고 교도소는 그에 따라 한발 늦게 조금씩 좋아졌다. 그 상황에서 나는 "〈국가보안법〉을 폐지하라. 양심수를 석방하라. 전향 제도를 폐지하라."라는 내용으로 단식을 했다. 단식은 가장 평화적인 비폭력 저항의 방법이다. 감옥에 있는 동안 총 3백 일 정도 단식했는데 그러다가 이것만 가지고는 안 되겠다 싶어서 전향 제도 폐지에 관한 헌법 소원을 냈다. 1990년에는 노태우 정부가 국제인권규약에 가입했고, 이때 (국제인권규약 중 B규약인) 시민적·정치적 권리에 관한 규약의 선택 의정서(이하 선택 의정서)까지 가입했다. 선택 의정서(에 가입했다는 것)는 자국의 내부 문제나 인권 문제를 유엔인권이사회에서 의제로 다루고 개입해도 좋다고 하는 것이었다. 당시 미국조차 선택 의정서에 가입하지 않았고, 일본을 비롯해 아시아에서 시민적·정치적 권리에 관한 규약에 가입한 나라들 가운데 선택 의정서에 가입한 나라는 하나도 없었다. 그런데 노태우 대통령이 한국에는 인권 문제가 없다고 대외적으로 보여 주기 위해 선택 의정서까지 가입한 것이다. 유엔에서 전향 제도가 양심의 자유를 침해한다고 천명한 것은 널리 알려진 사실이었고, 그렇기 때문에 유엔은 우리나라에 〈국가보안법〉과 전향 제도를 폐지할 것을 여러 차례 권고해 왔다.

나는 전향 제도를 국제 무대로 가져가야겠다고 생각했다. 1992년에 헌법 소원을 냈는데 유엔에 개인 통보를 내려면 국내에서 밟을 수 있는 구제 절차를 다 마쳐야 했다. 소송을 내면서 양심의 자유와 표현의 자유가 무엇인지, 헌법에서 말하는 절대적인 자유가 무엇인지 공부했다. 처음 시작할 때는 전향 제도를 폐지하는 것이 사회적·정치적 생명을 지키는 것이라고 생각했다. 그런데 전향 제도와 싸우면서는 헌법과 국제인권장전, 양심의 자유에 대한 자유주의자들의 책을 보면서 양심의 자유와 전향 제도에 대한 생각이 바뀌게 되었다. 사람들은 보통, 전향하지 않은 이유가 빨갱이들이기 때문이라고 한다.

물론 전향하지 않는 사람들 중에는 이북에서 온 분들이 다수이지만 나처럼 우리 사회에서 태어나 교육받고 학생운동을 하다 온 사람들도 있고, 건설 노동자로 일본에 돈을 벌기 위해 갔다가 조총련계 사람들이 있는 곳에서 일했다고 간첩으로 몰린 분들도 있다. 또 한국전쟁 당시 아버지가 월북한 이후 한 번도 만나지 못한 아버지와 접촉했다며 잡혀 온 기독교인도 있다. 이들이 끝까지 전향하지 않으면서 지키고자 했던 것은 무엇인가? 전향하지 않는 것이 단순히 사회적·정치적 생명을 지키는 문제가 아니라 인간이 절대 포기할 수 없는 내면의 자유, 인간의 존엄을 지키는 행위라는 것을 이분들이 보여 주고 있다. 나의 존엄, 자기 결정권, 양심의 자유를 종이 한 장에 포기할 수 없기 때문에, 내가 나인 채로 세상에 돌아가고 싶은 간절한 바람 때문에 전향하지 않고 감옥에서 만기를 버티고 있는 것이다.

고문 피해자들은 우리 사회에서 매우 약하고 통증에 가장 민감한, 그래서 우리 사회의 이상 신호를 알려 주는 알람 같은 존재인 것 같다. 우리 사회가 그분들을 귀한 존재로 생각해야 할 텐데.

우리 사회가 고문 피해자들을 귀한 존재로 여긴다면 그만큼 사회가 성숙해졌다는 뜻이다. 정말 그렇게 되면 좋겠다. 사람 중심의 가치가 자리 잡은 사회 말이다. 하지만 지금 우리나라는 젊은 사람들에게 제일 존경하는 기업인이 누구냐고 물으면 '이건희'라고 대답하는 사회이다. 재산을 상속하고 탈세하고 재판받고 얼마 안 돼 사면받고 또다시 재판받는, 우리나라 기업인 중에 가장 많이 재판받는 사람을 가장 존경한다는 것이다. 도착倒錯된 사회이다. 우리 사회가 돈을 우선시하며 물신物神에 사로잡혀 있기 때문이다. 돈 중심이 아니라 사람 중심으로 우리 사회가 바뀐다면 조작 간첩과 같은 분들을 사회 공동체가 존경하고 보듬게 될 것이다.

나는 우리 사회가 적게 벌더라도 기본적인 생활이 가능하면서 자기가 하고 싶은 일을 하며 살 수 있는 사회가 되면 좋겠다. 장미꽃만 있는 사회가 아니라 백화제방百花齊放, 즉 온갖 꽃이 피는 사회, 무지개와 같이 색깔이 다 달라도 함께 어우러질 수 있는 사회가 되길 바란다. IMF 금융 위기 이전에도 배금주의가 있었으나 온 사회를 지배하지는 못했다. 배금주의를 입 밖으로 꺼내면 사람들의 손가락질을 받았다. 1980년대에 내가 학교 다닐 때 의대생이라면 누구나 인술을 말했다. '나는 돈 버는 의사가 될 거야.'라고 속으로 생각했을지 몰라도 공개적으로 말하지는 못했다. '인술을 펼치는 의사가 되겠다.'고 하는 것이 늘 스스로를 절제하고 자기의 무한한 이기심과 탐욕이 분출되지 않도록 막아 주는 역할을 했다. 그런데 2000년대의 의대생들은 전부 인술이 아닌 돈 버는 이야기를 했다. 사회의 가치가 물신 중심으로 완전히 바뀌어 버린 것이다. 이제는 이 흐름이 멈추고 사람들이 다양한 가치를 중심에 놓는 것으로 방향을 바꾸어야 한다.

이제는 좀 밝은 이야기를 하자. 1999년에 출소했다. 14년 만이었는데, 그때의 심경을 한마디로 표현한다면? 나와서 무엇을 가장 하고 싶었는가?

감옥에 있을 때 나는 '내 전 존재를 걸고 전향 제도와 싸우겠다. 그리고 내 손으로 이것을 폐지하고 나가겠다.'고 나 자신에게 약속했다. 전향 제도를 폐지하고 준법 서약서를 쓰지 않고 나오게 되었을 때 '아, 이제 나는 세상에 빚이 없다.'라는 생각이 들었다. 사회는 공공선이나 공동선을 위해, 그리고 사회를 유지하기 위해 한 개인에게 부과하는 책무나 과업이 있다. 출소하는 순간 '이제 내가 세상과 사회에 할 수 있는 역할과 과업은 다 했다. 이제부터는 내가 하고 싶은 일을 하며 자유의지로 살겠다. 상황이나 현실이 요구하는 그런 선택은 다시는 하지 않겠다.'고 생각했다. 나는 내 삶에 부여된 모든 것을 할 만큼 했으므로 사회가 앞으로 내게 그런 책무를 다시 요구해서는 안 된다고 생각했다. 그래서 남은 생은 홀가분하게 내 마음대로 살 수 있다는 생각에 너무 좋았다. 예수의 말씀처럼 "마침내 다 이루었다." 하고 죽어도 되는 것처럼 말이다.(웃음)

감옥에 오래 있다 보니 세상과 너무 격리되어 있었고 그곳에 있는 동안은 전향 제도 폐지라는 목적을 위해 영혼과 몸은 날아가는 독화살이 되어 계속 거기에 박혀 있었다. 그런 상태로 세상에 나간다면 그 독기와 파괴력이 고스란히 드러날 것만 같았다. '최연소 비전향 장기수'라는 타이틀로 감옥살이를 하면서 왜곡되고 훼손되어 온 내면의 폭력성을 세상에 풀어 버리는 것은 사회에 해악을 미치는 일이라 생각했다. 그러느니 차라리 감옥에 다시 들어가 사는 게 더 도움이 될 것 같았다.(웃음) 내게 세상에 연착륙할 시간이 필요하겠다 싶었다. 세상과 화해할 시간과 이 속에서 내 마음껏 살기 위해 준비할 수 있는 시간이 필요했다.

사회에 연착륙하기 위한 방안으로 학교에 돌아갔던 것인가?

의대는 감옥에 가기 전까지 4년을 다녔는데, 2학년까지는 마쳤지만, (이수하지 못한 과목도 남아 있어서) 2학년 2학기로 복학했다. 2월에 출소한 다음에 전남대학교 총장님을 찾아가 인사를 드렸다. 총장님께서 뭘 할 거냐고 묻기에 복학하겠다고 했더니, 의대는 힘드니 법대나 사회대로 돌리는 것이 어떻겠냐고 했다. 당시 총장님이 의대 교수였기 때문에 의대 수업이 얼마나 어려운지 알고 과연 수업에 따라갈 수 있을지 우려했던 거다.(웃음) 나는 괜찮다고 했다. 총장님은 복학을 환영했지만, 제적되었기 때문에 학칙상 바로 복학이 안 된다고 했다. 그러면서 "학칙을 바꿀 테니 내년 2월에 복학하라."고 했다. 하지만 바로 복학하지 않으면 학교와는 끝일 거라는 생각이 들었다. 그래서 총장님을 다시 만나 "저는 꼭 지금 복학해야겠습니다. 지금 아니면 못할 것 같아요."라고 했더니, 2주일 뒤 학칙이 개정되었다. 학칙을 바꾸려면 학장 회의를 해야 했는데 방학 중이라 다들 외국에 나가고 없어서 총장님이 학장들에게 일일이 전화를 걸어 동의를 받았다고 했다. 이렇게 한 학생, 한 사람이 학업을 다시 할 수 있도록 학교가 도와주지 않으면 안 되었다. 그렇게 나는 학교로 돌아갔다.

다시 공부하니 어땠는가? 행복했는가?

정말 너무 힘들었다. 고등학교 3학년 때 이후로 20년 만에 공부하는 것이었다. 어릴 때 대학을 다니긴 했지만, 학생운동에 매달리면서 사회과학 서적이나 봤지, 의대 공부를 하지는 않았다. 먼저 생화학·물리화학 같은 기초 과목을 배웠는데 '아, 이거 고등학교 때 배웠는데.' 싶으면서도 잘 기억이 나지 않았다.(웃음) 수업에서는 공유결합과 수소결합을 자세히 다루지 않고 TCA Tri-Carboxylic Acid 사이클 같은 것을 가르치니 도무지 알 수가 없었다. 의대 공부는 이해가 안 되면 조선시대 때 학당에서 한문을 통으로 외우는 것처럼 무조건 외우는 것인데, 나는 잘 외워지지가 않았다. 아이들은 한 장을 15~20분간 가만히 보고 나면 그대로 외워 내는데, 나는 두 줄 암기하는 데 30분이 걸렸고 그 아랫부분으로 넘어가면 아까 외웠던 윗줄이 생각이 안 났다.(웃음) '아이고! 정말 총장님 말씀대로 유급을 당해서 본과 2학년에 못 올라가겠구나.' 싶었다. 너무 힘들었다. 그러던 중 2000년에 의약분업 파업이 있어서 두 달인가 수업을 못했는데, 의약분업이 끝나고 다시 수업을 했을 때 속성으로 가르치고 시험도 속성으로 보는 바람에 통과가 되었다. 천운이었다.(웃음) 기초 과목이 그렇게 어려웠는데 학년이 올라가서는 그동안 머리가 단련되어 좀 더 잘 외워지기도 하고, 일단 공유결합이나 TCA 사이클이 없으니 살 것 같았다.(웃음)

마흔 넘어서 학교에 들어갔으니 내 목표는 '중간만 하자.'였다. 그보다 아래는 창피하니까 딱 중간이 목표였다. 4년 동안 계단강의실에서 한 강의당 2백 명이 함께 수업을 들었는데 나는 항상 앞에서 셋째 줄 안에 앉았다. 뒤에 앉으면 다음 학년으로 못 올라갈 것 같아서, 점심만 먹으면 졸려서 잠이 오는데도 불구하고 꿋꿋이 앞자리를 고수했다. 처음에 내가 복학한다고 하니 교수님들 태반이 "강용주가 (본과) 2학년 올라가나 보자."고 했다. 그런데 졸더라도 앞자리에서 졸고, 결석이나 지각도 하지 않고 늘 앞자리에 앉아 있으니 나중에는 나를 좋아하셨다. 성적은 중상위권 정도였는데 졸업할 때까지 아이들이 많이 도와줬다. 필기를 받아 적기도 힘들어서 중요 기출문제를 체크해 그것만 보고 있으면, 아이들이 예쁜 글씨로 쓴 강의록을 보여 줬다. 아이들과 친하게 지냈는데, 특히 98학번 아이들에게 감사하다. 그들이 나를 위까지 끌고 올라가 줬다.(웃음) 복학한 지 5년 만에 졸업했는데 졸업식 때 공로상을 받았다. 의대는 성적순으로 1등부터 3등까지는 총장상, 학장상이라 해서 이름이 있는 상을 주고 4, 5등에게는 공로상을 줬다. 그런데 나는 학업성적 우수상이 아니라 그냥 공로상이었다.(웃음) 똑같은 공로상인데 내용이 "위 사람은 학업성적이 우수하여……"가 아니라 "위 사람은 인화단결에 힘쓰고 다른 학우들의 모범이 되었기에 이에 공로상을 드립니다."였다.(웃음) 공로상을 받으러 나갈 때 동기들이 모두 일어나서 박수를 치고 환호성을 질렀다. 그 아이들이 나를 졸업시킨 것이나 다름없다.

공동체가 강용주 한 사람을 함께 키웠다고 할 수 있겠다. 후배들 입장에서는 강용주라는 형님, 오빠를 도우면서 서로를 운명 공동체라고 여겼을 것 같다.

지금도 아이들과 연락하며 지내고 결혼할 때 나를 부르기도 한다. 98학번과 함께 다니면서 아이들이 하는 것을 따라 하다 보니, 나는 컴퓨터와 핸드폰 문자를 이용하는 데서는 내 나이 또래에 비해 얼리 어답터였다. 시험이 끝나면 아이들과 함께 놀러 다니기도 했다. 술 먹고 당구 치고 또 술 먹고. 그 다음은 항상 게임방에 갔다. 나는 게임을 할 줄 모르니 옆에서 졸다가 애들 게임 끝나고 나면 또 술 먹으러 갔다.(웃음) 아이들이 나를 무척 배려했다. 감옥 용어로 '감옥에 들어오면 나이를 영치해 둔다.'고 하는데 '영치'라는 말은 '어디에 넣어 둔다.'는 뜻이다. 어떤 사람이 스무 살에 감옥에 들어왔으면 스무 살을 영치해 놨다가 나갈 때 그 스무 살 나이를 가지고 나가는 거다. 내가 (교도소에서) 14년을 살아서 마흔이 되었어도 나갈 때는 스물 몇 살 나이 그대로 나가는 것이다. 그렇기 때문에 육체적·신체적으로는 나이를 먹지만 사회적·관계적 나이는 멈춰 있는 것이 감옥살이다. 나는 스물네 살에 들어갔고 14년을 살고 나갔으니 실제 나이는 40대에 가까웠지만, 생각이나 느낌은 20대 중반이었다. 그래서 고등학교나 대학교 친구들을 만나면 다 아저씨들처럼 느껴지고 98학번 아이들과 있으면 참 편하고 좋았다. 물론 아이들은 또 달랐겠지만 말이다. 세대 격차나 나이 차이가 있어서 힘든 것은 별로 없었지만 아이들은 날 챙겨 주느라 힘들었을 것이다.(웃음)

의사가 되고 첫 환자를 진료했을 때 소감은 어땠나?

본과 3학년이 되면 폴리클Polyclc(학생 의사)이라는 실습을 나가 환자를 진료하게 된다. 교수님들이 진료할 때 옆에 가서 보고 수술실에 들어가서 보기도 한다. 그러다가 교수님이 "이거 잡고 있어."라고 하면 시키는 대로 하면 된다. 인턴 때도 시키는 것만 하면 된다. 인턴을 이른바 '3신'이라고 하는데 일하는 데는 등신, 먹는 데는 걸신, 자는 데는 귀신이라는 뜻이다. 그래서 의대에서 인턴은 아직 아무짝에도 쓸모없다고 한다.(웃음) 그렇게 1년을 보내고 레지던트가 되면 자기가 담당하는 환자를 본격적으로 진료한다. 물론 인턴도 환자를 보지만, 레지던트는 자기가 담당하는 환자가 생긴다. 병원에도 위에 슈퍼바이저들이 있어서 레지던트 위로 몇 년차들이 있고, 그 위에 과장님이 계셔서 항상 매 건마다 검열을 받는다. 첫 환자를 본 기억은 잘 나지 않는데, 아마 응급실에서 잠도 제대로 못 자면서 진료 보고를 했을 것이다. 그때는 잠이 너무 부족해 틈만 나면 구석에 가서 잠잘 궁리만 하고 있었다.(웃음)

그런데 의사가 되겠다는 생각은 언제 하게 된 것인가?

의대에 진학하게 된 이유는 1980년 광주 항쟁 때 의사들이 보여 준 헌신적인 모습 때문이었다. 당시 공수부대의 무자비한 진압으로 전남대병원, 조선대병원, 기독교병원에 총상 입은 사람, 대검에 찔린 사람, 몽둥이에 맞아 머리 터진 사람들이 실려 오면, 모든 의사가 달려들어 치료했다. 그 의사들이 응급실에서 부상당한 시민들을 치료하고 있으면 계엄군이 응급실에 난입해 수술하던 사람들을 때리고 또 끌고 가기도 했고, 심지어는 수술하고 있는 수술실 위로 총알이 유리창을 깨고 날아오기도 했다. 공수부대가 시민들을 향해 무차별하게 총을 난사하고 앰뷸런스(구급차)는 사거리에 쓰러져 있는 사람들을 실어 날랐다. 그런데 공수부대는 그 앰뷸런스에도 사격해 운전사가 죽기도 했다. 적십자 마크를 단 앰뷸런스는 전쟁 중에도 공격하지 않는 것이 최후의 도덕률인데 말이다. 이런 의사들의 헌신적인 모습들이 겹치면서 의사가 되고 싶다고 생각했다.

현재는 가정의학과 전문의로 작은 병원을 운영하면서, '진실의 힘'이라는 재단법인을 통해 군사정권 시절 간첩 조작 사건에 휘말려 고문당한 사람들을 돕고 있다고 들었다. 고문당한 자로서 고문당한 이들을 위해 활동하는 것이 자연스러운 것 같지만, 고문당한 이들의 아픔을 듣고 공감하는 과정에서 자신의 상처가 함께 떠올라 힘들지는 않는지?

보안사나 안기부와 같은 치안본부에 끌려가 고문당했거나 수감 생활을 했던 사람들이 사회로 복귀하는 과정에는 반드시 재활 과정이 있어야 한다. 왜곡되고 훼손되어 망가진 내면과 영혼을 치유한 다음에 사회로 나가야 건강하게 살 수 있다. 이들은 감옥에 살다가 나와서 자신을 보면 고문 후유증과 감옥 후유증이 덕지덕지 붙어 있는 것을 발견하고 스스로 환자라는 생각을 한다. 그들이 계속해서 "우리는 치료받아야 한다."고 이야기하지만, 우리

나라는 그 치유에 힘쓰지 않았다. 우리나라의 과거 청산에 대해 비판적인 부분이 바로 여기 있는데, 김대중·노무현 정부 시절을 이어오며 지속적으로 과거를 청산해 왔지만, 가장 중요한 문제가 결여되었다. 바로 희생자의 관점을 갖는 것이다.

이는 테오 반 보벤Theo Van Boven이라는 유엔 특별 보고관이 과거사 청산 원칙으로 유엔에 보고했던 핵심 내용 중 하나이다. 그는 과거사를 청산하는 데 희생자의 고통이나 아픔을 주변적인 문제로 다루지 않았는지를 되돌아보고 희생자의 관점을 갖는 것이 가장 중요하다고 했다. 또한 우리나라도 가입되어 있는 고문금지조약의 14조에는 고문 피해자들에게 배상·보상뿐만 아니라 되도록 완전한 재활 수단을 받을 권리를 보장한다고 규정되어 있다. 여기서 완전한 재활이란 정신적·육체적·사회적 복귀를 의미한다. 우리보다 먼저 과거 청산을 했던 남아프리카공화국·칠레·아르헨티나 등이 작성한 과거 청산 총괄 보고서에 따르면, 과거 청산 후 아쉬웠다고 하는 내용 중 하나가 국가 폭력을 겪는 당사자와 그의 가족들의 치유 문제에 소홀했다는 점이다. 그 부분이 강화됐어야 한다며 반성적 태도를 보였다.

이렇게 이미 유엔 특별 보고관의 기본 원칙도 있고 고문금지조약이나 타국들의 보고서에도 나와 있는데, 우리나라는 그 나라들보다 늦게 과거 청산을 했음에도 피해자들의 육체적·정신적 상흔을 치유하려 하지 않았다. 고문이나 수감 생활은 사람의 영혼에 씻을 수 없는 고통을 주고 그 사람의 영혼에 죽음을 각인시켜 그 사람의 전 존재를 근본에서부터 무너뜨리는 경험이다. 겉으로 아무리 정상적으로 보일지라도 내면은 그로부터 자유롭지 못한 것이다. 유엔에서는 전 세계적으로 고문 피해자의 날로 정한 6월 26일에는, 우리도 매년 고문 생존자 지원 행사를 한다. 2008년에는 고 김근태 의장이 행사에 참석했다. 앞에서 다른 고문 피해자들이 자기 이야기를 하고 있을 때 그분은 뒤에 앉아서 계속 울고 있었다. 고문당한 기억 때문이다. 김근태 의장이 아무리 국회의원을 하고 보건복지부 장관까지 했다 하더라도 늘 그 안에서 힘겹게 살아왔던 것이다.

2008년 3월에 전문의가 되고 나서 시작했던 일이 바로 고문 생존자들을 치유하는 모임이다. 양심수도 계급이 있고 신분이 있는데, 이른바 민주 인사, 재야 단체 인사가 1급, 민청련이나 국민운동본부 출신이 2급, 학생운동과 노동운동을 했던 사람들이 3급이다. 그 밑의 4급은 성경으로 말하면 암하아레츠, 즉 '땅의 사람들'로 인도식으로 표현하자면 불가촉천민에 해당하는 조작 간첩이다. 다른 사람들은 의식과 신념에 따라 운동을 하다가 붙잡혀 온 사람들이고, 조작 간첩들은 그냥 평범하게 살다가 국가라는 괴물한테 덥석 물려서 끌려 온 사람들이었다. 감옥 안에서는 이들을 가리켜 '막걸리 간첩'이라고 부르면서 막걸리 마시다 걸렸다는 식으로 조작 간첩들을 대한다. 그래서 양심수의 범주 내에서도 제일 밑바닥이고 아무도 관심을 가져주지 않고 대접조차 해주지 않는 존재들이다. 이들은 다른 사람들보다 더 많은 트라우마와 깊은 상처를 가지고 있다. 그런데 이분들은 맨몸으로 그 칠흑 같은 세월을 견뎠다. 마침내 재심 재판을 통해 무죄 판결을 이끌어 냈고, 국가를 상대로 손해배상을 해 책임을 추궁한 끝에 받아 낸 배상금으로 '진실의 힘'이라는 재단법인을 만든 것이다. 여전히 고통 속에 있는 피해자들을 치유하기 위해 나선 것이다. '진실의 힘' 자체가 곧 치유의 다른 이름이다. 나는 그분들이 그렇게 나설 때 통증을 치료하고 영양제를 놔드린 일 말고는 한 것이 없다.

많은 이들이 고문당한 자의 고통에 대해서 아는 것 같지만 사실 잘 모르고 있다. 그것에 대해 "고문당한 이들은 사회적으로 형성된 '침묵의 음모'에 의해 두 번

죽임을 당했다."라고 표현했는데, 2012년이 된 지금, 이들이 겪고 있는 현실은 어떠한가?

조작 간첩은 우리 사회의 가장 힘없고 약한 사람들로, 누가 짓밟고 뭉개도 편들어 줄 사람이 없고, 그렇다고 항변하고 큰소리칠 힘도 없는 사람들이다. 이런 사회적 약자들을 국가권력이라는 거대한 힘이 짓밟아 버렸다. 이분들은 감옥 안에서 그렇게 왜소한 존재로 대접받으며 살아오시다가 세상에 나와서 "나는 억울하다. 불법으로 연행되어 고문당하고 재판이 조작되었다."고 주장하면서 오직 진실을 밝히겠다는 일념 하나로 20~30년을 싸워 오고 계신다. 이들 중에는 마침내 무죄를 받았거나 여전히 재판이 진행 중인 분도 있다. 나는 이분들에게서 낮고 미천한 한 인간이 어떻게 위대하고 큰 인간의 모습을 가질 수 있는지를 봤다. 이분들 한 사람 한 사람이 인간 승리다.

그러나 누구 하나 이분들을 기억하거나 알아주지 않는다. 어떤 의미에서는 우리 사회에 강고하게 형성된 침묵의 음모가 있어 침묵을 강요하고 이분들의 존재를 지워 버리려고 한다. 이 망각의 음모를 깨뜨리고 이분들이 세상 속으로 나오려고 한다. 이제 본인 스스로가 사회적인 신분을 획득하고 세상 속에서 의미 있는 존재가 되려 하는 것이다. '진실의 힘'은 "오직 진실만이 우리를 자유롭게 한다."는 성경 말씀처럼 오랜 투쟁 속에 무죄를 선고받았던 분들이 자신이 경험한 일이 다시는 우리 사회에서 일어나지 않기를 바라는 마음으로 자신이 받은 배상금의 일부를 모아 만든 재단이다. 더 나아가 동남아시아와 서남아시아 나라들의 고문 피해자나 수감자까지도 도우려 한다. 아마 전 세계에서 고문 피해자들이 자기 돈을 내어 고문 없는 세상을 이루기 위해 재단을 만든 곳은 없을 것이다. 기적 같은 일이다. 우리 사회가 이분들이 스스로 얻은 이름과 명예를 제대로 기억해 줄 때 비로소 우리

안의 유리 천장, 대나무 천장들을 깨뜨리고 정상 사회로 나아갈 수 있다.

우리 사회의 가장 큰 통증은 무엇이라고 생각하는가? 이 통증을 치유하기 위해 어떤 삶을 살아가고 싶은가?

통증은 위기 신호다. 알람인 것이다. 몸의 위기를 알려 주고 그 통증을 표현함으로써 우리 몸이 더 안전하고 좋아질 수 있다. 통증이 꼭 나쁜 것만은 아니고 좋은 측면도 있는 것이다. 그러나 통증이 과도하면 견디기 힘들어지기 때문에 치료를 한다. 어떤 사회든 모순이나 갈등이 없을 수는 없다. 하지만 모순과 갈등 때문에 생겨나는 문제들을 알람으로 인식하고 해결하려는 노력이 필요하다. 지금 우리 사회에는 경제적 불평등, 즉 양극화의 문제, 민주주의의 위기 등 수많은 통증이 존재한다. 민주 정권 10년을 지나며 민주주의가 다 이룩되었다고 생각했는데 그게 아니었다. 이명박 정권을 보면서 국민의 권리와 자유, 인권은 누가 저절로 지켜 주지 않으며 우리가 한순간이라도 눈을 감으면 훼손되고 망가진다는 사실을 알았다. 그러나 깨어 있어야만 지킬 수 있다는 것을 깨우쳤다는 점에서는 잘된 일이다.

민주주의의 위기 앞에서 민주 정권 10년을 반성적으로 되짚어 봐야 한다. '미친 소'가 들어온다고 촛불 시위를 할 때 정부는 야간 집회 금지법을 위반했다고 사람들을 입건했다. 이를 두고 이명박 대통령이 집회·결사의 자유를 침해했다고 하는데, 야간 집회 금지 규정은 노무현 정부 때 집시법(〈집회 및 시위에 관한 법률〉)을 개정해 들어간 것이다. 이명박 대통령은 노무현 정부 때 들어간 규정을 법대로, 그것도 엄격하고 광범위하게 집행한 죄는 있다. (웃음) 논란이 되고 있는 제주 강정 마을 해군기지도 노무현 정부 때 결정된 것이다. 〈제주도개발특별법〉에 의해 제주가 평화의 섬으로 지정되고, 이것이 잉크가 다 마르기도 전에 두어 달 있다가 노무현 대통령이 강정에 해군 기지를 만들겠다고 발표했다. 한진중공업 사태는 정리 해고나 노동 유연화가 가져온 문제이다. 정리 해고나 노동 유연화는 김대중 정권 때 국제통화기금IMF의 구제금융을 받는 조건으로 도입되었고, 이어 노무현 정권 때 정규식 해고를 더 쉽게 하고 비정규직 사용도 늘리는 방향으로 비정규직법(〈기간제 및 단시간근로자 보호 등에 관한 법률〉)과 〈근로기준법〉이 개악되었는데, 그 법을 기업가들이 악용했다. 그래서 터진 사건이 한진중공업 정리 해고 사태였고, 쌍용자동차의 대량 정리 해고 사태와 이후 잇따른 해고 노동자들의 죽음도 마찬가지였다. 경제적 불평등이 점점 심해지고 있는데 이를 바로잡고 싸워야 할 대통령이 "권력은 이미 시장으로 넘어갔다."며 항복 선언을 해버리는 게 말이 되는가.

우리 사회의 의제들, 갈등의 중심에 있는 통증들이 과연 "엠비 아웃!"으로 해결될까 하는 의문이 있다. 통증의 근원이 어디 있는지 되돌아보지 않은 채 반성 없이 "엠비 아웃!"만 외친다면 그 사람들은 또다시 야간 집회 금지 규정을 만들 것이고, 정리 해고와 노동 유연화를 실시할 것이고, 강정에 군사기지를 또 만들 것이다. 정말로 성찰하고 내면을 들여다봐야지, 모든 것을 "엠비 아웃!"으로만 돌리는 것은 아니라고 생각한다.

광주 트라우마 센터장으로 활동하게 되었다는 이야기를 들었다.

국가 폭력에 의해 고문당하거나 가혹 행위, 구속 수감을 겪은 피해자들은 신체적으로뿐만 아니라 정신적으로도 고통을 겪는다. 또한 피해 당사자뿐만 아니라 그 가족들도 외상 후 스트레스 장애를 입는다. 5·18 관련 생존자와 피해자 가운데도 여전히 고통을 겪고 있는 사람들이 많다. 이미 많이 늦었지만 5·18을 비롯해 국가 폭력에 의한 피해자들과 가족들을 위한 사회적 지지 및 재활 프로그램이 절실히 필요하다. 고통을 당한 사람을 중심에 놓고 그 사람의 아픔을 치유하면서, '망각'에 맞서 과거를 제대로 '기억'하는 일은 더 미룰 수 없는 과제라서 광주 트라우마 센터 일을 맡게 되었다.

광주 트라우마 센터에서는 구체적으로 어떤 일을 하는가?

우리나라에서 최초로 생기는 광주 트라우마 센터는 5·18 관련자뿐만 아니라 고문, 수감, 의문사, 열사, 반인권적 공권력 집행 등에 의한 국가 폭력 피해자, 생존자, 그리고 그 가족들이 국가권력에 당했던 트라우마로부터 회복해 공동체 안에서 다시 일상적인 삶을 꾸려 갈 수 있도록 돕기 위해 세워진다(센터는 2012년 10월 18일 개소했다). 이를 위해 국가 폭력 피해자들에게 포괄적인 신체적·정신적·심리적 의료 지원을 하고 치료자들과 인권 운동가들에게 국가 폭력의 피해나 후유증, 더 좋은 치유 방법 등에 관해 교육하려고 한다. 그래서 우리 사회에 고문과 같은 반인도적이고 반인간적인 일, 인권과 민주주의를 침해하는 야만적인 일들이 다시는 되풀이되지 않게 하는 것이 광주 트라우마 센터가 궁극적으로 이루고자 하는 일이다.

강용주에게 자유란?

자기의 이유, 스스로의 존재의 이유, 물 흐르듯 살아가는 것이 자유이다. 또한 자유란 공자의 말처럼 '기소불욕 물시어인'己所不欲 勿施於人, 즉 '내가 하기 싫으면 남한테도 하라고 하지 말라.'와 같다. 물 흐르듯 살아가는 것이지만 내가 하기 싫은 일을 남에게도 강요하지 않아야 하는 것이다. 자유의 근저에 시대가 아픈데 그 시대를 사는 청춘인들 어떻게 안 아플 수 있겠는가. 상처 아래에 고름이 차있는데 힐링이라는 이름으로 메이크업하는 것이 과연 진정한 힐링이 될지 의문이다.

는 상대방에 대한 배려가 있어야 한다. 그랬을 때 그 배려는 정의와 평등이 될 수도 있다. 자유는 평등과 함께 가고 평등을 자유가 받쳐 줘야 자유 또한 온전해진다. 자유와 평등을 하나로 엮어 주는 것이 사회적 약자에 대한 지지와 연대이고 이것들이 함께 어우러져 물 흐르듯 살아가는 것, 그게 자유라고 생각한다.

동시대의 청년들에게 하고 싶은 이야기가 있다면?

가끔 친구들과 만나면 "우리가 어떻게 의대에 가서 의사가 될 수 있었을까?" 라면서, 만약 지금 같았으면 불가능했을 것이라고 이야기한다. 이제는 개천에서 용은 절대로 나올 수 없고 미꾸라지만 나오는 사회에서 '어떻게 하면 이곳에서 벗어날 수 있을까?'를 고민하며 살아가는 청년들을 보면 정말 안타깝다. 이런 현실이 나아지지는 않고 오히려 심화되는 것 같아 더 미안하다. 20~30대 청년 혹은 그보다 더 어린 중·고등학생 들이 나이를 먹어서도 기본적인 삶을 누릴 수 있는 세상을 어떻게든 만들어야 한다. 내 청년 시절은 군사정권이 집권했고 경제개발의 시대였기 때문에 육체적·정신적으로 힘들었지만 미래가 힘들지는 않았다. 그러나 지금 젊은 사람들은 미래 자체가 잿빛이니, 정말 미안하고 가슴이 아프다. 이런 현실에서 "힘내자. 무엇인가 해보자."라고 이야기한다는 것이 젊은 청년들에게 무슨 힘이 될지······. 시대가 아픈데 그 시대를 사는 청춘인들 어떻게 안 아플 수 있겠는가. 요즘 '힐링' 열풍이 불고 있는데 지금 시대는 너무도 고통스럽고 힘겹다. 해고는 살인이라며 스물 몇 명이 죽어 가고, 사회 양극화는 점점 심해지고, 청년들은 사회에 뿌리내리지 못하고 있다. 상처 아래에 고름이 차있는데 힐링이라는 이름으로 메이크업하는 것이 과연 진정한 힐링이 될지 의문이다. 사회적 모순과 갈등을 기본적으로 해결하는 구조를 만든 뒤에야 진정한 힐링을 이야기할 수 있다고 생각한다.

권해효

사회에 대해 가슴앓이할 수 있는 건 행복

배우 권해효를 만났다. 큰 눈을 부라리며 후배들을 위협해도 사실은 믿지 않고, 약간 어리바리한 데다가 마음이 약해 결국은 후배들이 부탁한 것을 다 들어주던, 그래서 그 주위의 사람들로 하여금 모두 '하하하!' 웃게 만들어 주던, 텔레비전 속 착한 선배를 만날 생각을 하니 무척이나 설레었다.

권해효를 배우라는 직업에만 가둬 두기에는 그의 행동반경의 폭과 깊이가 너무 넓고 깊다. 안티 조선 운동, 여성 인권 운동, 차별금지법 제정 운동, 반값 등록금 1인 시위 등 주요한 문제 현장에는 거의 예외 없이 그가 있다. 그는 왜 브라운관과 무대를 벗어나 사회 곳곳을 누비게 된 걸까? "사실 첫아이를 낳고 나서부터 우리 사회에 대한 걱정이 많아졌다. 내가 살고 있는 이 나라가 정상적인 나라가 아니라는 점에서였다. …… 우리는 아이들에게 경쟁을 시키고, 명문대를 보내기 위해 많은 돈을 들여 학원을 보낸다. 또 과외도 시킨다. 아이를 사랑한다면서 그렇게 하는데 정작 아이가 살아갈 세상에 대해서는 신경을 안 쓴다. 우리 사회는 점점 쓰레기통이 되어 가는데, 아이들에게 황금 옷을 입혀서 쓰레기통에서 키우겠다는 것과 다를 것이 없다." 한 아이를 키우는 데 한 마을이 필요함을 알기 때문에 아름다운 마을에 대해 갖는 열정만큼이나, 갈수록 오염되어 가는 마을에 대한 분노가 뜨겁다.

그런 그가 요즘 집중하고 있는 문제가 있다. 바로 조선 학교 문제다. 그렇게 매번 마음 아픈 사연들을 만나다 보면 힘들지 않느냐고 묻자 "사회에 대한 가슴앓이를 하는 것이 스스로에게 긴장감을 주고, 건강함을 유지할 수 있게 해주는 것 같다. 또 나이를 먹어 가지만 청년의 마음으로 살 수 있게 해주는 동인이 되기도 한다. 그런 의미에서 그나마 사회에 대해 가슴앓이를 할 수 있다는 것이 내게는 다행이고, 행복이라고 생각한다."라고 이야기한다.

매일 '허허허' 웃어 그런 줄만 알았더니 속으로는 늘 울고 있었던 거다. 그리고 그의 속울음만큼 우리가 밟고 있는 이 땅이 더욱 촉촉해졌던 거다.

언제부터 배우의 꿈을 가졌는지 궁금하다.

살아오면서 구체적으로 어떤 직업을 갖고 싶다고 생각해 본 적은 없다. 배우에 대한 생각도 마찬가지였던 것 같다. 배우가 된다는 것을 특별히 꿈꾼 적은 없었다. 배우가 될 수 있을지에 대한 고민은 대학 1학년 들어가서부터 했던 것 같다. 연기라는 것을 해보니 재미는 있었는데, '이것이 직업이 될 수 있나? 또 나를 사람들이 연기자로 생각해 줄까?'라는 고민을 했었다. 1학년을 마치고 군대를 갔다 오고, 복학을 해서 2학년 1학기 워크숍 작품에 참여했다. 그 당시 학년에서 최고 점수를 받았다. 작품에 배우로 출현하게 된 계기는, 한 작품에 스태프로 일하고 있었는데 배우가 부족해 참여하게 된 것이었다. 공연을 하고 있을 때 담당 교수님이 부르시더니 "너 배우 해라." 하셨다. 배우로서 가능성을 보신 것 같다. 그때 처음 직업으로서 배우를 생각하게 된 듯하다.

선생님에게 인정을 받은 것을 계기로 배우에 대한 꿈을 꾸게 된 것인가?

그렇다. 그때 내가 연기를 잘했다.(웃음) 운도 많이 좋았던 것 같다. 대학 3학년 때부터 대학로 무대에서 공연을 했다. 그때 대학로에 처음 생겼던 학전 무대에서 연기를 시작했다. 4학년 때는 영화도 찍을 수 있었다.
　　그러고 나서 1~2년 뒤에 〈사랑을 그대 품안에〉라는 작품을 통해 대중적으로 알려졌다. 나는 이른바 대학로 출신의 배우들에게 흔히 들을 수 있는 배고팠던 이야기는 별로 없다. 물론 수입은 적었지만 특별한 어려움 없이 순탄하게 살아왔다. 전업 배우로서 생활을 시작한 지 20년 가까이 되었다. 이 세계가 얼마나 치열한가? 치열하다기보다는 트렌드가 빨리 변한다. 때로

는 20년 동안 어떻게 이 생활을 했는지 스스로 대견하기도 하다.(웃음)

텔레비전에서 감칠맛 나는 역할로 늘 우리를 즐겁게 해주는데, 작품을 고를 때 특별히 고려하는 것이 있는가?

작품을 고른다기보다 작품에 캐스팅되는 경우가 대부분이다. 정작 방송이라는 곳에서 배우가 뭔가 새로운 것을 시도할 수 있는 경우는 드물다. 대체로 이전에 맡았던 익숙한 역할을 맡게 되기에, 새로운 역할을 맡고 시도한다는 것이 흔한 일은 아니다. 과거에는 단막극이 많아서 다양한 배역을 시도해 볼 수 있었다. 나 같은 경우, 단막극에서 맡았던 역할들은 지금처럼 선배나 삼촌 역이 아니라 문제아나 실패자 역할이 많았다.(웃음) 최근 주말 드라마에 출연한 배역들은 평소 출연했던 미니 시리즈와는 조금 달라서 굉장히 딱딱거리고 말 많은 역할을 맡기도 했다.

지금까지 맡아 온 역할 중 가장 애정이 가는 역할이 있다면?

내가 애정을 가지고 있는 작품과 시청자들이 기억하는 작품이 다를 것 같다. 앞서 말했듯이 미니 시리즈의 경우 대략 비슷한 역할을 많이 해온 것 같다. 선배 전문 배우라고 할 정도로 학교 선배 역할을 많이 했다.(웃음) 애정이 간다기보다는 기억에 남을 만한 역할로, 2011년 7월 말에 끝난 〈사랑을 믿어요〉에서 권기창 역도 오랫동안 기억에 남을 것 같다.

오래된 드라마이긴 한데 1998~99년에 방영되었던 〈은실이〉의 장낙천 역할도 개인적으로는 기억에 남는다. 시청자들은 1994년 〈사랑을 그대 품 안에〉서의 역할을 많이 기억할 것 같다. 드라마의 경우 시청률이 40퍼센트를 넘어가게 되면 매일 밤 수백만 명의 사람들이 동시에 본다는 것이다. 어떤 작품에 출연했을 때 사람들은 그 캐릭터를 기억한다기보다, 그 작품에 대한 세간의 반응이나 시청률을 더 오래 기억하는 것 같다.(웃음)

한때는 나도 내가 맡았던 배역의 이름을 모두 기억하고 있었는데 몇 년 전부터는 기억을 못한다.(웃음) 때로는 시청률이 높고 인기가 많은 작품과 좋은 작품은 별개인 것 같다. 정작 많은 사람들이 〈남자 셋 여자 셋〉에서의 카페 주인 역을 많이 좋아한다. 카페 밖을 나갈 일이 없어 개인적으로도 제일 편한 역할이었다.(웃음)

이미지가 고정되는 것에 대한 부담은 없는지, 이미지 변신에 대한 갈망은 없는지 궁금하다.

너무 한쪽 이미지로만 고착되는 것은 아닌지에 대해서는, 나보다 내 주변의 사람들이 더 많이 걱정해 준다. 그런데 사실 변신은 이미 하고 있는 것 같다. 2000년대 중반까지만 하더라도 삼촌, 선배 역할을 많이 맡았는데 어느 순간부터는 내 주변에 식구들이 생기기 시작했다. 얼마 전 MBC 시트콤에서도 딸 셋을 가진 아버지 역을 맡기도 했다. 나이가 들면서 삼촌, 선배 자리에서 아버지 자리로 옮겨 가게 된다.(웃음) 말하자면 자연스럽게 변신하고 있는 거다. 다양한 캐릭터에 대한 갈증이 있고 없고의 문제는 아닌 것 같다. 또한 방송이 아닌 다른 부분, 즉 공연이라든지 연극 무대에서 다양한 역할들을 계속 시도하고 있다. 그래서 개인적으로 별 문제가 되지는 않는다.

또 대부분의 배우에게는 새로운 시도를 하기보다, 이전에 잘해 왔던 역할을 계속해서 잘해 줄 것을 요구받는 경우가 많다. 특히 많은 돈과 사람들의 노력이 투여되는 방송에서는 이른바 안전한 것을 택하려는 경향이 강하다.

그래서 어떤 역할이 있으면 그 역할을 가장 잘할 것 같은 사람에게 배역을 맡기고 싶어 한다. 그런 방송 시스템을 이해하면 삼촌, 선배에서 이제는 아버지까지 그 부분의 전문 배우로 인지되는 것도 그리 나쁠 것 같지는 않다. 여러 가지 다양한 실험은 다른 곳에서 하면 된다.

드라마 〈사랑을 믿어요〉에서 권위적이고 마초적인 가장 역할을 맡았다. 하지만 실제로는 한국여성단체연합 평등가족 홍보 대사로 활동하는 등 양성평등 문제에 관심이 많은 걸로 알고 있다. 실제로 가정에서의 모습은 어떤가?

아, 그렇게 했다가는 죽는다.(웃음) 그 캐릭터 자체가 많이 희화되고 만화 같은 캐릭터였다. 그런데 그 역할에는 대한민국에 살고 있는 가장, 아빠, 남편들에 대한 욕망도 담겨 있었다. 그런 형태의 가족 관계가 좋다 나쁘다 하는 문제가 아니라 현재 한국의 아버지들의 위치를 생각해 볼 때 아버지들이 한 번 해보고 싶은 역할이었던 것 같다. "어디 아버지가 밥숟가락 들기 전에 밥을 먹어! 죽으려고." 이런 대사들이 아버지들에게 대리 만족을 주었던 것 같고, 실제로 많은 아버지들이 가부장적인 장면을 좋아하기도 했다. 그런데 실제로 그렇게 했다가는 죽을 것이다.(웃음)

안티 조선 운동, 여성 인권 운동, 차별금지법 제정 운동, 반값 등록금 1인 시위, 재일 조선 학교 돕기 운동 등 사회참여 운동을 많이 하고 있다. 그것도 일회적이지 않고 꾸준히 활동하는 것으로 정평이 나있는데, 그렇게 지속적으로 사회문제에 관심을 가지고 참여하게 된 계기나 이유가 있는가?

물론 하나하나 사연이 있다. 그 사연을 모두 이야기할 수는 없겠지만 근본적인 문제의식은 사회 소수자에 대한 것이다. 사실 여성 문제만 해도, 세상의 반을 차지하고 있는 것이 여성인데, 여성은 여전히 우리 사회의 소수자이다. 또한 비정규직 문제도 있다. 조선 학교 역시 소수자 문제이다. 조선 학교의 역사는 일본 사회 내에서 재일 조선인에 대한 차별의 역사이다. 일본에 대해 한국 당국이 아무 소리를 하지 않는 사이에 쌓여 온 부끄러운 문제이다. 그런 것을 알게 되고 보게 되면서 일단 내 마음이 불편해졌다.

한국 사회의 여러 문제에 대해 거창하게 이야기했지만, 사실 첫아이를 낳고 나서부터 우리 사회에 대한 걱정이 많아졌다. 내가 살고 있는 이 나라가 정상적인 나라가 아니라는 점에서였다. 도대체 언제까지 아이들을 무한 경쟁으로 밀어 넣을 것인지, 또 그렇게 성장한 아이가 무엇을 할 수 있을 것인지에 대한 고민이 쌓였다.

우리는 아이들에게 경쟁을 시키고, 명문대를 보내기 위해 많은 돈을 들여 학원을 보낸다. 또 과외도 시킨다. 아이를 사랑한다면서 그렇게 하는데 정작 아이가 살아갈 세상에 대해서는 신경을 안 쓴다. 우리 사회는 점점 쓰레기통이 되어 가는데, 아이들에게 황금 옷을 입혀서 쓰레기통에서 키우겠다는 것과 다를 것이 없다. 그런 고민이 시작되었지만 그걸 해결할 방법이 내겐 없었다. 개인 차원에서 아이들 유학 보내고, 이를 위해 돈 많이 벌면 된다고 생각할 수 있지만 그것이 해결책이라고 할 수는 없었다. 사회가 이상하다고 느낀다면 많은 사람이 함께 고민해야 한다고 생각했다.

다행인 것은 이런 생각을 하는 사람들도 많다는 것이다. 이 사람들과 함께할 수 있는 일은 여러 가지이겠지만, 먼저 할 수 있는 것은 우리 사회의 문제를 해결하기 위해 서로 힘을 모아 주고, 지지해 주고, 그 문제를 풀기 위해 십시일반, 즉 입금해 주는 것이다.(웃음) 그렇게 해야만 조금씩이라도 사회를 변화시켜 갈 수 있다. 그리고 다행히 우리에게는 불가능할 것 같은 변화를 이뤄 낸 경험이 있다. 정치적 민주주의를 쟁취한 경험이 있지 않나. 그래서 문제의식을 가지고 꿈을 꾸는 일은 언제나 중요하다고 생각한다.

조선 학교의 경우도 막연히 조선 학교 아이들이 어렵거나 힘들어서 도와줘야 한다는 것이 아니다. 그들은 나라가 힘이 없어서 어느 날 이 땅을 떠날 수밖에 없었던 사람들이었다. 중국으로 가야 했던 사람들은 조선족이라 불리고, 이 땅에 오면 3등 시민 취급을 받는다. 연해주(옌하이저우)로 간 사람들은 카레이스키(고려인)라 불리고, 또 일본으로 간 사람들은 좋게 표현하면 재일동포라 불린다. 중요한 것은 이들이 돌아가고 싶었던 조국이 분단된 조국이 아닌 해방된 조국이라는 것이다. 그 바람과 믿음을 가슴에 품고 타지에서 살아온 것이다. 그리고 60여 년이라는 세월 동안 아이들을 키우고, 학교를 만들고, 한글을 가르쳐 왔다.

하지만 우리는 지난 60여 년 동안 이들을 철저하게 외면해 왔다. 그들에게 나는, 또 우리는 어떻게 할 것이냐는 질문을 나 자신에게 던졌다. 그들을 외면해 왔던 그 세월이 나를 너무 부끄럽게 했다.

한편으로 다행스러운 것은 그들이 지켜 온 여러 가지 가치들 중 좋은 것들이 너무 많다는 사실이다. 학교라는 공간이 현재 한국처럼 경쟁의 온상이 아니라, 한 공동체의 구심체로 작용하고 아이들이 자신이 다니는 학교를 고향이라 부른다. 살아오면서 학교라는 이름 뒤에 좋은 말 붙여 본 적이 있나? 나는 태어나서 내가 다니던 학교 뒤에 좋은 말을 붙여 본 적이 없다.(웃음) 그런데 조선 학교 아이들은 "우리 학교는 고향"이라고 말한다. 내가 이상한 지 모르겠지만 놀라웠고 감동적이었다.

한국 사회가 극복해야 할 가장 큰 문제 가운데 하나는 바로 조국 분단이 아닐까 한다. 그런데 어떻게 분단을 극복할 것인가? 남과 북 사이에 완충제가 있는지를 고민했다. 나는 일본 땅 또는 연변(옌볜) 같은 곳에서 살고 있는

초·중·고등학교 과정에서 민주주의·공화주의란 무엇인가, 시민이라는 것이 무엇인가를 제대로 토론하고 배우는 것이 중요하다고 생각한다. 한 번이라도 이런 교육을 제대로 받았다면 이 사회에서 이른바 소셜테이너 같은 조합어는 나오지 않았을 것이다.

동포 학교의 학생들이 굉장히 큰 완충 역할을 해줄 수 있다고 생각한다. 왜 냐하면 이들은 일본 땅에 살면서 북한을 이해하고, 남한을 조국이라고 믿는 사람들이다. 흔히 이야기하는 동북아 평화 시대를 열어 가는 데 빛나는 가 교 역할을 할 수 있는 존재들이다. 단순히 우리에게 도움을 받기만 하는 존 재들이 아니라는 것이다.

(일본의 조선 학교와 함께하는 모임인) 몽당연필이 공식적으로 하려는 일은 한국 사회에 일본 조선 학교를 알리는 것이다. 알린다는 것은 단순히 조선 학교만을 알린다는 것이 아니라, 우리가 외면하고 놓쳐 버린, 그리고 배우지 못했던 부끄러운 현대사에 대해 다시 돌아보고 반성해야 한다는 점을 알리 겠다는 것이다. 이런 반성 없이 한국 사회는 한 걸음도 앞으로 나아갈 수 없 다. 현재 한국 사회의 퇴행성이 이를 충분히 반영한다고 생각한다.

이런 맥락에서 정말 중요하다고 생각되는 것이 교육이다. 초·중·고등학 교 과정에서 수능시험 문제를 푸는 것이 아닌, 민주주의·공화주의란 무엇인 가, 시민이라는 것이 무엇인가를 제대로 토론하고 배우는 것이 중요하다고 생각한다. 한 번이라도 이런 교육을 제대로 받았다면 이 사회에서 이른바 소셜테이너 같은 조합어는 나오지 않았을 것이다.

언젠가 모 감독이 뜬금없이 "네가 대통령이 되면 무엇을 하고 싶으냐?"라 는 질문을 했다. 너무 뜬금없어서 그런 생각 안 해봤다고 했다. 내가 그럼 감 독님은 무엇을 하고 싶으냐고 물었더니 자신은 대통령이 되면 제일 먼저 대 기업 최고 연봉의 두 배 정도가 되는 금액을 주고 최고의 인성과 최고의 실 력을 가진 인재들을 초등학교 1, 2학년 교사로 임용하고 싶다는 것이다. 그 말을 듣고 무슨 말인지 깊이 이해가 되었다.

몽당연필이라는 단체를 통해 재일 조선인 학생들을 돕는 활동을 시작한 계기가 있다면?

2002년 10월 금강산에서 정말 뜻깊은 행사가 있었다. 6·15 공동선언 이후 청년 학생들의 특별한 통일대회였다. 정확한 명칭은 6·15 공동선언 실천을 위한 해외남북 청년학생 통일대회였다. 일본에서도 오고, 중국에서도 오고, 미국에서도 오고, 북측·남측 각각에서도 참여했다. 그 행사 마지막 날에 청년들이 헤어지는 자리에서, 남과 북의 청년들은 다음에 또 보자는 정도의 분위기였는데, 한쪽에서 울부짖는 청년들이 있었다. 바로 일본의 조선 학교 학생들이었다. 그들은 일본 땅에서 태어나 자라면서 매일같이 "나는 조선 사람인가?"라는 질문을 스스로 했던 학생들이다.

고국 땅에 와서 사흘 동안 남과 북의 언니·오빠들과 조선말을 쓰며 보내다가 다시 일본 땅으로 돌아가려니 아이들 스스로 정체성에 대해 심각하게 고민하게 된 것이다. 그들에게는 꿈만 같은 사흘이었는데, 그랬던 만큼 그들이 당한 서러움의 시간 또한 매우 컸던 것이다. 아이들이 헤어지는 게 슬퍼서 울부짖는 광경을 보고 온 뒤 일주일 동안 가슴앓이를 심하게 했다. 잠도 안 오고……. 정말 강렬한 기억으로 남았다.

그 이후로 2004년에 〈겨울연가〉가 일본에서 많은 인기를 얻었는데 이때 일본을 자주 방문했다. 그러다 보니 자연스럽게 동포들을 만나게 되고, 동포들을 보다 보니 2년 전 일이 다시 생각나서 혼자 조선 학교를 찾아가 보기도 했다. 그러면서 조금씩 조선 학교를 위한 후원 콘서트도 해보고, 내 나이에 디너쇼도 해보고 그랬다.(웃음) 개인적으로 조선 학교를 도왔던 일은 어제오늘 일은 아니다. 이런 식으로 나 말고도 조선 학교에 책을 보낸다든가, 이벤트를 만든다든가 하는 다양한 방식으로 지난 10여 년 동안 조선 학교와 연을 맺어 왔던 분들이 일본의 도호쿠東北 대지진을 계기로 다 함께 모이게 된 것이다.

몽당연필 공연이 처음부터 모금 활동을 위한 전제 조건이었다면 신영복 선생처럼 덕망 있는 분들을 모셔서 했을 것이다. 하지만 판에 박힌 방식으로 하지 말자는 의견에 따라 딴따라들끼리 몽당연필 공연을 시작하게 되었다. 이 공연은 수익이 목표가 아니라, 모금 활동을 함께해 주신 분들을 위한 감사 공연이다. 개인적으로 대한민국 최고의 뮤지션들을 매달 만날 수 있다는 사실이 내게는 참 행복한 일이기도 하다(2012년 10월 '조선학교와 함께하는 사람들 몽당연필'이 서울시 비영리 민간단체로 정식 등록되었다. 한국·재일동포·조선학교 사이에 다리가 되기 위해 다양한 활동을 전개하고 있으며, 2013년 7월 일본 오사카 소풍 공연을 앞두고 준비 중이다).

무엇이든지 오래 지속하기 위해서는 그 일을 하면서 내가 행복해야 한다는 것이 내 지론이다. 그래서 생각해 본 것이 몽당연필과 같은 콘서트 형식의 공연이었다. 몽당연필도 일종의 장기적 메시지다. 단순히 "힘내세요."라는 메시지가 아니다. 이제 이 땅에도 조선 학교 학생들을 기억하는 사람들이 하나둘 늘고 있다는 메시지를 그들에게 보내는 것이다.

이런 메시지가 조선 학교 학생들에게 어떤 힘이 될지에 대해 물을 수도 있다. 남과 북 어느 한쪽을 택할 수 없었던 조선 학교 학생들에게 6·15 공동선언은 정말 특별한 의미를 갖는다. 6·15 공동선언이 있을 때 가장 행복해했던 사람들이 바로 이들이다. 그런 의미에서 나는 우리의 응원이 조선 학교라는 공간에서 통일에 대한 소망을 키우는 데 큰 힘이 될 수 있을 것이라 생각한다. 이를 통해 그들이 더는 잊힌 존재가 아니라는 것 또한 이야기해 줄 수 있을 것이다.

얼마 전 중국이 동북 공정과 함께 〈아리랑〉을 자국 문화에 편입시키면서 유네스코에 등재 신청을 했다. 한국에서 난리가 났었다. 그런데 정작 우리는 〈아리랑〉을 불러 본 적이 있는가? 윤도현의 〈아리랑〉이 아니다. 연변, 길림 (지린) 성에 살고 있는 이른바 자치족, 조선족이라 불리는 우리 동포들은 수십 년 동안 매일같이 〈아리랑〉을 부르며 술을 마시고, 지금도 그곳 어디에선가 부르고 있다. 문제는 그들이 그들 스스로 한국인이 아니라고 생각한다는 것이다. 한국에 살고 있는 한국인으로서 정말 부끄러운 일이다.

김여진·박혜경·김제동 등 젊은 연예인들의 사회참여가 늘고 있다. 이들의 활동에 대해 선배 소셜테이너로서 어떻게 생각하는지 궁금하다.

요즘 이야기되고 있는 소셜테이너라는 개념에 가장 근접한 사람은 김여진 씨나 김제동 씨라 생각한다. 이 시대에 매일같이 소외당하고 외면당하는 사람들을 위해 자신만의 특별한 자각과 시선으로 SNS(사회관계망서비스)라는 도구를 활용해 어젠다를 만들어 가는 것을 보면 말이다.

소셜테이너 권해효와 배우 권해효가 서로 충돌하는 때가 있는가? 있다면 그런 충돌을 어떻게 조정해 가는지?

나는 일단 SNS를 잘 활용하지 못하기도 하고, 소셜테이너라는 개념에 그렇게 부합되는 것 같지는 않다.(웃음) 개인적으로는 시민 단체와 함께하면서 기쁨조·응원단이라는 표현을 많이 썼다. 나는 사회문제 전문가도 아니고 정책을 개발할 능력이 있는 것도 아니다. 단지 필요하다면 전심전력으로 활동가들을 도울 뿐이다. 그렇기 때문에 그 둘 사이가 충돌하는 일은 별로 없다.
　　옛날에는 폴리테이너라는 말이 있었다. 폴리테이너는 정치에 대한 조소를 드러내는 말이었다. 한국 사람만큼 정치적인 사람들도 없으면서 정치에 대해서는 부정적인 모순된 상황을 보여 주는 말이기도 하다. 과거 1970~80년대 군사독재 정권을 지나온 시기에 이른바 대중 연예인들이 정계에 입문하는 과정에서 폴리테이너라는 말이 생겨났다. 일종의 비아냥거림이나 조소였는데, 최근의 소셜테이너 개념은 폴리테이너라는 표현과는 달리 사회문제에 대해 자기 생각을 소신 있게 이야기하고 행동하는 연예인들에 대한 긍정의 의미가 담겨 있는 것 같다.

활발한 사회참여가 배우라는 직업에 부담으로 작용한 적은 없었나?

내가 처음 관심을 갖고 활동했던 것이 국민의정부와 참여정부 시기였다. 그때는 그런 것 자체에 특별히 부담을 느끼지 않았다. 선거 현장을 뛰어 다닌 경험은 많지 않고, 주로 당시 선거 때마다 대학가 청년들에게 투표를 독려하는 활동 정도였다. 그때도 부담이 피부로 크게 와닿지는 않았다. 도리어 기존 언론 매체들조차 정권 눈치 보기에 급급해하는 현 정권하에서 정치적 발언을 하는 것이 더 위축되는 건 아닌가 하는 생각이 든다. SNS라는 폭넓은 수단을 가지고 있음에도 말이다. 그런 면에서 볼 때, 요즘 소셜테이너라고 언급되는 분들이 훨씬 더 심리적으로 부담을 갖지는 않을까 생각한다.

다만 현실적으로 차분하게 생각해 봐야 할 것 중 하나는, 나 역시도 나와 관계된 사람들과 주로 만나는데 SNS 공간도 이와 마찬가지가 아닐까 하는 점이다. 그 안에서 이야기되는 것들이 전부는 아니라는 점에 늘 주의할 필요가 있다. 우리끼리의 생각이 전체인 것으로 오해하기 쉬운 환경을 SNS가 제공할 수 있다는 것이다. 내가 직접 하지는 않지만 옆에서 보면 그럴 가능성이 있다는 생각도 든다.

촛불 집회 사회자로도 매우 유명하다. 사실 어떤 사회적 사안에 대해 개인적으로 지지를 표하는 것과 달리 공적 집회에서 사회를 보는 것은 또 다른 차원에서의 용기가 필요한 일일 것 같다. 대규모 촛불 집회의 사회를 볼 때 두렵지는 않은지, 혹시 두려움이 든다면 어떻게 극복하는지 듣고 싶다.

내가 세상에서 제일 싫어하는 일이 사회를 보는 일이다.(웃음) 다른 일을 할 때는 내 주변 분들이 걱정을 안 하는데 대중 앞에서 사회를 보는 것은 걱정을 많이 한다. 내 생각에는 살면서 저마다 해야 할 몫이 있는 것 같다. 2004년 탄핵 정국 때는 국회에서 노무현 대통령 탄핵 소추안이 통과된 다음 날 5백여 개 시민 단체가 모여서 종로에서 첫 번째 민주 수호 탄핵 반대 경연 대회를 했다. 그때 시민 단체 진영에서 최광기 씨와 나를 공동 사회자로 지목했다.

당시 내가 사회자로 지목된 데 나 스스로 놀랐다. 내가 능력이 있어서라기보다는 집회의 성격상 특별한 정치색을 보이지 않는 사람이 필요했던 것 같다. 그땐 그것이 내가 감당해야 할 몫이구나 하고 생각했다. 그리고 바닥에 앉아서 촛불을 들고 있는 사람과 단상 위에서 사회를 보는 사람은 참여하는 방식만 다를 뿐이고, 내 참여의 방식은 위에서 마이크를 잡고 사회를 보는 것이라고 생각했다.

스스로 대견하게 생각하는 점은 그 요구를 받아들였다는 것이다. 사실 나는 그럴 능력도 없었고, 이전에 대중 집회에서 사회를 본 경험도 없었던 사람이다. 당시의 열기와 분노를 붙들고 힘을 집중시켜야 할 몫을 부여받은 것인데, 그 부분에서 용기가 필요했다. 또한 나한테는 그 열기와 분노를 3~4시간 붙들고 있을 능력이 없었다. 그래서 당시 공동 사회자였던 최광기 씨 뒤에 딱 붙어 있었다.(웃음) 그것이 내가 한 일의 전부다. 그럼에도 이때의

경험은 개인적으로 내 인생에서 정말 특별한 기억이었다. 삶을 살면서, 수십만 명이 모인 그 광장에서 촛불이 들렸다 내려갔다 하는 모습을 무대 위에서 볼 수 있는 기회는 많지 않을 것이다. 역사의 한 장면 속에서 내가 함께했다는 사실이 지금도 굉장한 전율로 남아 있다.

사회문제에 지속적으로 관심을 갖는다는 것은 말처럼 쉬운 일이 아니다. 마음을 다치는 일이기도 하다. 그렇게 예민하게 촉수를 유지하는 것이 힘들지는 않은가?

이런 말이 배부른 소리로 들릴지도 모르겠지만, 대한민국 땅에서 40대가 되고 50대가 되면 흔히 "먹고살려다 보니" 또는 "처자식 먹여 살리려다 보니"라는 말로 덮어 버리거나 저지르는 일들이 얼마나 많은가? 예를 들어 대기업 과장이 과장 자리를 지키기 위해 하청(도급) 업체들 착취하고, 뒷돈 챙기고, 단가 깎아 가면서 그런 일을 한다. 그런 사람들이 한마디 꼭 하는데, "처자식 먹여 살리려다 보니"라는 말이다. 그렇게 망가지고 스스로를 합리화하는 것인데, 그렇게라도 안 하면 좌절할 수밖에 없다는 것도 이해는 한다.

　개인적으로는 그렇게 살고 있지 않다는 사실이 한편으론 다행이라 생각한다. 사회에 대한 가슴앓이를 하는 것이 스스로에게 긴장감을 주고, 건강함을 유지할 수 있게 해주는 것 같다. 또 나이를 먹어 가지만 청년의 마음으로 살 수 있게 해주는 동인이 되기도 한다. 그런 의미에서 그나마 사회에 대해 가슴앓이를 할 수 있다는 것이 내게는 다행이고 행복이다.

2011년 6월 7일에는 반값 등록금 1인 시위 등을 통해 오늘날 청년들이 당하고 있는 고통에 함께 동참하기도 했다. 마지막으로 청년들에게 하고 싶은 말이 있다면?

2001년부터 2008년까지는 꽤 많은 대학을 방문하고 새내기 새터(신입생 오리엔테이션)나 동아리 등을 방문해 청년들과 만나려고 노력했다. 그런데 어느 순간부터 젊은 대학생들을 만나도 상호작용이 안 되는 느낌이 들었다. 그런데 최근 다시 청년들을 만나면서 내가 그동안 청년들과 내 방식대로만 대화하려다 보니 어려웠다는 것을 깨달았다. 그리고 이제는 청년들에게 내 이야기를 하러 간다기보다 그들의 이야기를 들으러 가야 한다는 것을 깨달았다. 그래서 앞으로는 듣도록 노력해야겠다는 생각을 많이 한다. 그래야 소통이 가능할 것이고, 또 한편으론 기성세대로서 미안한 마음이 크다. 그냥 청년들에게 해줄 수 있는 말이 있다면 지금을 고민하라는 것이다. 내일 무슨 일이 있을지 모르겠지만 내일을 위해 오늘의 행복을 유보하지 말라는 정도의 이야기를 해줄 수 있을 것 같다.

自
由
人

2012
05
15

김성재

김대중·노무현 '신화화'가 계파 갈등 만든다

김성재 연세대학교 석좌교수(당시 김대중도서관 관장)를 만났다. 그는 청년 시절 빈민 운동, 야학 운동을 비롯해 한국 사회 민주화 운동의 산 증인이자, 이후 국민의정부 민정수석부터 김대중도서관 관장까지 맡았다. 김대중 대통령이 국정 운영을 위해 가장 가까이에서 의견을 구하고자 했고, 또한 그의 사재를 통으로 맡길 만큼 인생의 중요한 부분을 의지하고자 했던 사람이기도 했다.

청년 시절 야학 운동을 했을 때 어떤 마음이었는지 궁금했다. "1971년 한국신학대학 대학원에 다닐 때 수유리 캠퍼스에 지역사회학교를 만들어 84번 동아운수 버스 안내양들을 가르쳤다. 이때 파울루 프레이리Paulo Freire가 경험했던 제도 교육의 모순을 실제로 경험했다. 어느 날 그 회사의 전무가 야학 선생들에게 저녁을 사준다고 해서 갔더니 식사 중에 '선생님들이 잘 가르쳐주니 우리 아이들이 참 착해져서 삥땅도 안 하고 말도 잘 듣고 세차도 잘한다.'라고 했다. 그 순간 속에서 무엇인지가 확 올라와서 얼른 뛰쳐나와 먹었던 걸 다 토했다. 내가 저들을 위해 가르친 것이 결국은 기업주에게 길드는 교육이었구나 하는 생각에 몹시 괴로웠다."

민주화 세력이 정권을 잡은 이후 재벌로 대표되는 자본의 공세에 속수무책이었던 이유, 그로 인해 양극화가 심화되는 것에 무능력했던 이유를 무엇이라고 생각하는지 궁금했다. "민주 세력은 권력을 잡기는 잡았는데 그것을 수행할 사람이 없었다. 국민의정부도 그 부분에서 안타까웠다. 민주 세력은 집권 경험이 없었으므로, 민주화 운동에서는 챔피언들이었을지 몰라도, 국가·사회·경제를 어떻게 운영해야 할지는 몰랐다. 그래서 노무현 정부의 경우 삼성의 국정 운영 보고서에 의존했다는 비판을 받게 된 것이다. 이것이 노무현 정부의 결정적인 실책이었다. 노무현 정부 정책이 좌우로 갈팡질팡한 것도 이런 이유 때문이었다. 지금 멍에가 되고 있는 한미 자유무역협정

FTA, 제주 해군항 기지 건설 등이 대표적인 예이다."

　민주·진보 진영의 정치인들이 김대중·노무현 두 대통령의 유훈 정치를 하고 있다는 비판이 많은 데 대한 생각을 묻자 "훌륭한 정치인들을 존경하고 따르는 것은 필요하다. 하지만 그것이 개인 우상화에 그치거나 하나의 정치적 정파가 되어서는 안 된다. …… 두 분의 이름을 정치적으로 이용하려고 거명한다면 비판받아 마땅하다."라고 이야기한다.

　그에게 자유란 무엇이었을까? "내가 가지고 있는 신념과 신앙을 실현할 수 있는 자유이다. 그것은 가난하고 소외되고 차별받는 이웃을 사랑할 자유이며, 또한 그들의 평등한 권리를 위해 투쟁할 사회정의적 자유이다. 기독교 신앙에서 예수님은 '형제를 위해 네가 목숨을 버리면 형제도 살고 너도 살지만, 네가 살기 위해 형제를 버리면 너도 죽는다.'고 했다. 나 개인의 자유만을 생각해 형제자매를 버리면 자유인이 아닌 노예가 된다. 형제자매의 자유를 위해 살면 너도나도 진정으로 자유인이 될 수 있다."

　그래서 그랬을까? 자신이 가르친 버스 안내양들이 배움을 통해 사회구조적 문제를 깨고 일어나는 자유인이 되기보다 오히려 기업주의 충실한 노예가 되어 가는 모습에 참을 수 없는 환멸을 느끼며, 그들이 진정 자유인이 되게 하기 위해 기업주 앞에 분노를 토해 냈던 이유가 말이다. 자유란 쉬운 것 같으면서도 참 어렵다.

다리에 장애가 있는 것으로 알고 있다. 하지만 삶에 장애가 되지는 않았던 것 같다. 몸과 마음이 자칫 한계에 갇힐 수도 있었을 텐데 그러지 않았던 원동력은 무엇이었나?

한국전쟁 중인 다섯 살 때 피난을 가다가 다리를 다쳤다. 엉치뼈에 금이 가고 탈골되었는데, 군 야전병원에서 허리를 다쳤다고 오진하는 바람에 몸 전체를 깁스해서 탈골된 다리가 굳어 버렸다. 잘못 굳은 다리로 걸으려니 무척 아팠는데, 똑바로 걷는 훈련을 해야 한다고 해서 억지로 걷다 보니 뼈끼리 부딪쳐서 염증이 생겨 곪아 터졌다. 다리 상태가 악화되자 부모님이 포항에서 서울로 이사해, 세브란스병원과 서울대병원에 1년 정도 입원했는데 몇 번 사경을 헤매기도 했다. 결국 완치할 수 없었고 다리를 절게 되었다.

처음에는 앉은뱅이처럼 지내서 학교도 아홉 살 때 어머니의 등에 업혀 다녔다. 힘들었지만 신앙생활과 긍정적인 성격 덕분에 절망하지 않고 이겨 낼 수 있었다. 다리를 절면서도 친구들과 축구·야구도 하면서 학교생활을 활발히 했고 공부도 열심히 했다. 물론 장애에 대한 멸시와 차별을 많이 받았다. 가까운 친구들이 농담 삼아 한 말이 상처가 되는 경우도 있었다.

장애인으로 가장 차별당했던 일은 초등학교를 졸업하고 경기중학교에 시험을 보려고 했는데 군사정부가 불구자는 안 된다고 해서 시험조차 못 본 것이다. 1994년 〈특수교육진흥법〉이 개정되어 장애인이 의무교육을 받을 권리를 갖기 전까지 장애인은 의무교육 대상에서조차 제외되어 있었다. 그래서 1990년부터 법 개정 운동을 한 이래 여러 굴곡을 거쳐 지금은 장애인도 의무교육, 통합 교육을 받게 되었다.

대학생이 되어 빈민 지역에 들어가 어려운 사람들과 생활하며 학교를 다녔다. 빈민 운동 차원이 아니라 그냥 그들과 함께 생활하며 그들에게 용기와 희망을 주고 싶었다. 빈민들과 함께 살면서 사람은 인정받으면 기적과도 같은 힘이 솟고 희망으로 삶을 개척해 갈 수 있는 존재라는 것을 경험했다. 내가 빈민과 장애인을 위해 살았던 것은, 병원에서 사경을 헤맬 때 '나를 살려주면 하느님의 사랑으로 어려운 사람들과 더불어 살겠다.'는 기도 때문이었다. 사실 이 기도를 드렸는지도 잊어버리고 있었는데 어머니께서 나중에 알려 주셨다. 이 기도를 지키며 살려고 노력했다.

대학 시절에 청계천 평화시장에서 야학을 하면서 전태일을 만났다고 들었다. 그리고 그의 분신 사건에서 큰 충격을 받았다고 들었는데, 전태일과의 인연이 깊었나?

당시 청계천 바로 옆 동대문 평화시장에 있는 동부교회를 다니고 있었다. 거기서 1970년부터 노동자들을 위한 야학을 했다. 당시 동부교회 야학은 운동권에서 가장 평가가 좋았는데 하루는 전태일이라는 노동자가 와서 인사하고는 다시 들르겠다는 말을 남기고 갔다. 그 뒤로는 만나지 못했다. 인연이 그리 깊지는 않았다.

1960년대 대학생들은 정치 민주화를 위한 운동은 많이 했으나 빈민들에게는 그다지 관심을 갖지 않았다. 그런 상황에서 1970년 11월 13일 전태일 분신 사건이 발생한 것이다. 당시 평화시장 노동자들의 생활은 정말 열악했는데 언론의 통제로 국민들은 이런 현실을 잘 알지 못했다. 전태일 열사는 자기 몸을 희생해 노동자들의 비참한 현실을 사회에 알린 것이다. 이 사건 이후 학생운동이 빈민과 노동자, 농민의 문제에 대해 인식하기 시작했고 지식인과 언론인 들도 정치 민주화와 함께 사회정의, 인권, 민중 생존권에 대해 관심을 갖기 시작했다. 민중이라는 말이 이때부터 일반화되었다.

그런데 군사정권은 민중이라는 말이 북한의 인민과 같은 말이라며 민중운동을 〈반공법〉으로 탄압했다. 많은 대학생들이 대학을 포기하고 빈민 지역과 노동 현장에 들어갔고 진보적인 성직자들도 빈민·노동운동을 하기 시작했다. 나는 전태일 열사의 동생 전태삼·전순옥 씨와 함께 계속 야학을 하면서 동고동락했다. 특히 전태일 열사의 어머니인 이소선 여사를 어머니처럼 따랐다. 이소선 여사는 유가협(전국민족민주유가족협의회)·민가협(민주화실천가족운동협의회) 가족들과 함께 늘 앞장서서 사회적 약자들을 챙기고, 그들에게 용기와 희망을 주었다.

현장에 들어가 빈민·노동자와 동고동락하면서 그들을 가르치는 일이 쉽지 않았을 것 같다. 어떻게 야학 활동을 계속할 수 있었나?

당시 야학은 일반적으로 검정고시 야학이었다. 가난해서 상급학교를 진학하지 못한 학생들을 위한 일종의 압축된 교육과정인 것이다. 하지만 야학을 통해 중학교에 간들 가난과 노동의 문제를 해결할 수는 없었다. 가난의 문제, 공부를 하지 못하는 문제를 사회구조적으로 인식하지 않고 모두 개인의 잘못으로 돌리기 때문이다. 결국 검정고시 야학은 체제에 길드는 것밖에는 안 되었다. 이것은 분명히 잘못되었다고 생각했다. 그러던 중 1970년에 『피압박자의 교육학』*Pedagogy of the Oppressed*이라는 파울루 프레이리의 책을 읽고 큰 충격과 감명을 받았다.

프레이리는 브라질 교육학자인데 빈민을 위해 야학 같은 교육 운동을 했다. 그런데 빈민들이 교육받기 전에는 불의한 현실에 대해 비판하고 저항도 했지만, 교육받은 후에는 교과서를 통해 군사독재 체제 논리에 세뇌되고 적응하는 것을 보고, 이런 교육은 잘못되었음을 깨달았다. 그래서 프레이리는 자기 자신과 사회를 올바로 읽고 쓸 줄 알고 스스로 의식을 깨우는 교육을 하게 되었다. 이것을 그는 의식화conscientization 교육이라고 했다. 『피압박자의 교육학』은 이런 교육과정을 담은 책이었다. 나는 이 책을 중심으로 대학원 논문을 쓰고 비밀리에 원서를 번역했다. 당시 이런 종류의 책을 출판할 수 없었기 때문에 기름종이에다가 철필로 긁고 등사기에 밀어서 쓰는 이른바 '가리방'(줄판) 출판을 했다. 이것으로 한국신학대학(한신대학교)에서 강의하다가 중앙정보부에 끌려가 고문당하기도 했다.

이후에 우리 사회 운동권에서 '의식화'라는 말과 민중 교육이라는 말이 유행어처럼 번졌는데, 어떻게 보면 이 말들은 내가 처음 사용한 것이기도 하다. 실제로 당시 학생운동과 민중운동을 한 사람들은 거의 다 이 책을 보았고, 최근에도 여러 사람들이 내게 1970년대에 이 책을 보고 운동을 하게 되었다고 말하기도 했다.

1971년 한국신학대학 대학원에 다닐 때 수유리 캠퍼스에 지역사회학교를 만들어 84번 동아운수 버스 안내양들을 가르쳤다. 이때 프레이리가 경험했던 제도 교육의 모순을 실제로 경험했다. 어느 날 그 회사의 전무가 야학 선생들에게 저녁을 사준다고 해서 갔더니 식사 중에 "선생님들이 잘 가르쳐주니 우리 아이들이 참 착해져서 삥땅도 안 하고 말도 잘 듣고 세차도 잘한다."라고 했다. 그 순간 속에서 무엇인지가 확 올라와서 얼른 뛰쳐나와 먹었던 걸 다 토했다. 내가 저들을 위해 가르친 것이 결국은 기업주에게 길드는 교육이었구나 하는 생각에 몹시 괴로웠다.

당시 안내양들은 하루 일당이 3백 원이었는데 실제로는 적어도 5백 원은 받아야 했다. 이전에 내가 임금을 좀 올려 줘야 하지 않느냐고 물었던 적이 있는데 회사 측에서는 그들이 삥땅을 하기 때문에 3백 원을 줘도 된다고 했었다. 이렇게 회사는 안내양들이 삥땅을 할 것을 전제로 3백 원을 주는 건데, 우리가 삥땅을 하지 말라고 가르친 것은 아니지만 결국 이들이 더 이상 삥땅하지 않게 되었으니 이들은 실제 자기가 받을 권리를 찾지 못하게 된 것이 아닌가. 그래서 그다음 날 학생들에게 내가 지금까지 잘못 가르쳐서 미안하다고 사과했다. 대신에 이제부터 걸리지 않고 삥땅치는 법을 가르쳐 주겠다고 했다. 그랬더니 회사에서 난리가 났다. 전무가 달려와서 "선생님, 이게 무슨 말입니까. 삥땅하는 걸 가르치다니요?" 하기에 "전무님이 분명히 이들이 삥땅을 하니 3백 원 주는 거라 하지 않았습니까? 그러니 삥땅을 안 하게 된 대신 5백 원을 주십시오."라고 했다. 처음에는 반발이 있었지만 결국 일당을 450원으로 올려 주기로 타협했다. 회사에서 임금을 올려 주니 안 내양들도 일을 더 잘하게 되고 그 덕분에 동아운수는 모범 운수가 되었다. 이후 상황이 더 개선되어, 안내양들은 이제 "오라이." 하면서 차 문을 두들 기지 않고 마이크로 안내하게 되었고 유니폼도 입게 되었다.

이처럼 자신의 존재다움이 무엇인지, 가난이 왜 발생하는지, 사회문제가 무엇인지, 자기 권리를 누리고 살기 위해서는 어떻게 해야 하는지를 스스로 묻고 깨우치며 인식해 가도록 하는 교육과정이 의식화 교육이다. 의식화 교육은 피압박자만이 아니라 압박자도 새로운 존재로 변화시킨다는 사실을 이 과정을 통해 절감했다.

야학에서 시작한 운동이 이후 빈민 운동, 노동운동으로까지 확장되었다.

사실 대학원을 진학하지 않고 빈민 지역에서 계속 살려고 했는데, 당시 한 국신학대학 대학원장이었던 안병무 박사님이, 사회를 민주적이고 정의롭게 변화시키려면 공부를 계속해야 한다고 말씀하시면서, 거의 강제로 대학원 에 입학시켰다. 당시 한신대에서는 "신학은 인간학이다."라는 말과 "성서는 역사다."라는 명제가 신학 교육의 중심이었다. 이는 신을 바로 알려면 추상적인 철학적 개념의 신을 연구하거나 하늘에 계신 하느님만 쳐다보는 신앙이 아니라, 신이 창조한 인간과 세계를 바로 알고 그 안에 계신 하느님을 볼 수 있어야 한다는 것을 의미했다.

이런 맥락에서 신이 우리 사회에서 하시려고 하는 일을 함께하는 것을 선교라고 했다. 신학적으로 이를 '하느님의 선교'Missio Dei라고 불렀다. 이런 신학과 선교를 중심으로 학생들이 빈민 지역, 농촌 지역, 노동 현장에 가서 그들과 함께 살면서 일하도록 훈련했다. 이와 같은 교육과 현장 경험이 이후에 청와대 민정수석, 정책기획수석, 문화관광부 장관을 하는 데 큰 도움이 되었다.

1973년 12월, 몹시 추운 겨울에 학생들과 함께 구로동에 있는 공단에 들어가 노동자 생활을 했다. 회사에서 처음에 우리가 중학교 중퇴, 고등학교 중퇴라고 했더니 안 써주기에 전부 국졸이라고 했더니 써주었다. 그곳에서 한 달가량 생활하던 중 1974년 1월 8일 긴급조치 1호가 선포되었다. 장준하 선생의 유신 반대 1백만 인 개헌 서명운동을 막으려는 것이었다.

나는 당시 청년 책임자 중 한 사람으로 서명운동에 참여했는데, 이를 알고 정보부 요원 둘이 나를 잡으러 찾아와 중앙정보부에 끌려갔다. 가서 보니 그곳에는 이미 함석헌 선생, 장준하 선생을 포함한 여러 사람이 와서 고문당하고 있었다. 나는 맞으면서도 서명받은 명단을 끝끝내 숨기며 모르쇠로 버텼는데, 다른 선생님들보다 나이가 어려서 같이 엮을 수가 없었는지 3일 만에 나왔다. 그 후 얼마 되지 않아 교회 전도사, 빈민·산업 선교를 하는 사람들이 "긴급조치 1호는 무효다."라는 선언문을 종로5가 기독교회관에서 발표했다. 이 일로 그들은 긴급조치 1호 위반으로 15년 정도의 형을 받았다.

운동을 하면서 많은 동지들을 만났다. 빈민 운동을 하면서 제정구, 김근

태, 손학규 등을 만났다. 돌아가신 제정구 전 의원, 손학규 전 민주당 대표와
는 빈민 운동을 했고, 김근태 전 의원과는 1971년 대통령 부정선거 참관인
운동도 함께했다.

그리고 노동운동을 하면서는 장명국 『내일신문』 발행인과 만났다. 당시
노조를 만드는 것 자체가 불법이었는데 장명국은 노조를 만들어 노동자의
권리를 주장하는 것이 노동운동의 근본이라고 강조하면서 노동법 책도 출
판하고 적극적으로 노조 결성을 통한 노동운동을 했다.

하지만 나는 학생운동과 민중운동을 하면서는 어느 조직에 들어가거나
단체에서 활동하지는 않았다. 조직이 필요하다고는 생각했지만 조직의 논
리와 소영웅적 자기과시에 빠져 본래 목적이 왜곡되는 경우를 많이 보았기
때문이다. 한신대 학생 대표로 서울대·고대·이대 등 일반 대학 학생 대표들
과 연대 운동을 했을 때도 그 조직에 들어가지는 않았다.

청년 시절, 야학 운동, 민주화 운동 등을 하며 사실 독재 정권의 압박을 많이 받
았을 텐데, 이렇게 운동을 하다가 소리 소문도 없이 사라질 수 있겠다는 공포를
느낀 적은 없었나. 공포와 두려움을 이길 수 있게 한 힘은 무엇이었나?

1967년 대학에 입학해서 그해 6·8 부정선거 규탄 데모에 참가해 처음으로
경찰서에 잡혀갔다. 이후 베트남 파병 반대, 3선 개헌 반대 등 계속 학생운
동을 했다. 매번 이른바 닭장차에 끌려가고 경찰서에 잡혀가 매도 맞고 며
칠씩 철장에 갇혀 있기도 했다. 1971년 대선 때는 부정선거를 막기 위해 '표
지키기' 참관인 운동도 했다. 1976년 3·1 민주 구국 선언 사건 때도 잡혀갔
고, 그해 11월에는 간첩이라는 누명을 쓰고 서빙고 호텔이라는 보안사(육군
보안사령부)에 끌려가 고문당하기도 했다. 중앙정보부에도 여러 번 잡혀갔는

데, 중앙정보부나 보안사에서 "너 같은 놈 교통사고로 위장하거나 익사 사건으로 얼마든지 죽일 수 있다."고 위협하기도 했다. 당시 수사 당국은 사람들을 몰래 잡아갔기 때문에 가족들과 동료들은 경찰서·정보부·보안사를 헤매며 찾아다녔다. 정말 그냥 사라지는 의문사, 행방불명자들도 많았다. 그러기에 잡혀가는 것 자체가 두려움이고 공포였다.

그러나 이 땅에 민주주의를 실현하고 가난한 민중이 주인 대접 받고 차별받는 장애인들이 평등하게 사는 사회를 만들겠다는 신념과 신앙이 있었기 때문에 두려움과 공포, 매 맞는 고통과 비인간적 멸시를 극복할 수 있었다. 교수 해직 압력과 협박도 여러 번 받았지만 그것이 두려워 신념을 굽히지는 않았다.

그러나 두려움을 이길 수 있었던 진짜 힘은 하느님과 민중에게 받았던 사랑이었다. 민중운동을 하면서 분노와 증오심으로 운동해서는 안 되겠다고 느꼈는데, 이유는 운동의 원동력이 사랑이 아니면 투쟁의 악순환이 되고 파괴적이 된다고 생각했기 때문이다. 당시 한신대 학생들에게 가르쳐주었던 남미 해방운동 노래인 "우리들은 뿌리파다 홀라홀라. 같이 죽고 같이 살자 홀라홀라. 무릎을 꿇고 사느니보다 서서 죽기를 원하노라. 우리들은 자유파다 정의파다 홀라홀라."를 즐겨 불렀는데, 이후 이 노래가 운동권 노래가 되었다.

청년 김성재에게 가장 중요한 화두는 무엇이었나?

하느님의 사랑과 정의를 실천하는 것이었다. 어려서부터 나는 하느님의 은총과 사랑이 없었으면 살 수 없는 존재였다. 하느님의 사랑에 빚진 자로서 신의 사랑으로 신의 뜻을 실현하는 사회적 혁명을 하고 싶었다. 국가와 사회가 존재하는 목적이, 사회적 약자들이 인간다운 삶을 살 수 있도록 보장해 주는 데 있다고 생각했고, 그런 약자들과 더불어 사는 것이 인간다운 삶이라 여겼다. 그래서 한편으로는 그들에 대한 인간적 관심과 사랑의 연대, 다른 한편으로는 그와 같은 사회와 국가 체제를 만들기 위한 운동과 싸움이 필요하다고 봤다. 이것들이 청년 시절 나의 유일한 목표였다.

고은 선생님의 『만인보』(개정판, 창비, 2010)에 내 이름이 있다. 나에 대해 짧게 두 줄인가 쓰여 있다. 내가 다리를 저니까 "한쪽 다리는 짤록, 그러나 그의 날 선 눈은 하늘을 꿰뚫고 있다."는 내용이다. 민중과 살면서 해직 교수, 해직 언론인, 제적 학생들과 함께 민중 신학, 민중 교육학, 민중 사학, 민중 경제학, 민중 사회학, 민중문학 등의 새로운 배움과 씨름하고 있던 나를 보고 쓰셨으니 아마도 당시의 내 모습이 아니었을까 싶다.

기독 신앙이 삶을 추동하는 매우 중요한 동기가 되었던 것 같다. 하지만 한국 사회에서 기독교는 매우 큰 세력이지만, 이른바 대형 교회를 중심으로 친미·반북·반복지·반평화를 주장할 뿐만 아니라, 공익이 아닌 자기 이익만을 추구하는 사적 이익 집단으로 인식되는 경우가 많다. 단적인 예가 2012년 4·11 총선에 나왔던 기독당의 핵심 공약이 교회 세금을 깎아 주겠다는 것이었다. 이들이 믿는 기독교와 김성재 관장이 믿는 기독교가 달라 보인다. 본인에게 기독교란 혹은 예수란 어떤 존재인가?

부모님이 기독교 신앙인이었기 때문에 태어나면서부터 기독교 신앙을 가지고 있었다. 어린 나이였지만 성서와 씨름하다 보니 내가 성서에서 만난 예수는 교회의 예수와는 다르다고 느꼈다. 그러면서 종교도 교회도 모두 인간의 사회적 제도이고 인간이 모이는 곳이기에 사람들 간에 정치가 있게 마련이고 갈등과 부정이 생길 수밖에 없다는 생각을 했다. 실제로 역사를 보면 교회 정치가 세속 정치보다 한 수 위다.(웃음) 그래서 어떻게든 교회에 연연하기보다 예수를 닮고 그분을 따라 살아야겠다는 생각을 더 절실하게 했다.

내가 속한 한국기독교장로회(이하 기장)와 한신대는 진보적인 신앙과 신학을 가지고 있었다. 그래서 복음화와 인간화, 개인 구원과 사회 구원을 둘이 아니라 하나로 여겼다. 또한 선교도 단지 기독교로의 개종과 교회 성장만을 위한 것이 아니라 하느님의 뜻, 곧 사랑과 정의를 이 땅에 이루어 가는 것을 의미했다. 그래서 한신과 기장은 신의 뜻으로 민주화와 민중운동, 인권과 평화통일 운동을 가장 앞장서서 했다. 반면에 보수 교회들은 독재·착취·빈곤 등 사회의 불의를 외면하고 기복적이고 현실도피적인 개인 구원과 교세 확장에만 몰두했다. 그리고 사회참여는 이단이고 죄악이라고 했다. 솔직히 이런 부자 교회들은 예수를 팔아 장사하는 종교적 기업과도 같은 것이지 가난하고 불의한 사회에 참된 교회가 아니다.

성경만이 아니라 사서오경은 물론 불교와 이슬람교의 경전들도 심취해서 읽었다. 내가 다닌 한신대 바로 위에 화계사가 있고, 거기에는 동국대학교 불교학과 기숙사가 있어서 젊은 스님들과도 어울리며 불경을 읽었다. 또한 당시 한신대에서는 불교와 유교를 한 학기 이상 공부하게 했기 때문에 청담 스님, 법정 스님께 배우고, 대학원 때는 해인사 백련암 성철 큰스님께 가서 일주일을 지내며 가르침을 받기도 했다. 당시 성철 큰스님을 만나려면 소나무나 돌에 천 번 이상 절해야 한다고 했는데, 나는 안병무 선생님 서찰을 가지고 가서 절하지 않고 직접 뵙고 가르침을 받았다.

김대중 전 대통령이 정계를 은퇴한 후에 재산 관리를 맡긴 것과 김대중 정부 시절 민정수석 발탁, 이후 김대중도서관 관장에 이르기까지 김대중 전 대통령의 특별한 사랑을 받은 것으로 유명하다.

1992년 12월 김대중 대통령이 대선에 패배한 후 정계 은퇴와 함께 동교동 집 외의 재산을 사회에 내놓겠다고 발표했다. 이듬해 초에 동교동 자택으로 부르더니 웃으면서 김 교수가 잘할 수 있으리라고 믿기 때문에 맡기는 거라며 사회에 환원하는 재산의 사용과 관리를 내게 맡긴다고 했다. 대통령이 나를 이렇게 신뢰하는 줄은 몰랐기에 나도 무척 놀랐다.

그리고 1999년 6월 민정수석직을 신설하고 내게 그 일을 맡겼을 때 나를 포함한 모든 사람이 의아해 했다. 언론도 "김성재가 누구냐?"라고 했다. 김대중 대통령을 1969년 3선 개헌 반대운동 때 만났고, 이후 40년간 가까이 있으면서 정책 자문 역할 등을 했지만 정치 일선에 나선 적은 없었다. 1988년 평민당 창당 때부터 1996년까지 세 번이나 전국구 공천을 제안했지만 모두 사양했기 때문에 사람들이 나에 대해 몰랐을 것이다. 청와대에 민정수석으로 부임했을 때 공무원들은 하나같이 "신학과 교육학을 전공한 사람이 어떻게 그 직을 감당할 수 있을까?"라며 얼마 못 가 그만둘 것이라고 했다. 그러나 나는 모든 직원들이 놀랄 정도로 민정수석직을 전문적으로 수행했다.

당시 기자들이 내 방에 자주 들렀는데 어느 날 한 기자가 내 별명이 '메기 수석'이라고 알려줬다. 왜 '메기 수석'이냐고 했더니 미꾸라지를 기를 때 메기를 넣으면 미꾸라지들이 메기에게 잡아먹히지 않으려고 부지런히 움직여 미꾸라지가 빨리 크는데, 그동안 조용하던 청와대 비서실이 내가 오고 나서 아주 바빠져 그렇게 부른다는 것이다. 메기라는 이름은 별로였지만 그 의미는 싫지 않았다. 민정수석을 지낸 이후 정부의 정책·예산·인사를 총괄하는 정책기획수석을 맡았다. 다양한 삶의 현장을 경험한 것이 이 직책들을 잘 수행해 내는 데 많은 도움이 되었다.

민정수석을 하면서 가장 기억에 남는 일이나 뿌듯했던 일이 있다면 무엇인가?

당시는 외환 위기 때였기 때문에 개혁이 최우선 과제였다. 그러나 나는 축소하고 내쫓는 구조 조정이 아니라 새로운 시스템을 만들고 인력을 재배치하는 생산적 개혁이어야 한다고 강조했다. 의료·연금·고용·산재 등 4대 사회보험 실시, 민주화 관련법, 인권법, 부패방지법 제정, 기초 생활 보장과 중학교 3학년까지 무상 의무교육 확대 등을 포함한 복지국가 정책 시행, 지식 산업 발전과 지식 정보 인적 자원 개발, '지원은 하되 간섭하지 않는 문화 정책' 도입 등에 매달리며 정말 불철주야로 일했다. 어느 공무원이 공무원 생활 20여 년 만에 이렇게 코피 터지며 보람 있게 일해 본 것이 처음이라고 이야기한 것을 들었다. 매일 아침 일하기 전 하느님께 '국민과 국가를 위해 올바르게 국정을 수행할 수 있도록 지혜와 능력을 주시고, 언제나 가난한 사람을 잊지 말게 해달라.'고 간절히 기도하고 업무를 시작했다.

얼마 전 경제협력개발기구OECD에서 제3세계 발전을 지원하기 위해 전자 정부 프로젝트를 추진하는데 한국이 가장 앞선 전자 정부 시스템을 가지고 있다며 이에 대한 이야기를 듣기 위해 OECD 담당자가 나를 찾아왔다. 그러면서 한국이 그토록 일찍이 전자 정부를 수립한 데 감탄했다.

정보화 정책 추진과 관련해 에피소드가 있다. 김대중 대통령께서 1980년 내란 음모 사건으로 청주교도소에 수감되어 있을 때 앨빈 토플러가 쓴 『제3의 물결』을 읽고 지식·정보사회가 도래할 것을 알았다. 그래서 대통령이 된 후 정보화 정책을 강조했는데 청와대 수석과 관련 부처 장관들이 정보화 정책을 제대로 수행하지 못했다. 나 역시 앨빈 토플러의 책을 읽어 정보화 정책에 대해 중요하게 생각했는데, 민정수석에 임명되고 난 후 대통령께 정보화 정책의 중요성에 대해 이야기했더니 내게 그 책임을 맡겼다. 본래 정보화 정책은 민정수석 임무가 아니었는데 말이다.

정보화 정책의 핵심은 전자 정부인데, 전자 정부 슬로건은 "정부가 당신의 손안에"government in your palm였다. 전자 정부는 국민들이 언제 어디서나 컴퓨터 마우스를 통해 정부 행정을 알고 행정 서비스를 받는 서비스 정부, 국민에게 열린, 국민과 소통하는 정부를 말한다. 국민이 정부를 찾아가는 것이 아니라 정부가 국민에게 먼저 찾아가는 정부이다. 전자 정부 기반을 구축하기 위해서는 먼저 전국적으로 초고속통신망을 구축해야 한다. 정부 부처는 행정 칸막이를 없애고 전자 민원 서비스(G4C)가 가능하게 하고 기업도 전자 상거래(B2B)를 도입해야 한다. 또한 무엇보다 전 국민이 인터넷을 잘 사용할 줄 알아야 한다. 그래서 학교 정보화를 통한 학생들의 인터넷 교육은 물론 가정주부와 노인들까지 마을 회관에서 인터넷 교육을 무료로 받게 했고, 군인들과 재소자를 대상으로 한 인터넷 교육까지 실시했다. 그 결과 1년 만에 인터넷 이용자가 3천만 명을 넘었다. 인구 비례로는 세계 최선두 인터넷 이용 국민이 되었다. 이런 전자 정부 사업을 2년 만에 완성했다.

김대중 대통령은 2002년 10월에 전자 정부 선포식을 했다. 당시 나는 지식·정보사회는 하늘이 우리나라에 주는 축복이라고 말했다. 지식·정보사회는 우리 민족 기질에 잘 맞기 때문이다. 우리가 아날로그를 디지털로 전환하는 정보화를 빨리 추진하면 일본의 전자 산업을 몇 년 안에 앞설 수 있다고 했다. 정부 각료나 기업들은 처음에 이 말을 믿지 않았다. 그러나 지금은 우리나라 전자 산업이 일본보다 앞서 있고 세계 최고가 되었다.

김대중·노무현 정부를 거치며 절차적인 민주화가 이루어졌다는 평가가 있다. 하지만 이 두 정권을 거치며 오히려 신자유주의가 심화되었고, 이로 인한 사회경제적 불평등이 심각해졌다는 평가도 있다. 복지 정책들을 계속 연구해 왔던 연구자이자 실천가로서, 한편으론 김대중 정부의 국정 운영을 가장 가까이에서 지켜보고 함께했던 민정수석으로서 이런 평가와 지적에 대해 어떻게 생각하는가?

김대중 정부가 신자유주의를 심화했다고 하는 비판은 잘못된 것이다. 김대중 정부는 김영삼 정부가 준비 없이 도입한 신자유주의 세계화 정책 때문에 발생한 외환 위기를 극복하기 위해 민주적 시장경제, 경제민주화 정책을 추진했다. 특별히 경제민주화 원칙에서 4대 개혁, 곧 기업·금융·공공·노사 개혁과 '5+3 재벌 개혁'을 강력하게 추진했다. 만약 김대중 정부가 신자유주의 정책을 추진했다면, 정부가 시장에 개입하는 기업·금융·노사 개혁과 재벌 개혁을 할 수 없었다. 또한 4대 사회보험, 의료·연금·고용·산재보험도 실시할 수 없었다.

우리나라 헌법은 자유민주주의의 법치국가적 성격과 사회민주주의의 사회국가적 성격 등 두 가지 요소를 다 가지고 있다. 1948년에 헌법을 제정할 때 독일의 바이마르헌법, 즉 사회국가 헌법의 사회권 요소를 국민 기본권으로 삼았기 때문이다. 이는 1987년 민주화 이후 개정된 헌법에서 더욱 분명해졌다. 현행 헌법의 제119조 1항은 경제활동을 시민 개인의 자유를 중시하는 법치국가의 시민권으로 보장한다. 그러나 2항은 경제활동에서 개인의 자유가 사회적 불평등을 초래할 때, 사회적 평등을 위한 경제민주화와 이를 위한 국가의 책임을 구체적으로 명시했다.

그리고 제23조는 공공복리에 부적합한 소유권에 대해서는 국가가 조정할 권리가 있음을 명시했다. 이런 헌법에 따라 외환 위기를 경제민주화로 극복하려 했지 신자유주의적 처방을 하지는 않았다. 구체적으로 '5+3 재벌 개혁'으로 출자 총액 제한 제도, 선단식船團式·문어발식 기업 확장 개혁 등의 조치로 많은 재벌들이 해체되고 축소되었다. 이는 헌법에 근거한 것이라 국내는 물론 해외에서도 왜 정부가 시장에 개입하느냐고 말하는 사람이 없었다. 다만 외환 위기 극복 과정에서 비정규직과 파견 근로자가 늘어난 문제는 있다.

그러나 이것은 당시 불가피한 것이었기 때문에 단계적으로 해결했어야 했다. 안타깝게도 노무현 정부가 경제민주화를 뚜렷하게 인식하지 못해 재벌 개혁 정책들을 완화했고, 이명박 정부는 친 대기업 정책으로 이를 아예 폐지해 버렸다. 그 결과 재벌 대기업들이 문어발식으로 기업을 확장해 중소기업과 소상공인들의 업종을 모두 잡아먹고 있다. 이명박 정부에서 '동반 성장' 구호를 외쳤지만, 그것은 권력으로 재벌과 대기업을 압박하거나 그들의 도덕성에 호소해서 될 일이 아니다. 지금까지 자유민주주의의 법치국가적으로만 해석한 헌법을 사회민주주의의 사회국가적으로 재해석할 필요가 있으며, 헌법에 근거한 경제민주화 정책으로 해결해야 한다.

"김대중 정부가 신자유주의를 심화했다고 하는 비판은 잘못된 것"이라고 했지만 실제로 김대중 정권의 신자유주의 정책으로 인해 사회경제적 양극화가 심화되었고, 노무현 정부 들어서는 노무현 대통령이 "권력은 이미 시장으로 넘어갔다."라고 토로할 만큼 재벌 등을 중심으로 한 경제 세력의 힘이 강해졌다. 이로 인해 양극화가 심화된 것은 두말할 나위가 없다. 민주화 세력이 재벌을 비롯한 경제 세력의 공세에 속수무책이었던 이유와 양극화 문제 등에 무능력했던 이유는 무엇이라고 생각하는가?

매우 중요한 부분이다. 민주·진보 세력들은 정책만 강조하는데, 정책과 함께 그 정책을 제대로 수행할 '사람'이 있어야 한다. 정권을 잡았으면 그 정부가 추구하는 정책을 수행할 적임자들이 있어야 하는데, 민주 세력은 권력을 잡기는 잡았는데 그것을 수행할 사람이 없었다. 국민의정부도 그 부분에서 안타까웠다. 민주 세력은 집권 경험이 없었으므로, 민주화 운동에서는 챔피언들이었을지 몰라도, 국가·사회·경제를 어떻게 운영해야 할지는 몰랐다. 그래서 노무현 정부의 경우 삼성의 국정 운영 보고서에 의존했다는 비판을 받게 된 것이다. 이것이 노무현 정부의 결정적인 실책이었다. 노무현 정부의 정책이 좌우로 갈팡질팡한 것도 이런 이유 때문이었다. 지금 멍에가 되고 있는 한미 FTA, 제주 해군항 기지 건설 등이 대표적인 예이다. 결국 노무현 정부는 서민 정부를 표방했지만 양극화를 더욱 심화하고 부자들과 재벌들의 배를 불리고 서민들을 고통 받게 하는 정부가 되었다는 비판을 받게 되었다.

대학교수들은 이론에 충실한 전문가들이기 때문에 비판은 잘하지만 행정에는 한계가 있다. 또한 자신의 학문적 권위 때문에 과거 이념에서 자유롭지 못하다. 그러므로 정부와 정치에 참여하려는 교수들은 변화하는 세계와 현실에 대해 인식하고 국민의 마음을 헤아릴 줄 아는 실사구시적인 정책 전문가가 되어야 한다.

민주·진보 진영의 정치인들이 김대중·노무현 대통령의 유훈 정치를 하고 있다는 비판이 많다. 이에 대해 어떻게 생각하는가?

훌륭한 정치인들을 존경하고 따르는 것은 필요하다. 하지만 그것이 개인 우상화에 그치거나 하나의 정치적 정파가 되어서는 안 된다. 무엇보다도 두 분은 국민과 함께했다. 김대중 대통령은 국민을 신뢰했고, 현장 중심의 행정과, 국민보다 반걸음 앞서 가는 정책을 추진했다. 노무현 대통령은 탈권위적으로 국민과 소통했다. 이런 정신과 자세를 이어가야 한다. 그러지 않으면서 두 분의 이름을 정치적으로 이용하려고 거명한다면 비판받아 마땅하다.

두 분이 잘한 것은 계승해야 하지만, 못한 것은 그럴 수밖에 없었던 원인을 분석해 이를 적극적으로 극복하려고 노력해야 하는데, 이 두 대통령이 신화화됨으로써 그런 비판이 금기시되는 분위기가 어느 정도 있다.

그런 부분이 있다. 진보도 스스로 겸허히 비판해야 자기 발전이 된다. 한 대통령이 모든 것을 완벽하게 하지 못한다. 일정 부분 공을 세웠으면 또 잘못한 부분도 있다. 당시 시행착오가 있었으면 그 뜻을 이어 나가는 사람들이 그것을 극복하는 것이 당연하다. 그런데 자꾸 민주통합당 안에서 편을 갈라 누구는 김대중 세력, 누구는 노무현 세력이라고 하는데 정말 안타깝다. 지금 민주통합당 안에서 김대중·노무현 대통령 시기에 없었던 사람이 어디 있는가. 486은 아닌가? 486은 2000년 김대중 대통령이 젊은 피를 수혈하겠다고 해서 선택된 사람들이고 노무현 대통령 때는 열린우리당에 있었는데 누가 노무현 파고 누가 김대중 파인가. 사람들이 "유인태 의원은 친노파"라고 하는데 유인태 의원은 자신은 아니라고 한다. 한명숙 대표도 사람들이 "한명숙은 친노파"라고 하는 것에 "나는 친노파가 아니라 김대중 파"라고 말하지 않았는가.

정치 세력 내에서 이렇게 '파'를 구분하는 것은 국민은 안중에 없고 자신들의 정치적 목적만 생각하기 때문이다. 두 분의 정신을 이어받는 가치로 간다면 하나지 어떻게 둘인가. 정치권 안에서 그런 모습을 보이는 것도 문제이지만, 진보적 학자들과 시민사회 인사들마저 이런 말을 해서는 안 된다. 정파적 편 가르기가 아니라 국민을 먼저 생각해야 한다.

민주통합당과 야권 진보 진영에 지금 필요한 것은 무엇이라고 생각하는가?

첫째로, 진보 진영은 이 시점에서 진보라는 가치에 대해 자기 점검을 해야 한다. 이 시대의 진보는 무엇인가? 1980년대의 진보와 이 시대의 진보는 다르다. 세계는 변화해서 이미 자본주의도 과거의 그것이 아닌, 따뜻한 얼굴의 시장을 지향하는 자본주의 4.0으로 자기 변화를 하고 있다. 세계 속에서 대한민국의 위상 또한 엄청나게 달라졌다. 이런 흐름을 가장 먼저 파악하고 호흡하면서 미래를 개척해 나가는 게 진보 세력이다. 안됐지만 우리의 진보 진영은 이 흐름을 파악하지 못하고 여전히 과거의 좁은 이데올로기에만 충실한 것 같다. 이런 식으로는 국민으로부터 호응을 얻을 수 없다. 특히 2040 세대는 스마트폰, SNS 등을 통해 전 세계와 호흡하며 미래를 향해 나아가고 있다. 진보 세력이 2040 세대를 말하지만, 과거에 머물러 있기 때문에 실제로는 2040 세대와 소통을 하지 못하고 있는 것이 사실이다.

2040 세대가 안철수를 왜 좋아하는가? 안철수의 정치력에 대해 이런저런 말이 많아도 그에게 기대를 거는 이유가 무엇인가? 거기에는 정치권에는 없는 도덕성과 그의 미래가 있기 때문이다. 진보는 미래를 향한 진보, 국민에게 행복과 희망을 주는 진보여야 한다.

둘째로, 권력을 절대 사유화해서는 안 된다. 언제나 정치 싸움은 권력을 사유화하기 때문에 일어난다. 이제 계파 정치를 넘어서야 한다. 그러기 위해서는 야권 단일화를 한 뒤에도 다시 나눠 먹기를 하면 안 된다. 권력을 공유화하려면 이른바 국민을 위해 정치에 입문했던 초심으로 돌아가야 한다. 신뢰와 믿음이 필요하다. 국민과 동지를 믿고 '내가 아니면 안 된다.'가 아니라 '나보다 나은 너를 위해 내가 희생한다.'가 되어야 한다. 그게 우리 민주화의 정신 아닌가. 그동안 민주주의를 위해 희생하고 헌신한 많은 학생, 민주 인사, 노동자, 농민, 빈민들이 있었기 때문에 오늘날 우리가 이만큼 민주주의를 누리고 사는 것 아닌가. 그들이 밑거름이 되어 준 터전 위에 국민들이 그 가치를 인정해 줬기 때문에 우리가 있는 것이다. 자기가 운동했고 잘났기 때문에 국회의원 배지 달고 있는 게 아니다.

그러므로 언제나 그들의 희생에 미안함과 고마움, 빚진 마음을 가지고 겸허한 자세로 정치를 해야 한다. 국민의 열망으로 권력을 잡았으면 그것을 다시 국민과 사회에 환원하고 공유해야 한다. 지금 진보 진영이 실망스러운 모습을 보여 주고 있지만 그들도 모두 순수하게 자기희생을 하며 살아온 사람들이기 때문에 다시 그 순수한 모습으로 일깨워지길 기대한다.

타인의 자유를 위해 때로는 자신의 자유를 제약해야 할 때도 있었을 것 같은데, 인간적으로 고민이 되는 순간도 있었을 것 같다. 그런 선택의 순간들이 올 때마다 결정의 기준은 무엇이었나?

약자의 자유와 사회적 자유를 위해 일하려면 자신의 자유를 제한할 수밖에 없다. 성서는 우리에게 사랑으로 서로 종노릇하라고 말한다. 타인을 위해 내 자유를 제한하는 것은 강제된 압박이 아니라 사랑의 결과이기 때문에 도덕적으로 높은 수준의 자유를 누리는 것이기도 하다. 에리히 프롬은 『자유로부터의 도피』라는 책에서 자유에는 책임이 따른다고 했다. 사람은 누구나 자유를 원하지만 책임지기 싫어하기 때문에 자유로부터 도피한다는 것이다. 그렇기 때문에 독재자만 비판해서는 안 되고 자유로부터 도피해 독재자를 간접적으로 인정해 주는 현실도피적 개인 안락주의까지 비판해야 한다고 했다. 지금 우리나라는 지나친 경쟁의식과 개인 및 집단 이기주의가 극에 달해 자유에 대한 가치가 왜곡되어 있다. 그러므로 공동체적 자유의 가치, 약자들의 권리를 보장하는 자유의 사회적 가치가 국민과 사회 속에 공유되어야 한다.

김성재에게 자유란?

내가 가지고 있는 신념과 신앙을 실현할 수 있는 자유이다. 그것은 가난하고 소외되고 차별받는 이웃을 사랑할 자유이며, 또한 그들의 평등한 권리를 위해 투쟁할 사회정의적 자유이다. 기독교 신앙에서 예수님은 "형제를 위해 네가 목숨을 버리면 형제도 살고 너도 살지만, 네가 살기 위해 형제를 버리면 너도 죽는다."고 했다. 나 개인의 자유만을 생각해 형제자매를 버리면 자유인이 아닌 노예가 된다. 형제자매의 자유를 위해 살면 너도나도 진정으로 자유인이 될 수 있다.

마지막으로 청년들에게 해주고 싶은 말이 있다면?

무엇보다 우리 젊은이들이 '이태백'(20대의 태반이 백수)이라는 절망 속에 있는 것을 안타깝게 생각한다. 그러나 과거 방식에 매여 절망하지 말고 시대의 변화를 바로 읽고 용기와 꿈을 가져야 한다. 오늘 우리가 살고 있는 지식정보와 문화의 시대는 하늘이 우리에게 준 큰 축복의 기회라고 생각한다. 우리 민족은 지적·창의적 능력이 세계 최고 수준이다. 과거 산업사회는 물적 힘, 곧 자본·토지·노동력 등이 모든 힘의 근원이고 경제 발전의 원동력이었지만 지식·정보사회에서는 지적 능력과 창의력이 모든 힘의 근원이 된다. 그러기에 돈이 없다고 좌절해선 안 된다. 그리고 인터넷은 언제 어디서나 우리가 필요로 하는 지식과 정보를 무료로, 또는 아주 값싸게 습득할 수

타인을 위해 내 자유를 제한하는 것은 강제된 압박이 아니라 사랑의 결과이기 때문에 도덕적으로 높은 수준의 자유를 누리는 것이기도 하다.

있게 한다. 그러므로 학력에 매여 열등감을 가질 필요도 없다.

누가 더 지식을 많이 알고 있느냐의 경쟁은 의미가 없다. 문제 해결 능력을 갖춘 사람이 더 중요하다. 지금 하버드 대학교, 스탠퍼드 대학교 등 세계 유명 대학교의 강의를 인터넷을 통해 무료로 학습할 수 있다. 또 수강하면 수료증서도 받는다. 오늘날은 집단 지성의 시대이고 지식 공유의 시대이다. 권력도 사유화하면 안 되지만 이제는 지식도 사유화하면 안 되는 시대이다. 그러므로 과거 지식, 과거 대학의 노예가 되지 말고 세계와 호흡하고 경쟁하며 협력하는 새로운 시대의 창조적 자유인이 되어야 한다. 5천 년 역사의 문화적 유전자를 갖고 있는 민족으로서 이 시대를 살고 있는 우리 젊은이들이 무의식 속에 깊게 자리 잡고 있는 '유리 천장'과 '유리 장벽'을 깨고 세계를 향해 마음껏 자기를 실현할 나래를 펴길 바란다.

김선현

노조를 품으면 우리 안에 있다

김선현 ㈜오토 대표를 만났다. 3천억 원의 매출을 올리는 자동차 부품 회사를 경영하는 여성 최고경영자CEO라고 소개하기에는 그가 가진 이야기들이 남다르다.

　"옛날 내가 은행에서 일할 때 우리 노조가 왜 강성 노조가 됐었는지, 왜 그렇게 치열하게 싸울 수밖에 없었는지를 생각해 보았다. 반대로 하면 되겠다는 생각이 들었다. …… 간부 직원들을 모아 놓고 '노동조합을 만든 직원들은 우리 회사를 사랑하는 마음에서 충심으로 노조를 만들었다는 것을 받아들여라. …… 절대 노조를 깨려는 생각을 해서는 안 된다. 우리가 적으로 간주하면 적이 되고 우리가 품으면 우리 안에 있다. 품어라. 그리고 나가서 직원들에게 노조의 니은 자도 꺼내지 말라.'고 했다. 노조에서 탈퇴를 하라느니, 왜 노조에 가입했느냐고 묻고 다니는 사람은 문책하겠다고 강경하게 입장을 밝혔다."

　그래서 만났다. 젊은 시절 그 누구보다 치열하게 노조 운동을 했던 청년이 지금은 기업을 운영하고 있는 경영자가 되었다. 그의 과거가 그의 현재에 어떤 영향을 미치는지 알고 싶었고, 그의 현재가 그의 과거를 어떻게 생각하고 있는지 알고 싶었다.

　"여간해서는 잘 떨지 않는 성격인데 집행부를 만나니 처음 서보는 그 자리가 굉장히 떨렸다. 그런데 그 순간, 볼펜을 든 노조 위원장의 손이 떨리는 게 보였다. '그렇지, 그때 나도 떨었듯이 이 사람들도 지금 굉장히 떨리겠지.' 하는 생각이 들면서 깊은 연민이 생겼다."

　그는 인터뷰 내내 많이 울었다. 노조 위원장 시절 노조원들에게 받았던 신뢰를 떠올리며, 회사에 처음 노조가 만들어져 노조 위원장과 마주했을 때를, 그리고 회사가 어려워졌을 때 월급과 보너스를 반납하던 직원들을 이야기하며 눈물을 흘렸다. 그가 그렇게 눈물이 많은 사람인지 몰랐다.

그리고 그는 독립운동가 집안의 후손이다. 그의 증조부는 임정 고문을 지낸 애국지사 김가진 선생이고, 특히 할머니인 수당 정정화 선생은 "임정의 맏며느리, 조선의 잔 다르크"라고 불릴 정도로 독립운동에 큰 영향을 미쳤다. 그리고 그의 아버지는 우리나라 1980~90년대 젊은이들의 필독서였던 브루스 커밍스의 『한국전쟁의 기원』(일월서각, 1986)을 번역하고, 현재 대한민국임시정부 기념사업회장으로 활동하고 있는 김자동 선생이다.

"일생에서 가장 큰 몇 가지 행운이 있다면 그 첫 번째가 우리 집에서 태어난 것이다. …… 특별히 기억에 남는 일이 하나 있는데, 예닐곱 살 때 어느 날 할머니께 '할머니, 배고픈 게 뭐야?' 하고 물었다. 그러자 할머니께서는 당신의 두 손으로 내 얼굴을 감싸면서 '아이고, 요것아. 이 세상에 배고픈 사람이 얼마나 많은데 그렇게 말을 하니.'라고 하셨다. 어렸지만 그 이야기를 알아들었던 것 같다."

할머니의 말귀를 알아들었던 어린 김선현이 자라, 경영자인 자신과 마주한 노조 위원장의 떨리는 손을 보았다. 할머니께서 그 모습을 봤다면 아마도 활짝 웃으며 "아이고, 요것아."라며 그의 양 볼을 감싸주었을 것 같다.

지금의 자동차 부품 사업을 시작하기 전에 오스트레일리아계 은행인 웨스트팩 은행Westpac Banking에서 노조 위원장으로 활동했다고 알고 있다. 노조 활동을 하게 된 계기와 그때의 마음은 어땠는지 이야기해 달라.

성신여자대학교에서 화학을 전공했는데 졸업 후에 임용 고시를 봐서 교사가 되고 싶었다. 그런데 과학 교사 자리도 없고 여건상 일을 해야 하는 상황이어서 취업에 나섰다. 그 당시에 여성들이 좀 더 동등한 대우를 받으며 다닐 수 있는 직장이었던 외국계 기업 1백여 곳에 영문 이력서를 써서 보냈다. 미국계 은행에 들어가게 되었지만 일하면서도 선생님이 되고 싶어 계속 임용 고시 공부를 했다. 하지만 졸업하는 해에도, 그다음 해에도 교사 자리가 없어서 계속 은행에서 일했다. 4년 반 정도 근무한 후에 다니던 은행이 (한국에서) 철수하면서 오스트레일리아계 은행으로 옮기게 되었다.

1987~88년은 한창 노동조합이 많이 생기던 시기였는데 우리 회사에도 사회적 분위기에 맞춰 노조가 만들어졌다. 당시 나는 야간에 경영 대학원을 다니고 있었는데 내가 빠진 저녁 회식 자리에서 우발적으로 노조가 결성되었다. 노조 위원장은 우리 중에 가장 나이가 많은 언니였다. 다음 날 회사에 가니 노조가 결성됐다고 가입하라는 것이었다. 준비가 너무 미흡한 것 같아 당시 타사 노조 위원장이었던 언니와 형부에게 이것저것 물어보았다. 그러면서 노조 활동에서 좀 더 중심적인 역할을 하게 되었고 그것을 계기로 노조 위원장이 되었다.

예전에 읽은 책인 『사이공의 흰옷』(친구, 1986)에는 아주 평범한 여학생이 주인공으로 나온다. 학교에서 공부를 하고 사람들과 만나는 등 평범한 일상을 보내다가 자신을 둘러싼 사회적 환경과 현실을 대면하게 되면서 차마 양심을 저버리지 못하고 점점 운동의 한가운데로 나아가는 과정을 그렸다. 그 책을 읽으면서 많이 공감했다. 누구나 처음부터 운동가가 되고 혁명가가 되는 것은 아닌 것 같다. 자신의 역할을 끊임없이 찾으며 매 순간 자신에게 부끄럽지 않은 삶을 살다 보면 시대가 요구하는 삶의 방향으로 가게 되고, 그러다 보면 시대가 열사와 투사, 영웅을 만들게 되는 것 같다.

나 역시 내가 주도하고 결단해 노조를 만들고 노조 위원장을 했다기보다는 나의 양심을 따라 가다 보니 점점 노동운동에 깊이 관여하게 되고 그것이 내 삶에서 큰 의미로 작용하게 된 것이다. 조합을 결성할 때는 회사와 대화 창구를 만들겠다는 소박한 생각이었지만 이후 회사 측의 과도한 태도가 우리 노조를 강성으로 변화시켰다. 그런 동안 나의 생각도 많이 바뀌고 생활도 바뀌었다.

노조를 하면서 두려웠을 때가 있었나?

한 번도 없었다고는 얘기할 수 없지만 크게 두렵지는 않았다. 대학교 때 산악부 활동을 하면서 담력을 쌓았던 경험이 도움이 되었던 것 같다. 그래서 암벽등반을 좋아하고 열심히 했던 것에 늘 감사한다. 암벽을 선등으로 올라갈 때 가끔 어느 순간 굉장한 공포가 엄습할 때가 있다. 만약 그것을 이겨 내지 못하면 떨어지는 것밖에 별다른 방법이 없다. 그 공포를 이겨 내야만 마저 올라갈 수 있다. 기본적으로 원래 두려움이 없는 성격이었던 것 같은데, 산에 다니면서 더욱 훈련이 많이 되었던 것 같다. 노조 활동을 하면서 구속시키겠다거나 백골단이 들어온다고 하는 것 때문에 내가 어떻게 될까 두려워하진 않았다. 상대적으로 두려움이 적었기 때문에 우리가 어려운 상황을 어떻게 하면 지혜롭게 풀어 나갈 수 있을 것인가에 몰두할 수 있었다.

가장 두려웠던 때는 파업이 장기화되면서 함께하던 사람들이 하나둘 노조를 탈퇴하면서 깨져 나갈 때였다. 하지만 그 두려움 속에서도 '노조가 와해되면 나는 어떻게 될까.' 하는 두려움은 거의 없었다. 어떻게 우리가 계속 단결을 유지할 수 있을지에 더 집중했다.

본사와 직접 담판을 짓기 위해 오스트레일리아까지 갔다고 들었다. 본사 앞에서 단식 농성을 할 때 어떤 심경이었나?

6년 아래인 조합 간부와 둘이 갔다. 하지만 나는 위원장이고 후배는 한참 나이가 어리다 보니 심적 부담이 컸다. 본사 앞 길거리에서 7일간 단식했는데 상황이 굉장히 힘들었다. 온도가 40도까지 올라가는 데다 날씨가 건조한 탓에 단시간에 많은 수분이 빠져나갔다. 소금을 먹으면서 물을 마셔야 한다는 것조차 몰라서 물을 마셔도 계속 탈수가 됐다.

우리 교민들이 많은 도움을 주었는데 의사였던 한 교민이 매일 건강을 체크해 주었다. 교민들 가운데는 실제 운동을 하는 진보적인 교민 학생들도 소수 있었다. 그들은 너무나 원칙적이어서 우리에게 물 이외에는 아무것도 먹으면 안 된다고 했다. 몸이 너무 힘드니까 심지어는 밤에 '주스라도 좀 갖다 주지.' 하는 마음이 들기까지 했다. 그렇다고 단식하는 당사자가 "우리 주스 한 잔만 사다 주세요." 할 수는 없지 않나.(웃음) 정말 힘들었다. 그 학생들은 우리를 성심껏 돌봐 주었지만 다들 어렸고 우리 또한 좋은 모습을 보여야 한다는 책임감까지 있었기에 후배와 나 둘밖에 전적으로 의지할 수 있는 사람이 없었다. 그래도 교민들은 물론 현지 사람들에게도 많은 사랑을 받았다. 과거 오스트레일리아에서 노동당이 집권당으로 자리 잡기까지는 당시 노조 간부였던 이들의 투쟁이 있었던 것인데, 그들 앞에 우리가 나타나자 젊은 시절의 자신들을 보는 것 같았는지 우리를 진심으로 도와주었다. 지원 방문도 많이 오고 마음으로부터 사랑해 주었다. 국영 방송에서 매일 헤드라인 뉴스로 우리의 단식 농성 소식을 내보내고 인터뷰도 해갔다. 그런데 7일째 되는 날에 최저혈압이 잡히지 않고 최고혈압이 겨우 50밖에 되지 않아 의사가 오늘 단식 그만두지 않으면 죽는다고 했다. 원래 저혈압이 있어서 가족들과 노조원들이 단식을 중단하라고 계속 전화를 해왔다. 하지만 두렵지 않았고 그 상태로 단식을 끝낼 명분도 없었다. 그때 본사에서 내 상태를 알고는 "요구 조건 1백 퍼센트 수용, 무조건 끝내라."고 해서 7일째 되는 날 단식을 끝낼 수 있었다. 그때 건강이 정말 많이 나빠졌다.

한국으로 돌아오니 직원들 모두 우리가 이겼다고 생각하고 있었고, 모두가 회사로 복귀한 상태였다. 하지만 언론에 타결문은 아직 배포되지 않은 상태였다. 이것이 문제였다. 오스트레일리아 국영방송에서 "파업은 끝났고 승리했다."는 기자회견도 하고 왔는데 말이다. 본사는 현지에서 우리를 돌아가게 하려는 소기의 목적을 달성한 것이다. 회사에 돌아오자마자 지점장이 말하기를 "모든 것은 영이라며 하나도 합의된 것이 없다."라고 했다. "할 수 있는 게 있으면 하라."고도 했다. 정말 어이가 없었다.

다시 파업이 시작된 것이다. 이탈자도 많아지고 상황이 몹시 어려워졌다. 우리 노조원들이 이제 고생하지 말고 그냥 해산해 회사로 들어가자고 했다. 나더러 "노조 깨는 조건으로 회사하고 교섭해 네 것 챙기라."고 했다. 오죽하면 그런 얘기를 했겠는가. 그렇게 되면 회사에 들어가 봤자 차례차례 해고당하는 것밖에 없다고 했지만, 노조원들은 괜찮다고 했다. 파업이 힘들어서가 아니라 내가 고통 받는 것을 더는 못 보겠다는 거였다. 그때 생각하면 지금도 눈물이 난다. 동지들로부터 이토록 신뢰를 받은 것만으로도 충분하다고 생각했다. 자기가 해고당하는 것보다 내가 더 중요하다는데 더 바랄게 뭐가 있었겠는가.(울음) 신분 보장을 조건으로 단체협약의 복지 조항을 대폭 양보하고 파업을 마무리한 뒤 회사로 돌아왔다.

노조의 파업이 웨스트팩 은행이 한국에서 철수하게 된 결정적 계기였던 것인가?

사실 본사에서 한국 지점을 철수한 것은 우리 노조의 파업 때문만이 아니다. 당시 웨스트팩 은행은 오스트레일리아에서 가장 큰 은행이었는데 본사의 부실이 심각해 자본금을 회수할 수 있는 가장 수익성 좋은 열 개 지점을 폐쇄해야 했다. 우리 노조는 철수에 약간의 영향을 주었을 수는 있지만 결정적인 이유는 아니었다. 파업이 끝난 후 1년 반 만에 은행이 자진해 철수한 것이다. 철수할 때 남아 있던 직원들은 우리 노조 덕분에 비노조원들까지도 좋은 보상을 받았다. 그렇게 우리의 노동운동은 자의도 아니고 타의도 아닌 채로 끝났다.

철의 노조 위원장에서 지금은 기업을 운영하는 CEO가 되어 있다. 지금의 사업은 어떻게 시작하게 되었나?

1994년 노조 위원장으로 은행에서 퇴직한 뒤 여러 생각이 들었다. 노조 운동은 일하는 사람들이 행복한 일터를 만들어 보겠다는 뜻으로 했던 것인데, 과연 그것이 노동운동으로 가능할지, 노동조합이 그 대안인지 깊은 회의가 들었다. 다른 길이 있을 것 같다는 생각에 사업을 해야겠다는 결심을 했다. 1년간 여행을 다니면서 생각도 많이 하고 준비도 했다.

1995년 한국에서 중국과 일본으로 섬유기계를 수출하는 무역 회사를 차렸는데, 1998년 IMF 사태가 터지면서 많은 것을 배울 기회를 얻었다. 여기서 배울 기회라는 것은 다 실패다.(웃음) 당시 경제 위기로 우리나라에서도 회사들의 상황이 어려워지고 특히 자동차 협력사들의 부도가 많았는데, 현대자동차에서 이 부도난 회사들을 관리했었다. 부도는 났지만 직원들이 계속 일할 수 있도록 임금을 지급하고 한시적으로 관리하면서 새로운 경영인이 생기면 찾아 주는 역할을 했다. 그때 어떻게 연결되어 지금의 자동차 부품 사업을 시작하게 되었다. 빚만 가지고 최악의 경제 여건에서 시작한 터라 다 같이 살기 위해 나와 직원들은 노동조합 동지들보다 어쩌면 더 끈끈한 동지 같은 마음으로 일했다. 그래서 내가 사용자라는 생각은 지금도 받아들이지 못하겠다. 지금은 회사가 꽤 성장해 남들이 보기에 나는 자본가이고, 그것을 부정할 수는 없지만 말이다.

과거에는 노조 위원장으로, 현재는 CEO로 서로 상충되는 자리에 있다. 노동자와 자본가의 고민을 누구보다 잘 알 것 같다. 직원들과의 소통을 위해 어떤 일을 하고 있는가?

지금 경주·예산·베트남에 공장이 있는데 세 곳 모두 성격이 다르다. 경주 공장에는 동고동락하면서 함께 만든 직원들이 있기 때문에 그들과 이해하는 폭이 깊고 서로 좋아하며 존중·존경하는 마음이 있다. 예산 공장은 2007년부터 만들어 2008년에 가동되었기 때문에 그런 끈끈함이 조금 부족하다. 경주에서 자본을 어느 정도 축적해 예산으로 갔기 때문에 동지라기보다 자신들은 직원이고 나는 사장이라는 개념이 더 강할 수도 있을 것 같다. 베트남에 가면 더 그렇다. 그곳 사람들에게 우리 회사는 외국 회사이고 나는 외국 회사의 사용자이자 투자자인 것이다. 마치 옛날 웨스트팩 은행의 상황과 같은 것이다.

사실은 우리 회사에도 경주 공장에 노동조합이 생겼던 적이 있다. 정확히 2002년 5월 8일이었다. 이날 울산에서 현대자동차와 미팅을 하고 있었는데, 회사로부터 노조가 만들어졌다는 전화가 왔다. "내가 돌아갈 때까지 어떤 액션도 하지 말고 무조건 기다려라."라고 말하고 나서 경주로 돌아오며 많은 생각을 했다. 옛날 내가 은행에서 일할 때 우리 노조가 왜 강성 노조가 됐었는지, 왜 그렇게 치열하게 싸울 수밖에 없었는지를 생각해 보았다. 반대로 하면 되겠다는 생각이 들었다. 돌아와서 처음 한 일은 간부 직원들을 모아놓고 "노동조합을 만든 직원들은 우리 회사를 사랑하는 마음에서 충심으로 노조를 만들었다는 것을 받아들여라."라고 말했다. 다들 어리둥절한 모습이었다. 어떻게 하면 노조를 깰 수 있을지를 이야기할 줄 알았던 거다. 놀란 그들에게 호주 은행에서의 경험을 이야기하고 "절대 노조를 깨려는 생각을 해서는 안 된다. 우리가 적으로 간주하면 적이 되고 우리가 품으면 우리 안에 있다. 품어라. 그리고 나가서 직원들에게 노조의 니은 자도 꺼내지 말라."고 했다. 노조에서 탈퇴를 하라느니, 왜 노조에 가입했느냐고 묻고 다니는 사람은 문책하겠다고 강경하게 입장을 밝혔다.

그 후에 노조 집행부를 만났다. 여간해서는 잘 떨지 않는 성격인데 집행부를 만나니 처음 서보는 그 자리가 굉장히 떨렸다. 그런데 그 순간, 볼펜을 든 노조 위원장의 손이 떨리는 게 보였다. '그렇지, 그때 나도 떨었듯이 이 사람들도 지금 굉장히 떨리겠지.' 하는 생각이 들면서 깊은 연민이 생겼다. 옛날 생각이 많이 났다. 내가 웨스트팩 은행에서 일한 이야기부터 사업을 시작한 이유까지 진심을 담아 설명했다. "하고 싶었던 것은 딱 하나다. 나를 포함한 우리 모두가 주인이며 행복한, 함께 무엇인가를 만들어 가는 회사 말이다." 그리고 "지금 회사가 그렇지 못해 노조를 만든 것인가? 이슈가 무엇이었나?"라고 물어봤다. 돌아오는 대답은 단지 노조가 있으면 대화 창구가 마련될 수 있을 것 같아서라고 했다. 그 말은 인정하지만, 현대자동차와의 관계에서 우리 내부에 노조 조직이 생겼을 때 우리가 힘들어질 수 있으니 발전협의회를 만들어 소통하자고 했다. 처음에 만들려고 했던 회사의 모습에 가까워질 수 있는지를 함께 시험해 보자고 했다. 그게 안 되면 언제라도 노조를 만들어도 막지 않겠다고 했는데 노조 측이 싫다고 했다. 집행부 중 몇 명이 민주노총에 가서 교육도 받고 직접 활동도 하는 등 열심히 준비했기 때문이었던 것 같다. 노조 가입률도 거의 1백 퍼센트였다.

비록 내 제안은 거부되었지만, 3일간 우리는 정말 많은 대화를 했고 이를 계기로 서로에 대해 충분히 이해할 수 있었다. 다음 날 노조 창립 기념식이 있었다. 그런데 이 행사에 경주 금속노조 간부들이 머리에 빨간 띠를 두르고 꽹과리를 치며 트럭을 타고 왔다. 이것을 본 우리 직원들이 약간 당혹감을 느꼈던 것 같다. 사실 우리 직원들 중에는 빨간 띠를 두르고, 조끼를 입은 노조원들을 처음 보거나 그런 정서에 익숙지 않은 사람들이 많았다. 그래서 노조 창립 기념식 때 직원들이 오히려 발전협의회를 해보자며 마음을 바꾸었다. 창립식이 해산식이 되어 버린 것이다.

그래서 2~3일 후에 발전협의회를 발족하기로 하고 창립 기념식에 직원들이 모두 모여 앉았는데 노조 간부였던 다섯 명의 얼굴을 보았다. 그들의 얼굴에서 예전의 내 얼굴이 보였다. 노조를 시작하려 했는데 해산하게 되었으니 얼마나 두려웠겠는가. 그래서 발전협의회 창립식이 끝난 후 간부 직원들을 다시 모았다. "지금 이 순간부터 누가 노조를 가입했는지 누가 노조 위원장이고 부위원장이었는지 다 잊어라. 우리가 잊으면 직원들도 잊고, 우리가 잊지 못하면 직원들도 똑같이 잊지 못한다."고 했다. 발전협의회를 창립하기는 했지만 모두 두려웠을 것이다. 기쁜 마음으로 발전협의회를 하는 것이라고는 생각하지 않았고 그렇게 보이지도 않았다. 노조와 발전협의회 사이에서 많은 갈등을 하다가 나를 한번 믿어 보자고 해본 것이었지만, 그다음 날 동료들이 해고당할 수 있다는 생각을 왜 안 했겠는가.

발전협의회를 만들고 나서 지금까지 매달 한 번씩 만나서 임금 인상이나 승진 제도와 같은 중요한 이야기부터 "자리에 햇빛이 너무 많이 들어오니 가림막을 설치해 달라." 같은 사소한 이야기까지 다 한다. 그 자리에서 대답할 수 있는 것들은 가능한지 불가능한지를 답해 주고 불가능하면 이유도 확인하고 말해 준다. 논의하고 검토해야 하는 것들은 언제까지 답변해 주겠다고 시한을 정한다. 그리고 매번 발전협의회에서 논의된 내용을 모두 기록하고 정리해 게시한다. 그러니 문제 있는 이슈들은 없어지고 반대로 회사 발전과 관련된 이슈들이 나오게 되었다. 이것이 지금까지 우리 회사 발전의 원동력이다. 어렵게 시작했던 당시의 매출이 30억 원이었는데 지금은 3천억 원이다. 매출 규모로만 보면 1백 배이다. 그것도 10년 조금 넘는 기간에 이뤄 낸 것이다. 사원주주제도 언젠가는 해야 한다고 생각한다. 우리 회사의 기업 공개가 더 확실해지면 하려고 한다. 궁극적으로는 이런 방향으로 가야 한다고 보고 직원들 또한 그렇게 생각한다. 내가 노동조합 활동을 하지 않았다면 절대 지금처럼 하지 못했을 것이다.

하지만 경영자와 노조의 관계 속에서 발생하는 갈등을 풀어 가는 것은 쉽지 않다. 갈등의 가장 큰 원인은 무엇이라 생각하는가? 이를 극복하기 위해서는 어떤 노력이 필요한가?

갈등의 이유는 서로를 잘 몰라서 생기는 두려움 때문이다. 이 두려움을 깨고 나면 의외로 좋은 반응이나 결과가 나온다. 내가 노조에 대한 두려움이 없었던 이유는 양쪽을 다 잘 알기 때문이었을 거다. 하지만 이 두려움을 깨는 데는 용기가 필요하다. 상대방을 두려워하고 미워하고 피하기보다 정면으로 만나서 대화하고 이해하려는 용기가 필요하다. 그러다 보면 경영자와 노조 사이에도 여러 가지 해법을 찾을 수 있다고 본다.

내가 세상을 살아가는 가장 중요한 덕목으로 젊은 사람들에게도 강조하고 싶은 것이 바로 용기이다. 아침에 일어나면 "오늘도 용감하게!"라고 되뇐다. 내 좌우명이기도 하다.(웃음) 용감하게 싸우고 돌진하자는 것이 아니다. 너무나 많은 일 가운데 사소한 것부터 큰 것까지 앞으로 한 걸음이라도 나갈 때는 바로 앞의 하나를 깨지 않으면 한 발을 내디딜 수 없기에 용기가 필

아이가 한 발을 뗄 때까지는 무서워하지만 한 걸음을 떼고 나면 다시는 기지 않는다. 한 번 하고 나면 '이건 할 수 있구나.' 하고 스스로 아는 것이다.

요하다는 뜻이다.

아기들이 걸음마를 배울 때도 그렇고 처음 기어 다닐 때도, 한 번 뒤집을 때도 그 노력은 정말 눈물겹다. 때가 되니까 그냥 하는 것이 아니다. 애들이 얼마나 힘들게 뒤집는지 아는가. 조카들을 보면서 참 경이롭다고 느꼈다. '저렇게 사람은 어렸을 적부터 힘겹게, 많은 용기를 필요로 하며 사는구나.' 하는 생각을 한다. 재미있게도, 한 번 하고 나면 그전으로 다시 돌아가지 않는다. 돌아갈 필요가 없는 것이다. 아이가 한 발을 뗄 때까지는 무서워하지만 한 걸음을 떼고 나면 다시는 기지 않는다. 한 번 하고 나면 '이건 할 수 있구나.' 하고 스스로 아는 것이다.

두려움을 이길 수 있는 다른 하나는 이 세상은 혼자 사는 곳이 아니라는 사실이다. 노동조합도 그랬고 산악부에서도 뼈저리게 배웠다. 산이라는 곳은 극한 상태여서 항상 위험하고 죽을 수도 있는 곳이다. 그곳에서는 서로 돕지 않으면 살지 못한다. 경영자와 노조가 서로에게 그런 존재인 것을 알면 신뢰를 가지고 대화할 수 있다고 생각한다.

CEO로서 가장 중요하게 생각하는 가치가 있다면?

구성원 모두가 서로 존중하고 믿고 함께 행복한 일터를 만들어 가는 것이다. 제조업 현장에서 현실적으로 다 함께 행복한 일터를 만들기는 쉽지 않다. 그 안에서 열심히 일하는 직원들을 보면 늘 더 깨끗하고 더 따뜻하고 더 시원하게 해주고 싶은데 그렇게 할 수 없는 현실과 부딪힌다. 그야말로 재원은 한정되어 있는데 그것을 회사의 확장과 직원의 복지 가운데 어디에 쓸 것인지가 문제이다. 균형을 잘 잡는 것이 그야말로 경영인 것 같다.

직원들이 진심으로 바라는 것은 좋은 대우 이전에 인간적인 존중이다. 그

존중의 증거로 좋은 대우를 바라는 것이다. 진심으로 존중하면서 현실 상황을 설명하면 직원들도 충분히 받아들인다. 노동조합은 "우리가 바라는 건 인간적인 존중이다."라고 말하지 못하고 임금 인상을 요구하는 것이고, 사장이나 경영진은 "난 당신들을 정말 존중하고 아낀다. 그러나 우리 현실은 이것밖에 안 되니 같이 노력해 보자."라는 말은 못하고 '아니, 이것들이 정말 회사를 말아먹으려고 하나.'라고 생각하는 것이다. 분명 접점이 있다. 이 접점을 찾아가는 데는 서로에 대한 이해와 용기가 필요할 뿐이다.

이야기를 들어 보니 직원들과 공감의 정도가 남다르다는 느낌이 든다.

내가 겪었던 일을 지금 겪고 있는 다음 세대를 보고 있는 것 같아서 그들에게 연민을 많이 느낀다. 노조 간부들과 만났을 때 회사의 앞날과 관련된 중요한 자리라 나도 떨렸지만, 한편으로는 나하고 교섭하러 온 상대자라는 느낌보다 마치 인생의 후배를 보는 것 같은 생각이 들었다. 만감이 교차하면서 연민이 생기고 '그래, 아직도 이렇게 젊은 사람들이 이렇게 살고 이런 생각을 하고 있구나.' 싶었다. 노조 운동에 그렇게까지 치열하지 않았더라면 많이 잊었을지도 모르겠다. 하지만 너무나도 치열했기 때문에 그 자리에 앉았을 때의 두려움과 떨림, 앞으로 짊어질 부담감과 자기 앞날에 대한 생각 등을 모두 알 것 같았다. 특히 우리 회사는 남자 직원이 많은데 한 가정의 가장들로 얼마나 고민이 많았을지 짐작이 갔다. 노동조합은 하나의 예일 뿐이고 항상 직원들을 보면서 나의 젊은 날을 보게 된다. 막연한 자신감과 막연한 불안감과 조급함 같은 모순된 감정들을 가지고 살았던 때를 기억하게 된다. 그래서 좀 더 공감하고 이해할 수 있는 것 같다.

기업을 운영하면서 가장 어려웠던 시기가 언제였고, 그 시기를 이겨 낼 수 있었던 힘은 무엇이었나?

회사에 노동조합이 생겼을 때가 가장 어려웠던 시기는 아니었다. 그것은 위기였으나 서로에 대해 이해의 폭을 넓힐 수 있었던 기회이자 내부 단결의 계기였다. 우리가 가장 어려웠던 시기는 2008년 금융 위기 때였다. 2007년부터 준비해 2008년에 예산 공장과 베트남 공장을 동시에 오픈했는데, 그것만으로도 리스크가 컸던 데다가 하필 금융 위기 때와 맞물린 것이다. 베트남 공장은 오픈한 지 3개월 만에 한 달 동안 문을 닫아야 했다. 아주 어려웠다. 그때 우리 직원들이 큰 용기를 줬다. 경주 공장 직원들이 자발적으로 임금을 동결하고 보너스도 반납한 것이다.(울음) 물론 회사가 정상화되었을 때 더 많은 보너스를 줄 수 있었고 임금도 많이 올려 줄 수 있어서 행복했다. 그런 것들이 우리에게 힘이 되었다.

기업의 사회참여도 중요한 사회적 화두가 되고 있다. 혹시 이와 관련해 회사 차원에서 진행 중인 것이 있는지?

이번 2012년 4월 15일 직원들과 '예산 벚꽃 마라톤 대회'에 참석한다. 마라톤을 완주하면 회사에서 1킬로미터당 1만 원의 상금을 지급한다. 10킬로미터를 뛰면 10만 원을, 하프를 뛰면 21만 원을 상금으로 받는 것이다. 그러면 그 상금의 반을 기부해 지역에 있는 초등학교에 동화책을 사주거나 결식아동을 돕는 데 쓴다. 2003년부터 시작해 매년 봄가을에 마라톤을 해서 기부하는 행사를 해왔다. 직원들도 좋아하고 건강에도 좋고 결속도 다지게 되어 여러 가지로 좋다. 그 외에도 지역에 장학금을 지급하고 있다. 특히 베트남에는 회사를 설립한 이래 해마다 50명의 이공계 대학생들에게 장학금을 지급해 왔다. 보육원이나 양로원에 직원들이 직접 가서 봉사하는 활동도 꾸준히 하고 있다. 모든 기부나 봉사를 직원들이 함께 참여해서 한다는 점이 더욱 의미 있다고 생각한다.

사업을 하면서 여성이라 유리한 것이 있는가? 여성 CEO가 가지고 있는 장점은?

작년까지 2년간 '경북여성기업인모임'의 부회장이었고 경주 지역 회장이었다. 거기에서 이야기하다 보면 나뿐만 아니라 다른 여성 기업인들도 전반적으로 노사문제를 겪고 있지 않다는 것을 볼 수 있다. 있다 해도 극히 드물다. 여성들은 특별한 경우를 제외하고 다들 아이를 키워 본 엄마들이어서 기본적으로 포용력이 있고 남성들보다 더 많은 것을 볼 수 있다. 엄마가 되지 않은 사람들조차도 엄마가 되기 위한 유전자를 갖고 태어난 것 같다. 내가 만난 많은 사람들이 대부분 그랬다.(웃음) 사람마다 개인차는 있겠지만 여성 기업인들을 보면 마음 쓰는 것이 상당히 따뜻하고 섬세하다. 그렇기 때문에 노사문제가 일어나는 일이 거의 없다. 여성들의 이런 포용의 리더십이 사회 구석구석에 퍼지게 되면 극단으로 치닫는 우리 사회의 대립들을 많이 완화할 수 있지 않을까 생각한다.

같은 경영인으로서 남성들이랑 이야기하다 보면 깜짝깜짝 놀란다. 여성들이 중요하게 보지만, 남성들은 그냥 지나치는 것들이 많다. 예를 들어, 대부분의 여성 경영자는 어떤 사람이 회의 중에 불만을 토로하면, 그것을 중요하게 생각할 것이다. 그러나 남성들은 그저 흔한 일로 치부해 종종 지나치는 경우가 많다. 사소한 차이가 문제를 발생시킨다. 옛날에 어려워진 회사를 인수해 사업을 시작하게 되었을 때 놀랐던 것 중 하나는 현장에 있는 직원들의 불만이었다. 그전 경영자들은 1년 내내 단 한 번도 찾아오지 않았다는 것이다. 사실 여성 경영자였다면 그렇게 하지 않았으리라는 생각도 든다.

한미 FTA와 자동차 산업은 떼어낼 수 없는 사안이다. 한미 FTA에 대한 견해를 말해 달라. 긍정적인 부분과 문제가 되는 부분은 무엇이라 생각하는가?

FTA를 통해 수혜를 받는 입장이기 때문에 내 이해관계만 가지고 쉽게 이야기할 수 있는 문제가 아니다. 또한 정치적으로 논란이 있는 이슈에 대해 말을 하는 것이 우리 회사뿐만 아니라 다른 회사에까지 영향을 미칠 수 있어서 조심스럽다. FTA에 대해 어느 쪽은 혜택을 받는다고 무조건 찬성하고, 반대쪽에서는 자신들이 어려워진다고 극단적으로 반대한다. 그래서는 안 된다. 이익을 보는 사람과 피해를 보는 사람 모두가 우리 사회를 구성하는 존재들이기 때문이다. 협상 전에 이 양쪽을 조정하기 위한 절차와 대안이 충분히 마련되어야 한다.

 FTA를 거스를 수 없다면, 칠레와 먼저 FTA를 체결했듯이 남미·아시아·유럽 등에 위치해 있는 많은 국가들 중 우리가 좀 더 좋은 조건에서 교섭할 수 있는 국가들과 먼저 FTA을 한 후에 미국과 하는 것이 당연한 순서였다고 생각한다. 그랬더라면 이미 관례화된 것들을 토대로 훨씬 더 좋은 결과를 이끌어 낼 수 있었을 것이다. 그리고 이미 발효된 FTA라 하더라도 일부 사람들이 지나치게 희생되어야 한다면 반드시 재협상을 통해 해결되어야 한다고 생각한다. 누군가에게는 이득을, 누군가에게는 피해를 주는 일들은 이 밖에도 수없이 많다. 그러나 한 사회에서 함께 살아가는 만큼 서로 입장이 다르더라도 항상 조율하고 조정할 수 있는 마음을 가져야 하는 것이 아니겠는가. 정부와 많은 사람들이 노력하면 충분히 해결할 수 있는 문제라고 생각한다.

가족 이야기로 들어가 보자. 독립운동가 집안으로 가족사가 남다르다. 증조부가 임정 고문을 지낸 애국지사 김가진 선생이고, 특히 할머니 수당 정정화 선생은 "임정의 맏며느리, 조선의 잔 다르크"라고 불릴 정도로 여성으로서 독립운동에 끼친 영향이 컸다. 어떤 분이었는가?

일생에서 가장 큰 몇 가지 행운이 있다면, 그 첫 번째가 우리 집에서 태어난 것이다. 나는 할머니를 생각하면 너무 그립기 때문에 항상 눈물이 난다. 지금도 늘 꿈에서 할머니를 만나길 바라면서 잠자리에 든다. 1991년에 돌아가셨을 때 내 나이가 서른셋이었는데 그때까지 할머니와 함께 방을 썼다. 네 살 때 남동생이 태어난 이후로 할머니가 우리를 키워 주셨는데, 옛날 역사 이야기를 많이 해주셨다. 특별히 기억에 남는 일이 하나 있는데, 예닐곱 살 때 어느 날 할머니께 "할머니, 배고픈 게 뭐야?" 하고 물었다. 그러자 할머니께서는 당신의 두 손으로 내 얼굴을 감싸면서(이것은 할머니의 행동 가운데 그가 가장 좋아하는 것이라고 한다) "아이고, 요것아. 이 세상에 배고픈 사람이 얼마나 많은데 그렇게 말을 하니."라고 하셨다. 어렸지만 그 이야기를 알아들었던 것 같다. 대학교 때 데모를 하거나 노조 활동을 해도 네 앞날을 생각하라고 말씀하신 적이 한 번도 없었다. 항상 최선을 다해라, 힘내라, 용기를 내라고 했다.(울음) 대단한 분이었다. 할머니와 함께 살 수 있었던 것은 내게 정말 가장 큰 행운이었다.

자료들을 읽어 보니 할머니가 20대 때 본인 몸에 돈을 지니고 몇 번이나 국경을 넘나들며 임시정부에 자금을 조달한 바 있다. 보통 담력이 세지 않으면 못했을 것 같은데 젊은 여성으로 거의 불가능한 일을 한 것이 아닌가?

맞다. 할머니가 평상심을 잃는 것을 본 적이 없다. 그렇게 담대하시다. 하루
는 내가 자전거를 타다가 다쳐서 피를 뚝뚝 흘리며 집에 들어갔다. 보통 사
람이라면 난리까지는 아니더라도 크게 놀랐을 텐데, 할머니께서는 "어디 보
자. 지혈부터 해야겠구나." 하면서 차분히 응급 치료를 해주셨다. 지혈이 되
고 난 후에 "꿰매러 가자."고 담담하게 말씀하시는 것이었다. 할머니께서 스
무 살 때 증조부님과 할아버지가 중국으로 망명했다. 할머니는 몇 개월 후
혼자 중국으로 찾아가셨다. 그 후로 여섯 번이나 비밀 루트를 따라 국내에
잠입해서 독립운동 자금을 모금해 조달하셨다. 참 놀라운 용기를 가진 분이
었다. 나중에도 별일 아닌 듯 무심하게 그때 얘기를 해주곤 하셨다. 살면서
남녀를 불문하고 할머니보다 더 그릇이 크다고 느낀 사람은 없었다. 그 그
늘에서 자랐으니 정말로 행운이다.

다른 가족들은 어떤가?

오랜 기간을 할머니와 함께 살았던 영향인지, 할머니와의 생물학적 유전자
와 관련 없는 엄마도 마찬가지로 남다르다. 대학교 다닐 때 1980년 '한국여
성산악회'에서 미국 요세미티에 암벽등반 원정을 갈 기회가 있었다. 보통의
부모님이라면 반대했을 것이다. 집안 형편도 어려웠는데 항공료는 자비로
내야 했다. 나 역시 당시 내 또래 사람들은 학생운동을 하다가 감옥에 가고
죽고 하는 상황에서 미안해서라도 갈 수 있으리라고는 생각하지 못했다. 그
런데 먼저 엄마가 "가고 싶니?" 하고 물으셨다. 몇 가지 이유를 들어 안 가겠
다고 했는데, 그날 밤에 엄마가 아버지와 의논하고는 다음 날이 되자 가라고

하셨다. "넓은 세상을 볼 수 있는 기회가 많지 않으니 보고 오라."는 거였다. 그래서 가게 된 해외 원정은 내 인생에서 정말 많은 도움이 되었다. 우리나라 말고도 넓은 세상이 있다는 것을 경험할 수 있었고 영어에도 관심을 갖게 되었다. 이것이 나중에 외국계 은행에 들어가는 계기 중 하나가 되었다. 내게 딸이 있었더라도, 우리 엄마가 내게 했던 것처럼 많은 기회를 주지 못할 것 같다.

가족 모두가 서로 다른 영역에서 열심히 살아가고 있다. 아버지인 김자동 선생도 대한민국임시정부 기념사업회장으로 여전히 많은 활동을 하고 있는 것으로 알고 있다. 이런 가족 환경이 개인의 삶에 영향을 미친 부분이 있는가?

어렸을 적부터 집안 분위기 때문에 사회문제에 대한 관심 속에 노출되어 살았다. 지금 생각해 보면 그런 학습의 기회가 있었다는 데 감사한다. 아버지께서 주로 보시던 것이 AFKN(주한미군방송) 뉴스였는데 중간중간 정치와 사회에 관해 이야기해 주신 것이 많은 도움이 되었다. 그때는 박정희 독재 치하에서 언론이 제구실을 하지 못할 때였다. 사회에 쓸모 있는 사람이 되어야 한다고 아버지가 늘 말씀하시다 보니 그에 부합하기 위해 노력해야 한다고 생각하게 되었다. 형제들도 다들 마찬가지였다. 엄마가 항상 형제간 우애를 강조하셨는데 그래서인지 무슨 일을 하면 서로 적극적으로 돕게 된다. 그건 다만 가족 일이기 때문이 아니라 그 일이 사회에 도움이 되는 일일 것이라는 강한 믿음이 서로에게 있기 때문인 것 같다.

지금 아버지 연세가 여든다섯인데 무척 건강하시고 임시정부 기념사업회 같은 사회 활동을 계속하시고 있다. 그것을 보며 우리는 늘 "아버지는 아직도 청년"이라고 이야기한다. 청년처럼 사회적인 일에 대해 무엇인가를 더 하려는 끊임없는 욕구와 지적 호기심이 있기 때문이다. 늘 그런 아버지의 모습을 보며 자랐다. 나는 항상 그에 못 미치니까 열등감이 생기기도 하지만 스스로를 더 채찍질하게 된다. 가끔 아버지의 지식을 컴퓨터에 모두 저장해 둘 수 있으면 좋겠다는 생각을 한다. 철학·역사 등에 대한 지식과 지혜가 정말 많고 능력도 뛰어난 분이다. 저 능력이 정말 우리나라를 위해 쓰였다면 얼마나 좋았을까 생각하곤 한다. 그럼에도 지금 여러 가지 다른 방향으로 비정부기구ᴺᴳᴼ 활동을 하면서 열심히 사시는 모습이 보기 좋다.

아버지가 브루스 커밍스의 『한국전쟁의 기원』을 번역했다. 1980~90년대 운동권들에게 많은 영향을 미친 책인데, 본인도 그 책을 읽었는가?

당시 집안이 어려워 아버지가 번역 일을 했는데 금서였던 책도 몇 권 있었다. 아버지가 영어를 정말 잘하시는데 어느 정도냐면 영어책을 눈으로 읽으면서 한글로 해석을 불러 주셨는데, 너무 빨라 우리가 받아 적지를 못할 정도였다. 브루스 커밍스 책도 아버지가 직독 직해로 불러 주면 내가 받아쓰다가 팔이 너무 아프면 동생이 했다. 번역서 전 권이 거의 다 그렇게 나왔다. 책 한 권 읽는 속도와 비슷하게 번역이 나오니 출판사에서도 주로 급한 번역을 맡겼다. 팔 빠지는 줄 알았다.(웃음)
　아버지는 평소 얘기하실 때 항상 우리가 생각하지 못한 것들을 말해 주셔서 어릴 적에는 이 세상의 모든 아버지는 그렇게 물어보면 다 대답해 주는 존재인 줄 알았다. 나이가 들고 보니 그게 아니었음을 알게 되고 더 나이 들어서는 모두가 우리 아버지처럼, 할머니처럼, 증조부처럼 사는 것이 아니라는 것을 알게 되었다. 선대에 대한 자긍심이 크다. 나는 아버지처럼 천재이거나 할머니와 같은 그릇을 가진 사람은 아니지만, 끊임없이 노력해 최소한 조금이라도 더 나아져야겠다고 생각하면서 산다.

청년 시절 노조 활동을 하며 누구보다 치열하게 사회문제와 싸웠던 사람으로서 지금 사회운동을 하는 청년들에게 하고 싶은 말이 있다면?

사회운동을 하는 사람들을 보면 많은 생각을 하게 된다. 나는 청년들이 사회운동을 하더라도 경제적으로 자립할 수 있는 방향으로 했으면 좋겠다. 이것이 꼭 자신이 돈을 벌어서 해야 한다든가 펀딩을 하지 말라는 뜻은 아니다. 기본적인 경제적 토대는 가지고 사회운동을 해야지 전부 누군가의 기부만 받아서 한다면 삶이 너무 힘들어진다는 것이다. 방식을 조금 창조적으로 바꿀 필요가 있다. '아름다운 가게'는 좋은 사례인 것 같다. 그렇게 찾아보면 얼마든지 가능할 것이다. 그리고 평생 사회운동가로 살지 않아도 된다고 생각한다. 젊었을 때 치열하게 사회운동을 하다가 다른 길이 보이면 그 길을 갈 수 있다. 그것이 절대 나쁜 일이 아니다. 경제적인 요인 등이 마땅치 않아 (사회운동에 전념할) 여건이 되지 않는다면 다른 일과 양립해 나갈 수도 있으며 그것을 통해 사회적으로 기여할 수 있는 길도 많다.

사람에게는 너무나 많은 길이 있고, 또 자기 생각만으로 그 길을 안전하게 걸어갈 수 있는 것이 아니다. 10년 후에 10억 원을 벌겠다고 벌어지는 것이 아니며, 20년 후에 국회의원이 되겠다고 될 수 있는 것이 아니지 않나. 자기가 할 수 있는 일에 최선을 다하면서 큰 흐름 속에서 자신이 살고자 하는 삶에 배치되지 않게 열심히 살면 된다. 그러면 자기도 모르게 많은 길을 만나게 되고, 그때마다 여러 선택을 하며 계단처럼 올라가는 것이 인생이다. 저 산꼭대기 위에 깃발 하나 꽂아 놓고 가는 것은 아닌 듯하다. 인간은 어디까지나 행복하고 즐거울 때 많은 에너지가 생기고 더 좋은 일도 할 수 있다

고 이야기하고 싶다.

'CEO 김선현'이 아닌 '인간 김선현'의 또 다른 꿈과 목표가 있는가?

계획은 해왔고 올해부터 본격적으로 준비하려는 것이 있다. 할머니 성함을 따서 '정정화 재단'을 만들려고 한다. 할머니는 그 어려운 상황에서도 유치원을 만드는 등 교육에 굉장히 관심이 많으셨다. 나중에 은퇴한 후에 재단을 통해 여러 가지 일을 하고 싶은데, 어린이 교육이나 여성을 위한 일을 해보고자 한다.

CEO로서의 삶도 행복하지만 늘 바빠 사실 시간에 대한 아쉬움이 있다. 그래서 언젠가는 자유인으로 살고 싶다.(웃음) 사람들은 내게 열심히 산다고 얘기하는데, 내 천성이라기보다 그 상황에서 '이것만큼은 해야지.' 하다 보니 그래 보이는 것이다. 실제로는 게으르고 정말 한량이다. 암벽등반과 승마를 즐기고 자연 속에서 동물이나 어린아이 들과 지내는 것을 좋아한다. 조카들이 명절 때 오면 자기네들 사이로 꼭 나를 불러서 같이 논다. 그래서 나는 어른들 쪽에 끼지 못하고 항상 조카들 쪽에 있다.(웃음) 나는 정말 자유로운 영혼을 가진 사람인데 현실적으로는 그러지 못해 항상 언젠가는 꼭 자유롭게 살겠다는 열망이 있다.

그렇다면 김선현에게 자유란?

사회적으로 어떤 역할을 해야 한다는 생각이 체화된 부분이 있다. 그러나 항상 그보다 더 많은 것을 요구받기 때문에 개인적인 자유는 비교적 많이 포기하고 산다. 나뿐만 아니라 대다수 사람들의 모습도 마찬가지일 것이다.

즐거운 일을 하고 스스로의 발전을 찾으면서도 사회에 기여하는 균형 잡힌 삶을 사는 것은 모든 사람의 바람일 것이다. 이것이 곧 자유로운 삶이자 바람직한 삶이라 생각한다. 그리고 그렇게 살지 못하는 많은 이들을 위해 문제를 해결해 주는 것이 국가가 할 일이다. 하지만 현실은 그렇게 되지 않는 것 같아 마음이 아프다.

공부와 취업, 미래에 대해 불안해 하는 청년들이 많이 있다. 동시대의 청년들에게 마지막으로 하고 싶은 말이 있다면?

대기업에 들어가거나 공무원이 되기 위해 공부하고 그것이 안 되면 삼수, 사수까지 해가면서 매달리는 사람들은 용기가 없는 것은 아닐까. 그것들에 목을 매는 이유는 통과하기만 하면 크게 힘들지 않게 살 것 같은 생각 때문이 아닌지 모르겠다. 한두 해 도전해 보다가 안 되면 다른 길도 찾을 수 있는 용기를 가지면 좋겠다. 이 세상에는 할 수 있는 일이 너무나 많다. 그리고 그 일을 하는 것에 자본이 크게 필요하다거나 인맥이 필요하지는 않다. 굉장히 작은 일, 작은 아이디어, 작은 도움으로부터 시작할 수 있는 것이 많이 있다. 그런 일이 어찌 보면 하찮게 보이고 남들과 사회가 인정해 주지 않는 것일 수도 있다. 하지만 그렇다고 해서 20대에 인생이 끝나는 게 아니지 않은가. 5년 후에 다르고 10년 후에 또 다르다. 자기 인생이니 더 용기 있게 더 길게 보며 한 발을 내디뎠으면 좋겠다. 시험에 매달리며 젊음을 낭비하는 사람을 볼 때 참 안타깝다. 그리고 사회가 자신을 받아 주지 않는다고 좌절하는 사람을 볼 때 앞선 세대로서 미안하다. 하지만 이미 주어진 여건이라면 본인들이 좀 더 전향적으로 생각하고, 더 많은 창조적 생각과 아이디어를 개발하려고 노력했으면 좋겠다. 그리고 눈높이도 대폭 낮추라고 말하고 싶다. 지금 낮추는 눈높이가 자신의 인생이 아니다. 대학교를 나왔어도 제조업 현장에 들어갈 수 있다고 생각한다. 제조업 현장에는 항상 사람이 부족해서 외국인 노동자들을 쓰고 있는데 누가 안 받아 주겠는가. 자기가 가지고 있는 눈과 실력과 철학이 남다르다면 그곳에서도 남다른 일을 해낼 수 있다. 그렇게 자기가 들어간 중소기업을 발전시키고 그 안에서 더 큰 사람이 될 수 있는데 사회가 인정하는 고정 틀을 가지고 세상을 시작하려는 것을 보면 안타깝다. 그러지 말았으면 좋겠다.

요즘 젊은이들은 기발한 아이디어로 창업해서도 일을 잘한다. 누구는 할 수 있고 나는 못하는 일이 절대 아니다. 개인이 갖고 있는 특성으로 할 수 있는 일이 반드시 있다. 자신의 역량을 찾아내고 개발하라. 사업을 하다 보면 성공한 기업인들을 많이 만나는데 그 사람들 모두 객관적으로 똑똑하고 뛰어나서 성공한 것이 아니다. 자신만의 특성, 창조적 아이디어와 길고 멀리 보는 안목, 낮은 곳에서부터 차근차근 해가는 꾸준함과 성실함이 모여 성공을 거둔 것이다. 그 과정에서 나름의 내공이 쌓이게 된다. 그러니 지금 가진 것이 없다고 해서 포기하지 말고 내공을 쌓자. 시간이 흐르면 무림의 고수가 될 수 있을 것이다.

自由人

2011
10
17

김창남

마이너리그가 살아날 때 메이저리그 또한 살아날 수 있다

김창남 성공회대학교 교수를 만났다. 1980년대 민주화 운동에서 민중가요가 중요한 역할을 담당했는데, 그는 '노래를찾는사람들'(이하 노찾사) 창립 멤버였다. 그리고 지금은 성공회대 교수 노래패인 '더숲트리오'를 만들어 전국 방방곡곡 그를 부르는 곳, 그가 가야 할 곳이면 마다하지 않고 달려가 노래를 부른다. 무엇이 그로 하여금 1980년대와 1990년대를 지나 2010년대가 된 지금까지 노래를 멈추지 않게 하는 것일까?

"한국 사회는 여전히 극우 헤게모니가 남아 있고, 이는 정권이 바뀌어도 한국 사회가 근원적으로 바뀌지 않는 이유다. 현재로서는 그 부분을 해결하는 것이 급선무 같다. …… 먼저 광범위한 시민사회적 연대를 통해 조·중·동과 한나라당으로 대변되는 극우 헤게모니를 최대한 약화할 필요가 있지 않은가 한다. 그다음에 상식적 진보와 상식적 보수가 경쟁하는 구도가 되어야 한다. 그래서 일단은 광범위한 시민사회적 연대에 조금이라도 힘을 보태는 것이 좋겠다는 생각이다." 그렇다. 그는 여전히 노래로 시대를 빚고 있는 것이다.

"한국 사회는 철저하게 승자 독식 구조이다. 정치나 경제, 특히 문화가 그렇다. 소수의 승자, 메이저리그만 남아 있는 사회이고, 마이너리그가 존재하지 않는 시스템이다. 마이너리그가 풍부하게 살아날 때 주류라는 메이저리그도 지속 가능할 것이고, 또 많은 사람들의 문화적 스펙트럼이 넓어지고 삶의 질도 높아지는 것이다. 이런 의미에서 문화의 마이너리그를 키우는 것이 상당히 중요하다고 본다." 그래서일까. '한국대중음악상' 선정위원장으로서, 주류·비주류 음악이 균형적인 발전을 이루고 궁극적으로 한국의 음반 시장과 대중음악계가 발전할 수 있는 생태계를 만드는 데 여념이 없다. 그래서인가 보다. 인터뷰 중간에도 그가 아끼는 제자인 탁현민 교수의 공연 섭외 요청에 "그래! 해보자."라며 쑥스럽게 씩 웃는 이유가 말이다.

요즘 관심을 가지고 있는 일이 있다면?

내가 속한 더숲트리오가 신영복 선생님과 함께 강연 콘서트 투어를 하고 있다. 강릉·양산·인천에서 했고 서울·수원·광주 등 여러 군데서 더 할 예정이다. 개인적으로는 한국대중음악상 선정위원장으로서 2012년 시상식을 준비하고 있고, 한국대중음악학회 회장을 맡고 있어 학회를 꾸리고 저널을 내는 일을 한다. 대중음악 연구자가 많지 않은 상황에서 학회를 끌어가는 어려움이 많지만 몇몇 헌신적인 연구자들 덕에 그럭저럭 이끌어 가고 있다.(웃음)

더숲트리오 강연 콘서트는 어떻게 이루어졌는가?

2009년에 시민 단체에서 신영복 선생님과 더숲트리오가 함께 강연 콘서트를 해보면 좋겠다는 제안이 왔다. 그래서 2009년 가을부터 2010년 2월까지 7개 도시에서 강연 콘서트를 했다. 많은 분들이 찾아 주셨는데, 그동안 다소 힘이 빠져 있던 시민사회 분들이 새롭게 만나며 에너지를 충전하는 데 이 공연이 조금은 기여하지 않았나 싶다. 그래서 보람을 많이 느꼈다. 올해도 희망을 함께 나누는 자리가 있었으면 좋겠다는 제안이 있어서 다시 콘서트를 하게 되었다. 신영복 선생님이 강연하시고, 우리가 대화를 하면서 공연을 진행한 후 마지막에는 신영복 선생님과 더숲트리오 멤버 모두가 앉아서 대화하는 식으로 진행된다.

성공회대 교수 노래패 더숲트리오에서 중심 역할을 하는 것으로 알고 있다. 어떤 계기로 시작하게 되었는가?

특별한 계기가 있었던 것은 아니다. 성공회대 교수들도 1년에 한두 번씩 수련회를 간다. 가면 이런저런 세미나를 하기도 하지만 으레 그렇듯이 밤에는 술 마시고 논다. 그럴 때마다 내가 기타를 들고 가서 같이 술 마시며, 마치 대학 시절로 돌아간 것처럼 논다.(웃음) 그러다 보면 항상 박경태 교수, 김진업 교수, 그리고 나까지 세 사람이 마지막까지 남았다. 이 세 사람이 더숲트리오가 멤버가 된 것이다.

첫 무대는 어땠는가?

아! 반응이 엄청나게 폭발적이었다.(웃음) 학생들이 많이 좋아했다. 사실 학교에서는 매 학기 한 번씩 학생들과 만나는 자리가 있다. 우리 학교 교양과목 중 가수 이지상 씨가 강의하는 '노래로 보는 한국 사회'라는 과목이 있는데, 매 학기 종강 시간에 우리가 출연한다. 가수가 강의하고 교수가 노래하는 시간인데 학생들이 아주 좋아한다.

대학생 등록금 문제와 관련해 서화전을 기획·개최한 것으로 알고 있다. 2007년에도 한 것으로 알고 있는데, 대학생 등록금 문제에 대한 근본적 해결 방안이 있다고 보는가?

내가 회장을 맡고 있는 우리 대학 교수서예회(수서회)에서 등록금을 못 내는 미등록 학생들을 위해 서화전을 열었다. 이와 관련해 기자들이 등록금 해결을 위해 교수들이 나섰다고 보도하기도 했는데, 등록금 문제는 그런 식의 일시적 모금으로는 해결할 수 없다고 본다. 사실 등록금 문제는 구조적인 문제이고, 한국 대학 교육 전반의 문제이다. 대학 교육의 기본적인 방향에 청년 세대가 겪는 두려움이란 아마도 모두가 버스를 타고 가는데 나 홀로 버스에서 내렸을 때의 적막함과도 같을 것이다. 그럼에도 자신의 이유로 살고, 자신의 목소리로 자신의 문제를 이야기하며, 그렇게 자신의 문화를 만들어 가야 한다.

대한 근원적인 성찰, 그에 따른 교육 전반의 재구성을 통해 해결되어야 할 문제이지, 장학금이나 모금 형식으로는 해결할 수 없다. 대학 교육 전체의 공공성이라는 차원에서, 이 공공성을 어떻게 회복해야 하는가라는 장기적인 문제의식을 갖고 접근해야 한다.

한진중공업 사태와 명동 카페 마리 철거 현장에 용역으로 투입된 사람들 가운데 등록금을 벌기 위해 용역 일을 하는 학생들이 있다는 기사를 보았다. 자신들은 등록금을 벌기 위해 이런 일을 하는 것이 부끄럽지 않다는 기사였다. 결국 대학 등록금, 청년 실업, 비정규직 등의 문제가 별개일 수 없다는 것이다. 등록금 문제 하나만 따로 떼어서 생각할 수 있는 것이 아니다. 사회 전반의 구조적인 문제 속에서 대학 교육의 방향과 성격을 고민해야 한다. 무엇보다 '기업하기 좋은 나라'라는 정책 비전으로는 절대 해결할 수 없을 것이다. 오히려 '노동하기 좋은 나라' 또는 '노동자로 사는 것이 떳떳한 나라'가 되어야 궁극적인 해결 방안을 모색해 볼 수 있을 것이라고 생각한다.

등록금 문제, 취업 문제, 정체성 문제 등으로 많은 고통을 겪고 있는 청년들과 나누고픈 이야기가 있다면?

청년 세대가 겪는 두려움이란 아마도 모두가 버스를 타고 가는데 나 홀로 버스에서 내렸을 때의 적막함과도 같을 것이다. 그러나 그 버스에서 내리는 사람이 점점 늘어난다면 충분히 그 외로움을 견딜 수 있고, 또 새롭게 길을 만들어 낼 수 있을 것이다. 자신의 이유로 살고, 자신의 목소리로 자신의 문제를 이야기하며, 그렇게 자신의 문화를 만들어 가야 한다.

물론 청년들에게 아등바등하지 말고 네가 원하는 삶을 자유롭게 살라고 이야기하지만 그것이 현실적으로 얼마나 어려운지 잘 안다. 그럼에도 청년들에게 이야기해야만 하는 것은 늘 사회적·정치적 관심을 놓지 말고, 미래에 대한 비전과 희망을 함께 만들어 가는 노력에 대한 관심을 놓지 말자는 것이다. 두려워하지 말자! 정당하게 분노하되 현실적 삶을 추구해야 하는 이중고에 처해 있지만 그렇더라도 힘을 내야 한다고 말하고 싶다. 우리 학교 학생들이 졸업할 때 내가 하는 이야기가 있다. "어떤 자리에서 어떤 삶을 살게 되건 깨지고 외롭고 아플 때가 있을 것이다. 그럴 때 여러분 뒤에 학교와 교수들이 있다는 것을 잊지 말아라. 우리가 큰 힘이 되어 주진 못하지만 적어도 함께 아파해 줄 수 있을 것이다." 이 말을 기성세대로서 청년들에게 해 주고 싶다.

문화에 대한 이야기를 나눠 보고 싶다. 2004년부터 한국대중음악상을 제정해 계속 시상해 왔는데, 한국대중음악상은 어떤 상인가? 그 상을 만든 이유가 있다면?

대중음악상의 가장 중요한 취지는 음악적 성취를 평가해 상을 준다는 것이다. 지금까지 대부분의 상은 대중성과 상업성이 기준이었다. 하지만 음악적 평가를 통해 주는 상이 필요하지 않나 하는 문제의식을 갖고 관심 있는 평론가들과 기자들이 모여서 만든 것이다. 그러다 보니 주류 방송 매체에 잘 알려지지 않은 이른바 인디 음악이 아무래도 상을 많이 받게 된다. 웬 '듣보잡' 상이냐, 비주류 음악상 아니냐는 비난도 많이 받았다. 하지만 그동안 자료를 보면 알 수 있겠지만 주류권 음악인들도 상을 많이 받았다. 상대적으로 다른 상에 비해 비주류 음악인들이 많이 포함되기 때문에 그렇게 오해하게 되는 것 같다. 현재 대중음악상에서 비주류 음악이 많은 상을 받는다는 것은, 주류 음악에서 새로운 음악적 성취가 이루어지지 않는 것을 보여 주는 셈이다.

대중음악상 자체가 비주류 음악상처럼 인식되니까 주류 매체에서 외면하고, 거의 적대시하다시피 한다. 그래서 지원받기도 어렵다. 초반에는 문화일보사에서 주관해 큰 걱정은 없었는데 문화일보사와 손을 놓고, 독자적으로 시작하면서 문화관광부 지원을 받았다. 그런데 이명박 정부가 들어서면서 지원이 끊겨 상당히 어려웠다. 2011년에는 한겨레의 지원을 받아 다시 정상적으로 진행될 수 있었다. 이런 과정을 겪다 보니 대표로서 고심이 많았다. 내가 다른 능력은 뛰어난데 돈 만드는 능력이 없어서 많이 힘들었다.(웃음)

대중의 입장에서는 주류 방송에 의해 제한된 음악적 경험의 폭을 넓히고, 비주류 음악인들의 입장에서는 새롭게 대중을 만나는 계기가 되는 것이다. 이런 의미에서 내가 1980~90년대에 했던 문화 운동의 연장이라는 생각이 들기도 한다.

가장 기억에 남는 수상자가 있다면?

주류권의 메인 스타인 엄정화 씨가 이 상을 받고 기뻐하면서 가장 받고 싶어 한 상이라고 말했던 기억이 난다. 그리고 빅뱅의 태양도 기억에 남는다. 주류권의 아이돌들이 대중음악상에 대해 적극적으로 의미를 부여할 때 굉장히 기분이 좋았다. 2009년에 우리가 지원금을 받지 못해 원래 예정되어 있던 장소를 취소하고, 대학로 학전 소극장에서 관계자들만 모여 시상식을 했는데, 장기하, 언니네이발관 등 많은 음악인들이 수상 소감 등을 통해 대중음악상을 응원해 주고, 당시 문화관광부의 처사에 대해 함께 분노해 주었다. 이런 점들을 상당히 고맙게 생각하고 있다.

가수가 아닌 음반과 곡을 중심으로, 판매량이 아닌 작품의 질을 기준으로 수상자를 선정함으로써 주류와 비주류 음악 간의 균형적인 발전을 이루겠다는 목표를 가지고 한국대중음악상을 만든 사람으로서 〈나는 가수다〉 열풍에 대해서는 어떻게 생각하는가?

예능 프로라고 생각한다. 예능이라는 틀을 씌움으로써 가수들의 음악에 대해 많은 대중이 관심을 갖게 되었다. 이런 의미에서는 긍정적이라고 본다. 하지만 꼭 예능이라는 형태를 빌려야만 대중이 관심을 갖는가라는 점에서 다소 씁쓸하기도 하다. 처음에는 나도 열심히 봤다. 서바이벌이라는 형식을 취하니까 매회 탈락하지 않기 위해 누구나 들어도 아는 가수들이 최선을 다한다. 대중의 입장에선 그런 모습 자체가 볼거리이고, 흥미로운 것이다.

그런데 어느 순간부터 〈나는 가수다〉를 보고 있는 것이 피곤해졌다. 뛰어난 가수들이 서바이벌을 위해 자기 개성을 버리면서까지 점수를 얻으려 애쓰는 모습을 보는 것도 유쾌한 일이 아니었다. 〈나는 가수다〉에 나오는 음원들이 잘 팔리는 것을 나무랄 수는 없지만, 그 음악들만이 음원 차트를 차지하는 현상도 바람직하지는 않은 것 같다. 오늘날 아이돌 중심의 음악 세상을 만든 주범 중 하나가 방송인데, 음악성 있는 가수들도 방송, 그것도 서바이벌 예능을 통해서만 생존하고 돈을 벌 수 있다면 그건 비극이 아닐 수 없다.

1970년대부터 2000년대까지 대중문화의 변화를 아주 가까이에서 지켜본 사람으로서 1970~80년대와 현재의 한국 대중문화의 가장 큰 차이는 무엇이라 보는지?

1970~80년대 대중문화를 규정하는 가장 큰 힘은 정치권력이었다. 대중문

화의 거의 모든 부분이 철저한 검열을 통과해야만 나올 수 있었고 그렇게 나온다고 해도 다시 정치적 억압을 통해 가위질당하거나 금지곡이 되기도 했다.

1975년에 크게 두 가지 사건이 있었다. 하나는 대중가요 재심사였다. 그 때까지 나온 모든 가요를 다시 한 번 검열한 것이다. 그해에만 223곡을 금지했다. 또 하나는 대마초 파동이었다. 젊은 세대들에게 인기 있었던 통기타 가수들이나 영화감독이 대마초를 피웠다는 이유로 활동하지 못하는 상황이 벌어졌다. 결국 1970년대 후반이 되면서 이런 청년 문화조차 사라졌다. 청년 문화가 강제 퇴출된 1970년대 말 이후로는 언더그라운드에 이른바 운동권 문화 혹은 민중 문화라 불린 새로운 대학 문화가 생겨난다. 1980년대 내내 대학은 이 같은 문화의 가장 중요한 기지였다. 어쨌든 중요한 것은 1970~80년대에는 대학생들이 자신들의 목소리를 반영하는 문화를 가지고 있었다는 것이다.

1990년대가 되고 민주화가 진전되면서 정치적 억압이 약화되는 대신, 시장과 자본의 논리가 대중문화를 지배했다. 그런 가운데 대중문화 시장이 상업주의의 장이 되었다. 가장 적극적인 소비층인 10대 중심의 대중문화 판으로 바뀌어 버렸다. 그러면서 한국 사회의 문화적 지형은 이른바 기성세대가 만들어 내고 향유하는 문화와 청소년들이 좋아하는 문화로 양분되었다.

기성세대 문화와 신세대 청소년 문화는 담론적으로는 서로 갈등하지만 사실상 시장에서는 서로 이익을 주고받는 적대적 공생 관계다. 기성세대는 그것을 팔아 돈을 벌고 또 청소년 문화를 비난하면서 자신의 도덕적 정당성을 수립한다. 청소년들은 그들의 문화를 통해 저항의 에너지를 발산하지만 결국 그들은 기성세대의 경제적 기여에 의존하지 않을 수 없다. 청소년 세대가 문화를 통해 나름의 불만을 표현한다고는 하지만 결국 기성세대가 만들어 놓은 울타리 안에서 놀게 되는 상황인 것이다.

한편, 기성세대의 문화와 청소년의 문화가 각축하는 사이에서 대학생들을 비롯한 청년 세대의 문화는 사라졌다. 대학생들도 사실상 10대 청소년들 문화의 주변부에 놓이게 된다. 청년들 자신의 목소리로 자신들의 생각이나 세계관을 표현하는 문화가 사라진 것이다. 이것이 1970~80년대 문화와 지금의 문화가 갖는 가장 큰 차이인 것 같다. 바로 이런 부분에서 어떻게 새로운 시대에 걸맞은 청년 세대 문화를 만들어 낼지가, 내가 몇 년 전부터 해온 중요한 고민이다. 이것이 한국 사회의 문화적 모순을 해결할 수 있는, 의미 있는 모색의 하나가 아닐까 한다.

그렇다면 이 시대에 맞는 새로운 청년 문화의 성격은 어떤 것이어야 한다고 생각하는가?

1980년대 말, 1990년대 초 민주화가 진전되면서 이른바 민중 문화권에서 언더그라운드로만 존재하던 민중가요가 노찾사라는 연결 고리를 통해 합법적인 음반으로 나오고 방송도 하게 되었다. 1990년대 이후 문민정부가 들어선 후 한국의 정치·사회적 지형이 매우 빠르게 변화했다. 그러면서 1980년대의 대결 논리 또는 이념 논리로는 대중을 모으기가 어려운 시기가 되었다.

그때부터 신세대 문화에 대한 이야기가 많이 나왔다. 이 새로운 세대에게 1980년대의 민중 문화는 뭔가 촌스럽고 무겁고 억압적인 것으로 느껴졌다. 지나치게 비장하기도 하고……. 그런 가운데 서태지 같은 새로운 스타들이 그 세대의 에너지를 대변하는 아이콘이 되면서 대학 문화도 그 방향으로 포섭되고, 결국 민중 문화의 근거지였던 대학이라는 공간의 문화적 정체성이 사라진다. 노찾사를 비롯한 1980년대의 진보적 민중 문화도 사실상 과거와 같은 활력을 갖지 못하게 되었다. 이런 상황에서 나는 어떻게 새로운 세대에 맞는 새로운 청년 문화를 만들어 낼 것인지 고민하게 됐다.

내 생각에 1980년대의 청년 세대가 가졌던 민중 문화의 핵심은 결국 나 개인이 아닌 역사와 사회, 공동체에 대한 책임감과 전망에 대한 관심이 아니었나 한다. 이에 비해 서태지 이후 신세대들의 문화는 개인에 대한 발견, 개인의 욕망과 행복과 같은 가치를 추구하는 것이라고 볼 수 있겠다. 결국 이 두 가지를 연결하는 접점을 만들어 내야겠다는 생각이 든다. 1980년대 민중 문화도 아니고 1990년대 신세대 문화도 아닌, 1980년대 공동체적 관심과 1990년대 개인의 발견, 이 두 가지를 동시에 가질 수 있는 형태의 새로운 문화적 공간을 대학이 다시금 창출해야 한다는 정도의 생각을 하고 있다.

새로운 대안적 문화 정체성을 대학에서 찾는다는 말인가?

요즘 대중문화 시장을 보면 다른 모든 분야에서와 마찬가지로 승자 독식 구조가 강하게 드러난다. 대중가요의 경우 아이돌이 90퍼센트를 갖고, 홍대 앞 수많은 인디 밴드들이 10퍼센트를 갖는 상황이다. 이런 상황에서 대학은 문화적 정체성을 확립하지 못한 채 청소년 문화의 주변부 시장이 되어 버렸다. 대학 총학생회장 선거공약이 축제 때 아이돌 스타 데려오는 것이라고 하지 않나. 대학이 자신의 문화적 정체성을 갖지 못한 것은 단지 대학만의 문제가 아니라 대중문화 전반에 창조적 자극이 사라진다는 의미와 같다.

이런 상황을 해결하는 방법의 하나로, 인디 음악이나 독립 영화와 같은 나름의 사회성과 저항성, 그리고 실험성과 진보성을 가지고 있는 비주류 문화의 자원들을 대학이 수용하는 것도 생각해 볼 수 있다. 비주류 문화의 입장에서는 시장이 생기는 것이고, 대학 문화의 입장에서는 주류 대중문화와 구별되는 자신들의 문화적 정체성을 갖게 되는 효과를 함께 얻을 수 있으리라고 생각한다.

과거에는 대학이 진보적인 청년 문화, 민중 문화를 받쳐 주는 역할을 했고, 그것이 대중문화 전반에 나름의 창조적 활력을 제공했다. 지금은 대학 문화가 죽어 있는 상황에서 자본의 시장 논리만이 주류 대중문화를 장악하고 있어 창조적 활력이 갈수록 줄어들 수밖에 없다. 대학의 청년 문화를 살려야 한국의 대중문화가 전반적으로 창조적인 활력을 가질 수 있을 것이라 본다. 이런 얘기를 했더니 어떤 친구가 "아직도 대학에 희망을 걸고 계십니까?" 하더라. 물론이다. 아니면 어디서 희망을 찾겠는가?

사실 문화·예술인만큼 감수성이 예민한 사람들이 없다. 시대가 억압적일수록 가장 먼저 그 분위기에 반응하거나 상처를 입는 것 또한 이들이다. 1970~80년대 정치·사회적으로 매우 답답한 상황 속에서 대중문화계에서는 그런 억압에 대한 저항이 활발하게 일어나지 않았나?

당시 체제에 저항한다는 것은 죽음을 의미하기도 했다. 육체적인 죽음일 수도 있고 활동의 중단일 수도 있다. 따라서 적극적으로 저항적인 의지를 표현할 수 있는 사람은 소수일 수밖에 없었다. 1970년대에는 김민기 씨나 한대수 씨 등 대중음악을 하는 사람 가운데 일부가 저항적 의지를 보였고, 그 바람에 그분들은 1980년대 말까지 사실상 합법적인 활동을 할 수 없었다. 이런 상황에서 당대 대부분의 대중 예술인들은 속은 어떻든 간에 겉으로는 순응할 수밖에 없었다.

그에 비하면 요즘은 많이 달라지긴 했지만, 여전히 한국 사회 매체의 질서나 미디어 시장 질서 자체가 지나치게 획일적인 건 부정하기 어렵다. 나름대로 민주화되고 표현의 자유가 신장되었다는 지금조차 저항적 성격의 내용을 표현하는 데는 굉장히 큰 용기를 필요로 한다. 워낙 비주류 시장 자체가 작고, 메이저 시스템에서 탈락한다는 것이 곧 활동의 근거를 대부분 잃게 됨을 의미하기 때문이다. 인기 있는 연예인조차 소박한 수준의 정치적 소신을 밝혔다는 이유로 방송에서 하차해야 하는 것이 이명박 정부 시대의 현실 아닌가.

한편으로 김제동·김여진·박혜경 등 문화·예술인들의 사회참여가 매우 활발해지고 있다. 특히 김제동 씨는 성공회대 학생이기도 한데, 이분들의 활동을 가까이에서 지켜보면 어떤 생각이 드는지 궁금하다.

문화라는 것이 사실 가장 근원적이고 궁극적인 변화의 대상인 것 같다. 문화란 우리의 무의식과 일상 속에 있는 것이기 때문에 표면에 드러나는 현상이나 정치적 의식보다 어찌 보면 가장 근원적인 욕망의 기저를 이룬다. 한국 사회가 잠깐 동안 정치권력의 변화를 경험해 보았지만 그것은 정치권력의 표면만 변화했을 뿐, 우리의 일상과 무의식적인 욕망을 가로지르는 문화의 체계를 변화시키기에는 너무 짧은 시간이었다.

결국 사회 변화와 관련해 가장 궁극적으로 남는 것이 문화다. 가장 중요한 것은 우리의 일상적인 문화적 삶과 욕망이 어떻게 바뀌어 가는가이다. 논리적 주장이나 수사보다 우리에게 친근하고 일상적으로 만나는 연예인들의 한마디, 그들의 모습, 삶의 멘토링이 미치는 영향력이 크고, 중요한 의미를 가질 수 있는 까닭도 여기에 있다.

내가 자랑스럽게 생각하는 것 중 하나가 아주 좋은 제자들과 사제의 연을 맺었다는 것이다. 김제동과 윤도현, 또 요즘 공연 기획자로 활발하게 활동하는 탁현민 같은 친구들이 제자라는 사실이 나로서는 참 자랑스럽다. 그 밖에도 훌륭한 제자들이 많지만 유명한 친구들을 이야기하자면 그렇다는 것이다.(웃음)

나는 이른바 소셜테이너들이 등장할 수 있었다는 것 자체가 한국 사회가 그래도 과거 군사독재 시절에 비하면 어느 정도 진보적으로 변화했음을 보여 주는 하나의 징표라고 생각한다. 대중적 인기를 지닌 엔터테이너들 가운데 일부나마 나름의 정치적 소신을 갖고 활동할 수 있는 근거 및 모델들이 조금씩 생겨나고 있는 것 같다.

그렇다면 문화를 변화시키기 위해서는 무엇이 필요하다고 보는가?

궁극적인 변화를 이루는 것이 문화라고 이야기했는데 그 문화가 바뀌기 위해 가장 중요한 것은 공감이라고 생각한다. 공감이라는 것이 결국 다른 이의 처지나 아픔을 함께 느끼고 또 그 처지가 되어서 문제를 바라볼 수 있는 능력이라고 한다면, 이런 능력에 가장 민감한 존재들이 연예인들이다.

김여진 씨가 홍대 청소 노동자들을 위해 날라리 세력을 만들어 활동한 것이나, 박혜경 씨가 레몬트리공작단을 조성해 쌍용자동차 해고 노동자들과 함께한 것이 새로운 시대의 문화 운동 방식 가운데 하나를 보여 주는 것 같다. 공감이라는 키워드를 통해 소통하고, 그것을 통해 조금씩 사람들을 끌어들이고 변화를 이뤄 가는 것이 무엇보다 중요하다고 생각한다. 그런 의미에서 김여진·박혜경·김미화 씨의 낮은 곳으로 다가가는 따뜻한 모습, 권해효 같은 친구가 보여 주는 용기 있는 모습, 그리고 김제동이나 윤도현이 각자의 자리에서 공감의 메시지를 전달하려는 노력 들이 굉장히 중요하고 의미 있는 일이라 생각한다.

난 연예인은 공인이 아니라고 본다. 공인은 공적인 일에 종사하는 사람이고 연예인은 그냥 유명인일 뿐이다. 따라서 연예인에게 공인 수준의 도덕적 기준을 들이대는 건 옳지 않다. 그렇다고 연예인들의 사회적 영향이 없다는 게 아니다. 연예인들의 사회적 영향력은 크다. 그런데 이들의 사회적 영향력은 부정적인 영향보다는 긍정적인 영향이 크다. 예를 들어 어떤 연예인이 음주 운전을 했다거나 군대를 안 가려고 발치한다고 해서 대중이 그런 면을 따르지는 않는다. 그러나 선행 및 기부를 하거나 약자를 돕는 모습들은 큰 공감을 일으킨다. 이런 점에서 긍정적인 영향이 크다고 생각된다. 연예인들의 긍정적인 역할이 늘어야 하고, 그것이 사회적으로도 중요한 의미를 띤다고 생각한다.

그들이 소셜테이너로서 활동할 수 있게 된 데는 트위터·페이스북 등 SNS의 기능이 매우 큰 것 같은데 어떻게 생각하는가?

SNS가 등장하면서 사회 변화에 대한 공감이 좀 더 확산되는 것 같다. 과거처럼 매체가 독점되어 있는 상황에서라면 요즘 소셜테이너들의 활동은 연예인으로서 생명을 걸어야 하는 일이었다. 공중파와 주류 매체에서 퇴출되면 갈 곳이 없기 때문이다. 그러나 SNS라는 매체가 생기면서 나름의 목소리를 계속 낼 수 있게 되었고, 그 때문에 결코 외롭지 않다는 생각을 가질 수 있게 되었다. 그런 공간이 존재한다는 것만으로도 큰 용기를 낼 수 있는 동기가 되는 것 같다. 이런 의미에서 SNS가 우리 사회에 큰 역할을 하고 있다고 생각한다.

질문을 좀 바꿔서, 어린 시절과 청년 시절은 어땠는지 궁금하다.

그냥 평범했다. 가정적으로 그렇게 행복한 어린 시절은 아니었고 중·고등학교 시절에는 친구들과 어울려 지내는 걸 좋아했다. 또 어린 시절부터 만화책 보고 라디오로 가요 듣고, 극장에 가서 영화 보고, 텔레비전 보는 게 좋았다. 무엇보다 내 세계관이 정립되었던 것은 대학 동아리 활동을 통해서였다. 그 시기에 지금의 아내도 만났고, 당시의 친구들과 지금도 만나고 있다. 이런 의미에서 내게는 대학 시절이 하나의 터닝 포인트였다고 생각한다.

청년 김창남의 가슴에 품었던 꿈은 무엇이었나? 또 청년 김창남에게 낭만, 그리고 사랑이 있었다면?

청년 시절은 한국 사회가 군사독재 억압 속에서 암울해 한 시기였고, 늘 불만과 불안을 안고 산 시기였다. 송창식의 노래 〈고래사냥〉의 가사처럼 "보이는 건 모두가 돌아앉"아 있는 불만스러운 시절이었다. 이런 상황에서 많은 젊은이들이 사회체제에 적응해 잘사는 것이 과연 옳은 길인가를 고민할 수밖에 없었고, 그 자체가 나로서는 굉장히 불만스러웠다. 마음이 흔쾌하고 즐겁고 행복한 적이 별로 없었던 것 같다. 연애를 하거나 즐거운 순간에도 문득 '내가 이렇게 즐거워도 되나?' 하는 죄의식을 항상 느껴야 하는 시기였다.
이런 의미에서 낭만다운 낭만도 사실은 경험하지 못했던 것 같다. 낭만이라는 것도 일종의 죄의식을 갖게 하는 그런 시기였다. 그래서 나는 지금이 좋다. 나보고 누군가 20대로 돌아가겠냐고 묻는다면 난 단연코 싫다고 답할 것이다. 다시 그 시절의 답답한 상황으로 나를 집어넣는다 해도 결국 똑같은 삶을 선택하겠지만 그래도 결코 행복하지 않을 것이다. 지금의 청춘들과는 또 다른 고통스러운 청춘이었다.

그 시절을 어떻게 견딜 수 있었나?

가장 큰 힘은 함께하던 친구들이었던 것 같다. 같은 생각을 하고 같은 고민을 하고 함께 문제를 해결하고자 했던 친구들이 있어 그 시절을 견뎠던 것 같다. 지금의 젊은 세대들도 문제를 함께 고민하고 풀어 가야 하지 않을까 생각한다. 개인 차원에서 홀로 스펙을 쌓는다고 해결되는 문제가 아니다.

서울대학교 '메아리', 그리고 노찾사 원년 멤버이기도 하다. 노래를 원래 좋아했는지, 스스로에게 노래는 어떤 의미였는지 궁금하다.

어려서부터 좋아했다. 대학에 들어와 동아리 활동을 하면서 노래에 대해 더 많은 생각을 하게 되었다. 결과적으로 그것이 지금까지 연결된 것 같다. 대학교수가 되고도 여전히 더숲트리오 같은 활동을 하는 것 또한 이를 통해 행복을 느끼기 때문이다. 내 작은 능력으로 다른 사람과 소통하고, 내 생각을 전달할 수 있다는 사실이 즐겁다.

살아오면서 특별히 기억에 남거나 존경하는 사람이 있다면?

강원도 주문진에서 초등학교를 다닌 적이 있다. 그곳에서 만났던 내 친구가 자기 큰아버지가 한국 최초로 막사이사이상을 받은 사람이라고 늘 자랑했다. 당시 나는 그분이 누군지도 몰랐고, 그게 무슨 의미인지도 몰랐다. 나중에 대학생이 되어서 그분이 장준하 선생이라는 사실을 알았다. 그분이 돌아가신 이후지만 관심이 많이 생겨서 책도 읽고, 자료를 찾아보기도 했다. 장준하 선생은 뭔가 내게 남다른 어린 시절의 기억으로 다가온 분이다.

영향을 받은 분으로는 대학교 1학년 때 만난 김민기 선배가 있다. 당시 노동문제를 다룬 《공장의 불빛》이라는 불법 음반을 제작하는 과정에 나도 참여하면서 많은 것을 배웠고, 그 이후로도 지금까지 줄곧 만난다. 그분에 대한 책[『김민기』(한울, 2004)]을 만들기도 했다. 대학 시절부터 1980년대를 함께 보낸 작곡가 문승현에게서도 많은 영향을 받았다. 친구였지만 음악적으로는 스승과도 같은 친구였다.

또 한 분은 신영복 선생이다. 성공회대에 와서 동료로서도 가깝게 지내고 있지만 그분이 하는 말씀과 삶 그 자체를 가까이서 접할 때마다, 이런 분을 가깝게 모실 수 있다는 것은 대단한 행복이라 생각한다.

(김)광석이도 기억에 남는다. 그 친구 노래를 들을 때마다 생각이 난다. 대학 시절과 이후 1980년대 내내 함께 일하고 고생했던 친구들이 적지 않다. 여전히 자주 만나는 친구들이 있는가 하면 다소 소원해진 친구들도 있다. 그들 모두가 나를 만들어 준 잊지 못할 사람들이다.

가족 밴드를 꾸리고도 남을 것 같다.(웃음) 가족 밴드를 할 의향은 없는지?

가족 밴드는 워낙 서로 음악 세계가 달라서 어렵겠지만, 가족 콘서트는 한번 해보고 싶은 욕심이 있다. 큰아들은 밴드에서 노래를 하고 있고, 작은아들은 취미 삼아 일렉트로닉스 음악 작곡하는 것을 좋아한다. 아내는 노찾사에서 가수 활동을 했고, 개인 독집 음반을 내기도 했다. 농담 삼아 가족 콘서트를 한번 해보자고 가끔 이야기하는데 두 아들이 비협조적이다. 가족 콘서트를 하면 게스트로 나와 주겠다는 사람도 많다.(웃음)

지금 꿈이 있다면?

그야말로 최소한의 인간적인 상식이 통하는 사회가 되었으면 좋겠다는 생각을 한다.

한국 사회는 여전히 극우 헤게모니가 남아 있고, 이는 정권이 바뀌어도 한국 사회가 근원적으로 바뀌지 않는 이유다. 현재로서는 그 부분을 해결하는 것이 급선무 같다. 진보 정치를 구현한다는 것이 참 어려운 현실이다. 먼저 광범위한 시민사회적 연대를 통해 조·중·동과 한나라당으로 대변되는 극우 헤게모니를 최대한 약화할 필요가 있지 않은가 한다. 그다음에 상식적 진보와 상식적 보수가 경쟁하는 구도가 되어야 한다. 그래서 일단은 광범위한 시민사회적 연대에 조금이라도 힘을 보태는 것이 좋겠다는 생각이다.

희망하는 한국 사회의 미래상이 있다면?

결국 우리가 추구해야 할 사회의 모습이란 어떤 것일까에 답한다면, 사회 구성원 누구나 최소한의 인간나운 삶의 권리가 보장되는 삶을 살 수 있는 시스템을 갖춘 사회가 아닐까 한다. 각박한 경쟁에서 승자가 되지 않더라도 최소한의 삶이 가능한 시스템을 마련하고, 아등바등 싸워서 승자가 되어야만 살 수 있는 사회가 아니라 거기서 벗어나도 최소한의 삶을 유지할 수 있는 사회가 되어야 한다고 생각한다.

무엇보다 공감과 소통이 중요하다. 다른 사람의 처지에 공감할 수 있는 개인적·사회적 분위기가 조성되어야 한다. 지금처럼 승리 이데올로기만을 가르쳐서는 아무것도 해결되지 않는다. 양극화 해소도 불가능하고 수많은 삶의 고통도 해결이 안 된다. 이런 부분을 조금씩 해소해 가기 위해서는 공감과 소통이라는 가치가 중요하다.

한국 사회는 철저하게 승자 독식 구조이다. 정치나 경제, 특히 문화가 그렇다. 소수의 승자, 메이저리그만 남아 있는 사회이고, 마이너리그가 존재하지 않는 시스템이다. 마이너리그가 풍부하게 살아날 때 주류라는 메이저리그도 지속 가능할 것이고, 또 많은 사람들의 문화적 스펙트럼이 넓어지고 삶의 질도 높아지는 것이다. 이런 의미에서 문화의 마이너리그를 키우는 것이 상당히 중요하다고 본다.

앞서 말했듯이 아들이 둘인데 하나는 인디 밴드를 하겠다고 하고, 또 하나는 영상원을 다니고 있다. 최고은 시나리오 작가가 죽고, 또 인디 무대에서 활동하던 달빛요정 이진원이 죽는 상황을 보면서 남의 문제가 아니라고 느꼈다. 영화나 음악을 하고자 하는 많은 젊은이들이 갈 수 있는 길이란 라면만 먹다 좌절하거나, 아니면 메이저 스타로 뜨거나 둘 중 하나다. 메이저 스타가 된다는 것은 확률적으로 극히 어려운 일이고, 대부분 어렵게 유지하다 나이 서른 넘어 다른 길을 찾게 되는 것이 현실이다. 이런 부분이 문제라는 것이다. 꼭 메이저 스타가 되지 않더라도 로컬 문화 내부에서 최소한의 재생산이 될 수 있는 시스템이 만들어져야 한다.

수용자인 대중의 입장에서도 적극적이고 능동적인 대중이 될 필요가 있다. 주류 매체를 통해 주어지는 것 밖에서 좀 더 다양한 문화적 자원들을 적극적으로 찾고 선택할 수 있는 문화 주체가 되어야 한다. 최근에는 인터넷이나 매체들이 잘 발달되어 있어 얼마든지 원하는 것을 찾아볼 수 있다. 물론 공짜로 다운로드를 받아 음악을 듣고, 영화를 보는 풍토가 널리 퍼져 있는 것도 문제다. 문화 발전을 위해서도 앨범과 영화는 돈을 주고 사서 듣고 보겠다는 태도가 절실하다.

내게 자유란 자기ᴮᴿ의 이유ᴿᵉᵃˢᵒⁿ로 사는 것이다. 신영복 선생님 말씀이기도 한데 '자기'의 '이유'를 줄여 말하면 그것이 자유다. 남들의 이유와 남들의 논리가 아닌 나 자신의 이유와 생각으로 사는 것이 자유라는 것이다.

　사람들은 지금 자신이 갖고 있는 생각이나 가치를 스스로 선택한 것이라고 여기지만 사실은 남들에 의해, 또 환경을 통해 이들을 갖게 되는 경우가 많다. 그런 부분을 스스로 성찰할 필요가 있다. 문화적으로 이야기해 본다면, 내가 어떤 가수를 좋아하고, 어떤 음악을 좋아하는 것이 과연 나의 선택인가를 스스로 성찰할 필요가 있다. '내가 정말 왜 이 가수를 좋아하는가?'라는 질문을 스스로 던져 보고, 이유를 말할 수 없다면 그것은 나의 이유가 없다는 뜻이기에 자유로운 선택이라고 말할 수 없다는 것이다. 하루에도 수없이 쏟아져 나오는 노래·가수·영화 중에서 정말 내가 좋아하는 것을 찾는 것, 내가 좋아할 이유가 있는 것을 찾는 것이야말로 자유롭게 스스로 문화적 주체가 되는 가장 중요한 길이라 생각한다.

　가끔 강의하다 보면 자기 아이가 매일 소녀시대 음악만 듣는다며 안타까움을 토로하는 분들이 있다. 그런 분들에게 "이 음악을 듣지 말고 다른 것을 들으라고 하는 것은 교육이 아니다. 소녀시대를 좋아하는 아이에게 '너는 왜 소녀시대를 좋아하니?'라는 질문을 하고 좋아하는 이유를 갖게 하는 것이 가장 중요한 교육이다."라고 이야기한다. 자기 이유를 갖는 것은 스스로 문화적 주체로 서기 위한 가장 중요한 첫걸음이다. 결국 자유로울 때 주체가 될 수 있고, 자기 이유를 가질 때 비로소 자신의 문화에 대해 이야기할 수 있을 것 같다.

박래군

별 11개 단 이 사람, 인생 제2막에서 던진 돌직구

"나는 지금 인생의 제2막을 살고 있다. 소설가가 되려는 꿈을 갖고 대학에 들어가서 소설을 썼던 것까지가 제1막이다. 그다음은 원치 않는 운동권이 되어 운동을 하게 된 것이 제2막이다. …… 2막을 60세까지 살려고 한다. 제3막의 삶은 1막에서 못 이룬 소설가의 꿈을 이루는 것이다."

박래군 인권재단 사람 상임이사를 만났다. 그는 소설가가 되겠다는 꿈을 품고 상경해 열심히 소설을 써대던 청년이었다. 하지만 1980~90년대는 그가 원고지와 씨름하도록 내버려두지 않았다. "(1991년) 4월 26일 강경대가 죽어 두 달 동안 영안실을 돌아다녔다. 시신 탈취를 막는 싸움판이 벌어지고 울고불고하는데 …… 그때 진짜 미치겠더라. 당시 '재야의 장의사'라고 불렸다. 딱 보면 이게 얼마짜리 장례인지 나왔다. 내가 정말 장의사인가 하는 생각도 했다.(웃음)"

늘 '허허하하' 웃는 그이지만 사실은 "서로 창자가 이어져 있다."고 할 만큼 각별하던 동생 박래전을 먼저 보냈던 아픔이 있다. "장례를 치를 때까지 실감이 안 났다. 장례를 치르고 나서는 환상을 보기도 하고 환청 현상도 겪었다. …… 한동안은 아무 일도 못했다. …… 동생의 죽음을 계기로 해서 유가협(민주화운동유가족협의회)에 가게 되었고, 그것이 인연이 되어 인권 운동을 하게 되었다."라고 한다. 동생을 잃은 아픔이 그로 하여금 지금도 고통의 현장에 더 깊게, 더 빨리 스며들게 하는 건 아닐까.

"후보들이 이야기하는 정책과 비전 등의 상당 부분을 인권의 언어로 얘기할 수 있고 인권의 논리로 설명할 수 있음에도, 대선 주자들이 인권을 내세우면 우리 사회의 보수층에서 싫은 기색을 하고 그러면 표가 날아간다. 그래서 되도록 인권을 앞세우려 하지 않는다."라며 속상해한다. 그래서 최근에는 김미화 씨와 함께, '인권의 눈'으로 본 대선 전망서인 『대선 독해 매뉴얼』(클, 2012)을 내기도 했다. 경제적 불평등 때문에 얼마나 많은 사람이 죽어 가느냐며, 이제 경제문제도 인권의 관점으로 접근해 풀어야 한다는 그의 이야기가 우리 사회에 묵직한 돌직구를 날려 주었으면 좋겠다.

그리고 "인권 센터를 통해, 대리하는 운동이 아니라 피해자가 스스로 주체로 서게 하는 인권 운동과, 사람들이 차분히 인권에 대해서 공부하면서 자기의 권리를 찾아가는 길을 밟아 갈 수 있는 대중적 기반의 모델을 만들어 가고 싶다."는 그가 바라는 인권 센터가 속히 건립되어 인권의 인프라가 우리 사회 곳곳에 세워졌으면 한다. 그래서 그를 집회 장소가 아닌 소설가 박래군의 책 사인회에서 볼 날이 속히 왔으면 좋겠다.

'별'이 많은 것으로 알고 있다. 지금까지 11개를 단 것으로 알고 있는데 그 뒤로 추가된 것은 없었나?(웃음)

추가될 가능성은 앞으로 있다.(웃음) 희망버스 재판이 중단됐는데 이게 확정되면 어떻게 될지 모르고 이번에 생명평화대행진도 잘되면 또 별을 달 수도 있다.

지금까지 수감 생활 중 가장 인상 깊었던 때를 꼽는다면?

스물여섯 살에 들어갔을 때 감옥에서 겪을 수 있는 것은 다 겪어 봤다. 나는 원래 여리고 소심한 사람이긴 하지만 감옥에 있을 때마다 싸우는 일을 많이 했고, 그래서 걸핏하면 보안과 지하실에 끌려가서 맞고 묶이고 징벌방에도 갔다. 그 속에서 투쟁도 배우고 민중의 삶도 배웠다. 그때 감옥이 정치 대학이라는 것을 실감했다. 1987년 4월 13일 영등포교도소에서 형이 확정되어 대전교도소로 이감되었는데, 대전교도소는 일반수 가운데서도 '꼴통', 양심수들 중에서도 문제가 많은 사람들만 골라서 보내는 곳으로 유명하다. 이감 가던 날 직선제 개헌을 번복하는 4·13 호헌 조치까지 있었으니 이제 죽었구나 생각했다. 5월에 교도소 내에서 교도관들과 싸움이 있었다. 5·18 단식 농성을 3일쯤 하고 난 뒤 기운도 없는데, 나를 붙잡아 '돼지 묶음'이라고 해서 다리와 손을 묶어 독방에 집어넣었다. 그동안 수없이 수갑도 차보고 묶이기도 했는데, 대전교도소는 정말 차원이 달랐다. 못 견디겠더라. 그래도 자존심이 있어서, 어떻게 할까 고민하다가 혀를 깨물었다.

죽겠다고 혀를 깨문 것인가?

당연히 죽겠다고 한 것은 아니다.(웃음) 혀를 깨물어 피 좀 흘리면 풀어 주겠지 하는 기대감에서 그랬다. 그런데 혀가 안 끊어지는 거다. 그래서 혀를 내밀고 턱을 바닥에 찧으니까 피가 나왔다. 피를 고아서 벽에 피를 뱉어 고함을 지르니 교도관들이 들어왔는데 풀어 주지는 않고 소리 지른다고 방성구(재갈)를 물리고 포승줄을 더 쪼였다.(웃음) 몇 시간을 있다가 겨우 풀려나간 곳이 당시 비전향 장기수들을 수용하고 있던 특별사동 6동이었는데, 장기수들을 전향 공작하기 위해 일부만 따로 관리하는 '육사하'라는 곳이었다. 그곳은 형량이 무기, (징역) 10년, 7년 등인 〈국가보안법〉 사범들이 있는 곳이었는데, 나는 집시법으로 2년형을 받고는 그곳에 수감된 것이다. 두들겨 맞고 제대로 치료도 못 받으니 고름이 끼고 세게 묶인 곳에는 물집이 잡혀 몰골이 말이 아니었다. 그런데 나보다 훨씬 더 심한, 죽음의 문턱까지 가는 고문을 당했던 사람들이 도리어 나를 위로해 주고 돌봐 주는데 너무나 위로가 되었다.

그때 나는 말하자면 입에 혁명을 달고 사는 기고만장한 혁명가였다. 교도소 투쟁에서도 꺾이지 않았던, 승승장구했던 투쟁의 경험을 가진 투사 말이다. 그런데 이 사람들을 보며 내가 얼마나 교만하고 오만했는지 알게 되었다. 그 사람들은 새벽 4시든 5시든 자기들이 정해 놓은 시간이 되면 딱 일어나서 냉수마찰하고 걸레질하고 명상하고 한 치의 흐트러짐도 없이 생활했다. 사람들을 대할 때도 정말 서로 존중하는 것이 느껴졌다. 그때 내가 20대로 한참 아래였음에도 50대, 60대인 분들이 내게도 꼭 '박 선생'이라고 존대했다. 운동한다고 하면서 하수로 살아가는 내 모습이 거울처럼 비치면서 운동가가 겸허해야지 자기를 내세우면 안 된다는 것을 그때 알게 되었다. 그런데 그때 반성하지 말았어야 했다. 그러고 나와서 지금 이렇게 사는 것이 아닌가.(웃음) 나는 13개월을 살다가 6월 항쟁 가석방으로 나왔는데, 그 사람들이 그곳에서 20년, 40년 동안 변혁에 대한 신념들을 꺾지 않고 사는 모습이 나로 하여금 새롭게 운동가의 삶을 살도록 만들어 주었다.

운동하면서 힘들어 포기하고 싶었던 순간은 없었나?

운동만 30년을 했는데 왜 없었겠는가? 세 번 정도 고비가 있었는데 공통적으로 모두 사람이 싫어졌을 때이다. 사람 때문에 큰 상처를 입었을 때는 정말 운동을 포기하고 싶은 생각이 든다. 내 진심이 오해받는 부분이 있으면 풀면 되는데 이것이 풀리지 않고 저쪽에서 의도를 가지고 밀어붙여 사람들과의 관계를 끊고 들어올 때는 정말 미치겠더라. 그럴 때면 친한 놈 하나 불러서 계속 술을 마신다. 그러다가 다른 일을 하다 보면 잊고 그러면서 살아온 것이다. 사람 때문에 힘들고 아프고 또 사람 때문에 즐겁고 보람된 것이 운동인 것 같다. 나는 소심해서 이건 아니다 하는 사람이 있으면 그다음부터는 어떻게 해서든 피하든지 안 섞이려고 한다. 말하는 것 자체가 기분 나쁘니까.(웃음) 그렇지만 대개는 폭넓게 사람들을 만나고 원만한 관계를 만들려고 한다.

그렇게 힘듦에도 결국 운동을 포기하지 않는 힘은 무엇인가?

대부분의 사람들은 자신의 어려운 문제를 가지고 내게 온다. 유가협 시절에는 수없이 많은 죽음의 문제, 고문의 문제들이 내게 찾아왔다. 20대 말, 30대 초반에 내가 봤던 시체와 사진만 해도 상당히 많다. 처음에는 끔찍해서 못 보겠던 것이, 나중에는 시간이 없으니까 사진을 보며 밥을 먹기도 했다. (웃음) 경찰이나 정부에 의해 고문당했던 사람들의 얘기를 듣다 보면 그 사람 일이 더는 그 사람 일이 아니라 내 일이 된다. '이런 것을 왜 그냥 놔두지? 이런 것을 외면하고 내가 어떻게 뭘 하지?'라는 생각이 들면서 그 사람보다 내가 더 화가 난다. 특히 착하고 좋은 사람들이 당한 문제라면 더 그렇다. 대추리 사람들이 그랬는데, 사심 없이 통하니까 그 사람의 문제가 내 문제가 되는 것이다. 그래서 엄청 피곤하게 산다.(웃음) 하지만 이렇게 살다 보면 내가 직접 경험해 보지 못한 세계를 배우는 경우가 많다. 다른 삶을 배워 가는 것도 좋고 사람들 자체가 좋으니까 이 운동을 계속하는 거다. 그러면서 사람들에게 받는 힘도 있다.

박래군의 삶에서 동생 박래전의 죽음을 빼놓을 수 없을 것 같다(당시 숭실대학교 인문대 학생회장이었던 그는 1988년 6월 4일 광주 문제를 환기하고 군사정권 타도를 외치며 숭실대 학생회관 옥상에서 분신자살했다. '민중해방열사 민주국민장'으로 치러진 장례식에는 재야인사와 학생, 시민 등 4천여 명이 참석했다). 민주화 운동을 하며 많은 열사들의 장례를 함께 치렀겠지만 동생의 장례를 치를 줄은 몰랐을 텐데……. "서로 창자가 이어져 있다."고 할 만큼 각별한 사이로 알려진 동생의 죽음이 지금의 박래군을 있게 한 것인가?

막상 내 일이 되니까 정신을 못 차렸고, 장례를 치를 때까지 실감이 안 났다. 장례를 치르고 나서는 환상을 보기도 하고 환청 현상도 겪었다. 동생이 키가 컸는데 비슷한 애들을 보면 동생이 보이는 것이다. 분명히 동생이 "형!" 하고 부르는 것 같은데 돌아보면 아니었다. 한동안은 아무 일도 못했다. 그러다가 이소선 어머니가 유가협에 나오라고 해서 한 번씩 가서 돕다 보니 어머니, 아버지들과 몹쓸 정이 들어 버렸다. 특히 이소선 어머니는 거리를 뒀어야 했는데.(웃음) 사실 유가협에 안 들어갔으면 뭐가 됐을지 모르겠다. 노동운동을 하고 싶었으니 지금쯤 민주노총에서 뭘 하고 있을지 모르겠지만, 동생의 죽음을 계기로 해서 유가협에 가게 되었고, 그것이 인연이 되어 인권 운동을 하게 되었다. 후회하는 것은 아니지만 유가족이 안 됐으면 어땠을까 하는 생각은 해본다.

동생을 잃은 경험이 있기에 사람들의 아픔에 민감하게 반응할 수 있었을까?

그런 것이 있다. 큰 아픔을 겪은 사람일수록 폐쇄적이 된다. 유가족들은 보통 사람들에게는 말하지 못하는 것을 자신과 비슷한 아픔을 겪은 사람에게는 가슴을 열고 말한다. 동생을 잃은 아픔으로 인해 공감 능력이 커지기도 했겠지만, 사실은 같은 경험을 공유한 동질감이 서로에게 있는 것이다.

페이스북에 올라온 일상을 보면 정말 하루가 분 단위로 나뉘어 있는 것 같다. 그렇게 사람들의 필요를 위해 계속 뛰어다니다 보면 스스로 고갈된다고 느끼는 순간은 없나?

사람들이 요구하는 대로 사는 것 같지는 않다. 그렇게 활동하면 오래 못 간다. 운동도 결국 사람이 하는 것인데, 주체성이 없으면 재미도 없다. 물론 필요에 나를 맞추는 경우도 있지만, 함께 기획하는 가운데 나의 주도성을 인정받기도 한다. 그리고 때로는 내가 운동을 요구하기도 한다.

활동하는 모습을 보면 현장에 스며드는 것 같다. 지치지 않으려면 스며들되 때로는 '쿨'함도 유지해야 할 것 같은데 어떤가?

'쿨'하지는 못하다. 사람들 앞에서는 잘 안 우는데 대추리, 용산 때는 뒤에서 많이 울었다. 마치 내가 대추리 주민이고, 용산에서 함께 장사했던 사람들처럼 말이다. 그리고 현장에 잘 스며드는 이유는 내 외모 덕분이다. 편한 동네 아저씨처럼 생겨서 동네 사람들이 날 형, 동생으로 부르며 편하게 생각한다. 그래서 먼저 만난 자신들보다 더 빨리 친해진다며 활동가들이 늘 부러워한다.(웃음)

운동을 하다 보면 내가 주인공이라는 생각을 하기 쉽다. 하지만 어디까지나 나는 보조적인 역할을 하는 것이지 운동의 주체는 당사자들이 되어야 한다. 그렇기 때문에 나중의 성과도 그 사람들이 가져가는 게 맞고 패배도 그들이 짊어질 수 있어야 한다. 싸움의 결과가 잘되든 안 되든 우리는 또 다른 현장으로 가지만 그 사람들은 남아서 이 문제를 평생 안고 살아간다. 그렇기 때문에 활동가들은 내가 이 싸움을 이겨야 하고 내 몫이라고 생각하는 교만을 버려야 한다. 이 부분은 문정현 신부님께 많이 배웠다.

어찌 보면 용산 참사 때 신부님을 내가 끌어들인 꼴이었는데 도중에 우리 상황실 쪽과 사제단의 의견이 다를 때가 있었다. 재판에 어떻게 임할지의 문제를 두고 신부님 쪽은 전면 거부였고 우리는 진실 규명을 위해서라도 재판 과정을 밟아야 한다고 했다. 장례 협상을 할 때도 우리는 장례 협상을 빨리해서 장례를 치러야 한다는 입장이었고, 신부님들은 지방자치 선거까지 가야 한다는 입장이었다. 서로 평행선을 달린 상태에서 감정적으로 좋지 않았다. 내가 명동성당에서 수배 생활을 하고 있을 때 신부님이 잘 안 찾아오시기도 했다. 그런데 이 과정을 푸는 과정에서 신부님께서 "이 투쟁의 주체는 유가족이고 범대위다. 그들이 하는 일에 우리가 감 놔라 배 놔라 하는 것 자체가 잘못이다. 박래군이 나와 의견은 다르지만 동지로서 존중한다."라고 하시는 거다. 이렇게 말씀하면서도 신부님께서 얼마나 속 쓰려 하시는지.(웃음) 그래도 이렇게 자기주장을 포기하시는 분이 바로 문정현 신부님이다.

인권 문제가 발생한 현장에서 운동가들의 주장이 이해 당사자들이 당면한 과제를 풀어 가는 것보다 더 중요하게 여겨질 때도 있는 것 같다.

운동권 진영에서 가장 큰 문제가 정파적인 문제다. 내가 용산범대위 공동집행위원장을 맡게 된 것도 그 문제 때문이었다. 용산 참사 문제를 해결하고자 모인 용산범대위에서도, 운동권 내 정파들이 서로 견제하는 상태에서 범대위를 이끌 위원장을 선출하지 못해 결국 내가 맡게 되었다. 그건 아마도 그동안 인권 운동가의 삶을 살아오면서 정파에 관계없이 사람들과 두루두루 친하고, 생각은 좀 달라도 일은 일로 풀어야 한다는 실사구시적인 입장을 지녀 왔기 때문이 아닌가 한다. 그래서 용산 참사 집회의 사회도 맡게 되었는데, 마이크를 잡는 순간 '이건 구속이구나.'라고 생각했고 예상대로 갔다.(웃음) 정파가 없어져야 하는 것은 아니지만, 문제는 그것이 사람들의 시야를 가둬 둔다는 것이다. 자신들이 유리한 대로 끌고 가려고 하고, 이런 것들이 자꾸 운동을 왜곡하고, 대중의 참여를 막고, 그들의 자발성이 분출되는 것을 막는 것 같다. 정파가 종파화되는 것을 경계해야 하는데 지금은 그런 식으로 가면서 우리가 갖고 있는 역량을 결집하지 못하고 있는 것 같아 안타깝다.

인권 운동을 하면서 나도 모르게 어느 정파에 속해 있기도 했는데 그게 참 별 볼일 없다는 생각을 했다. 예를 들어 유가협에서 장례를 치르는데 엔엘[NL] 열사면 내가 엔엘이 아니라고 안 갈 것인가? 그렇지 않다. 그 죽음 앞에서는 내 입장이 다르더라도 가야 하는 것이다. 그런 의미에서 정파적인 것을 내려놓자고 한 것이지만 그럼에도 나는 진보적 인권 운동론을 주창하는 사람이다. 인권을 통해 사회를 변화시킬 수 있다고 생각한다. 기존에 우리 사회에 들어와 있는 주류 인권 운동과는 다른 결의 인권 운동을 '인권운동사랑방'을 통해 개척해 왔다고 생각하는데, 2013년에는 인권운동사랑방 (설립) 20주년이 된다.

유가협에서 활동비 15만 원을 받고 활동을 시작했다고 들었다. 정말 적은 돈이었는데 어떻게 생활했나?

1991년 3월 초에 생계 대책 없이 결혼했다. 결혼하고 한 달 좀 있어 4월 26일 강경대가 죽어 두 달 동안 영안실을 돌아다녔다. 시신 탈취를 막는 싸움판이 벌어지고 울고불고하는데, 영안실에서 신혼 기간 대부분을 살았다. 그때 진짜 미치겠더라. 당시 '재야의 장의사'라고 불렸다. 딱 보면 이게 얼마짜리 장례인지 나왔다. 내가 정말 장의사인가 하는 생각도 했다.(웃음) 그렇게 몇 달 후에 집에 들어가니 아내가 결혼 축의금으로 들어온 돈도 다 쓰고 어떡할 거냐고 한탄했다. 그런데 내가 정말 무책임하게 "어쩌느냐. 그냥 되는 대로 살자."라고 그랬다. 사실 아내가 많이 고생했다. 아내가 자기는 운동을 접고 돈을 벌 테니 나더러 운동을 하라고 했다. 정말 고마웠다.

마지막까지 인권운동사랑방에서 활동비는 36만 원이었고 나머지는 원고를 써서 돈을 벌었다. 정말 원고 기계였다. 그렇게 해야 교통비와, 최소한 후배들을 만나면 낼 술값을 벌 수 있었다.(웃음) 아내가 2012년 7월까지 15년 동안 동네에서 초등학교 아이들을 상대로 글쓰기 학원을 한 덕분에 여태껏 살아왔다. 정말 조강지처다.(웃음) 어려운 상황에서 생활을 책임져 주고 지지해 주고……. 그러니까 우리 아이들도 나를 지지해 준다. 그러니 나 혼자 운동을 한 것이 아니다. 가족에게 참 고맙다.

가족이 지지해 주고 밀어주지 않았으면 활동하기가 쉽지 않았을 텐데, 아이들은 어떤가?

사실 감옥에 가고 수배 생활을 할 때 아이들이 많이 걱정됐다. 그런데 아이들이 아빠가 하는 일을 지지해 주고 박수를 보내 준다. 대추리 때 아내가 탄원서를 쓰는데 큰딸이 아빠는 잘못한 것 없으니까 판사에게 비굴하게 굴지 말고 당당하게 쓰라고 했단다. 용산 참사 때문에 수감되었을 때는 아빠 면회 간다고 (학교를) 땡땡이치고 그랬단다.(웃음) 애들이 초등학교 때까지는 "아휴, 인권 운동가라고 하면 애들이 뭘 알아야지. 설명하기가 복잡해."라며 나를 회사원이라고 그러더니 고등학교에 들어가서는 우리 아빠가 인권 운동가라고 하고 다닌다. 그중에서 좋은 담임을 만나면 내 이름 정도는 아는 사람이 있기도 하다.

엄중하고 무거운 시대의 과제에 늘 반응하며 살아왔다. 하지만 그 와중에도 낭만이 있고, 아름다운 추억도 있었을 것 같다. 가장 행복했던 순간을 꼽는다면?

우리는 참 불행한 시대를 살았다. 그 시절은 내 자신의 행복을 찾으면 미안한, 대학생인 것 자체가 죄송스러운 그런 때였다. 광주에서 사람을 죽이고 전두환이 집권했고 학교 강의실, 도서관까지 경찰이 장악하고 있는 상태에서 도대체 행복하게 산다는 것이 불가능했다. 게다가 운동을 한다고 하면 감시가 따라붙으니 한시도 긴장을 늦추면 안 되었다. 그래서 운동권 내에서는 연애 금지였다. 나중에 보니 뒷구멍으로는 다 했지만 말이다.(웃음)

나는 소설가가 되겠다는 꿈을 가지고 대학에 들어갔기 때문에 1학년 때는 학생운동 같은 것은 일절 무시하고 소설을 쓰고 술만 마셨다. 그때가 참 행복했던 것 같다. 그런데 '악마의 손길'에 의해 운동권이 되었고 그 뒤로는 정말 치열하게 살았다. 한 1년 동안 학생운동을 하면서 이제는 재밌게 운동 하나 보다 싶을 때 강제징집을 당했다. 일주일 동안 서대문경찰서에서 두들겨 맞고 그날로 강원도 양구에 있는 훈련소로 갔는데 또 두들겨 맞았다. 맷집이 약했으면 벌써 죽었을 것이다.(웃음)

자대 배치를 받았는데 거기서도 엄청 맞았다. 군대라는 곳이 아무리 사회에서 잘난 놈이라고 해도 이등병 배지를 달고 있으면 후줄근해 보이는데 거기다가 훈련소에서 새까맣게 타서 왔으니, 내가 얼마나 우습게 보였겠는가. 고참이 사회에서 뭐 하다 왔느냐고 해서 솔직하게 대학 다니다 왔다니까, 농사짓다 온 촌놈처럼 생겨서 거짓말한다고 엄청 때렸다. 게다가 연세대학교 나왔다고 하니까 또 때렸다. 그렇게 억울하게 두들겨 맞았다. 그런 후에 대변을 누기 위해 화장실에 가서 바지를 끌어내리는데 팬티가 안 내려갔다. 엉덩이가 터져서 눌어붙은 것이었다. 그것을 끌어내리면서 그 안에서 진짜 서럽게 울었다. 그때 외모 차별당한 게 한이 되어, 그 한으로 인권 운동을 하게 되었나 생각하곤 한다.(웃음)

아니다. 친근하고 귀엽게 생기셨다.(웃음)

옛날에는 촌스럽기가 더했다.(웃음) 노동운동할 때 위장 취업을 하려면 사람들이 노동자 티가 나게 변장해야 하는데 나는 그럴 필요가 없었다. 시골에서 일하다가 왔다고 하면 바로 통과였다. 1986년 인천 5·3 항쟁 때는 경찰의 경비가 상당히 삼엄했는데 화염병을 반입해야 했다. 그런데 나더러 엿장수로 위장해 리어카(손수레)에 화염병을 잔뜩 싣고 끌고 들어가라는 거다. 경찰이 처음 저지선을 통과할 때는 나를 의심 없이 보냈다가 한 5미터 정도 갔을 때 "저거 뭐야? 뒤져 봐!" 그랬다. 그때 내 동지들이 뛰어 나와서 경찰을 가로막고 나는 리어카를 끌고 들어가고 그랬다. 인천 5·3 항쟁 때 썼던 화염병은 내가 다 나른 거다. 그 정도로 내 외모가 출중하다.(웃음)

소설가가 되고 싶었다고 했는데, 대학교 1학년 때 연세문학상 소설 부문에 당선되었다고 들었다. 소설 내용이 궁금하다.

제목이 "땅강아지"로 우리 시골 이야기다. 아버지는 아들하고 같이 농사짓고 싶어 하고 아들은 도시로 가고 싶어 하는데 그러다가 아들이 힘든 농사일을 하다가 야반도주하는 이야기다. 문제작이었다.(웃음) 그런데 그 원고를 잃어버렸다. 『연세춘추』 신문사에 가봐도 없었다.

앞으로 소설을 써볼 생각은 없는가?

나는 지금 인생의 제2막을 살고 있다. 소설가가 되려는 꿈을 갖고 대학에 들어가서 소설을 썼던 것까지가 제1막이다. 그다음은 원치 않는 운동권이 되어 운동을 하게 된 것이 제2막이다. 이 2막의 삶을 길게 살고 있다. 그래서 나는 2막을 60세까지 살려고 한다. 제3막의 삶은 1막에서 못 이룬 소설가의 꿈을 이루는 것이다.(웃음)

1막에서 못 이룬 소설가의 꿈을 이루는 것, 그게 인간 박래군이 꾸는 꿈인가?

60세가 되면 운동을 정리해야 한다고 하는 것은, 사람이 나이를 먹어서 대표 자리에 있는 것이 운동의 걸림돌이 된다고 생각했기 때문이다. 운동에도 정년을 둬야 할 것 같다. 나이가 드니까 체력도 체력이지만 판단력도 흐려지고 보수화된다. 옛날보다 훨씬 더 급격하게 변하는 흐름을 못 따라가는 것 같다. 보수가 되려고 하지 않아도 시대의 흐름을 못 좇아가면 보수가 되는 거다. 운동이 더 혁신적이 되고 젊어져야 하는데 그러려면 오래된 사람들이 대표 자리를 후배들에게 물려주고 뒤에서 밀어줘야 한다고 생각한다. 그런 모습으로 정리를 하고 싶다. 내가 없다고 뭐가 안 되는 게 아니다.

자리에서 내려와야 한다는 마음을 갖기가 사실 쉽지 않을 것 같다.

나도 바뀐 거다. 몇 년 전까지만 해도 현장에서 죽겠다고 했다. 그런데 그것도 욕심이다. 이제는 다른 욕심을 부려 보는 것이다. 나도 내 인생을 살아 보자고 생각하는 것이다.

현안들을 하나하나 풀어 가는 것도 중요하지만, 그 문제들이 반복적으로 일어나지 않도록 제도를 바꾸는 것도 정말 중요한 듯하다. 인생 3막에 정치가가 되어 제도를 바꾸는 일에 뛰어 볼 생각은 없나?

없다. 정치는 너무 머리 아픈 것 같다. 보여 주는 삶을 살아야 하지 않나. 드라마 〈추적자〉를 보니까 강동윤이 이런 얘기를 한다. "정치인은 자기가 하고 싶은 말을 하는 게 아니라 사람들이 듣고 싶은 말을 한다." 내가 정치인을 부정적으로 보는 것일 수도 있는데 진짜 맞는 말 같다. 사실 나는 내가 하는 게 이미 정치라고 생각한다. 프랑스 철학자 자크 랑시에르가 "이 사회의 주류가 아닌 비주류, 소수의 사람들이 하는 것이 진짜 정치이지 주류가 하는 것은 지배"라고 얘기했는데 참 똑똑한 사람이라는 생각을 했다. 진짜 정치란 누군가를 통치하는 것이 아니라 사회의 갈등들을 조절하고 자기 권리를 못 찾고 있는 사람들로 하여금 주체가 되도록 만드는 것이라고 한다면, 내가 하는 인권 운동은 아주 훌륭한 정치라고 생각한다. 이런 훌륭한 정치를 30년 이상 해왔는데 정치에 미련이 있겠는가.(웃음)

그리고 나는 군사정권 때부터 운동을 해왔다. 계속 운동을 하고 싶어서 대학을 졸업하지 않고 대학원도 안 가겠다고 생각했다. 이후 대학은 졸업했지만, 오로지 운동가로 갈 수 있는 길만 가겠다며 여러 갈림길을 모두 차단하고 살아왔다. 그런데 어느 날 보니 이 바닥에서 살아왔던 사람들을 김대중 정부 때 끌어당기는 것이다. 2000년대 들어와서 김대중·노무현 정부 때 인권과 관련된 자리가 여럿 있었는데, 나는 단 한 번 의문사진상규명위원회에 들어가 8개월 동안 봉사했다. 그리고 나서는 절대로 정치 영역으로는 가지 않겠다고 생각했다.

사실 그런 자리에 가면 우리가 받는 활동비의 다섯 배까지 받을 수 있고,

그 돈으로 활동하는 후배들과 단체들을 팍팍 밀어줄 수도 있다.(웃음) 정치가 잘 커야 하고 반드시 필요한 것이지만, 그럼에도 정당에 한 번도 가입하지 않고 운동만 한 것은 정치보다 사회운동이 더 중요하다고 생각했기 때문이다. 사회운동이 광범위한 토대들을 형성하고 성장할 때 진보 정치도 제대로 갈 수 있는 것이다. 진보 정치를 하겠다면서 운동하던 역량들을 다 끌어넣어 정당정치를 하지만, 만약 이 진보 정당이 망하면 사회운동도 함께 망할 위험이 있다. 남미의 니카라과가 그런 경우다. 니카라과에서 1979년에 좌익 운동 세력이 정권을 잡아 올인 했다가 그 정권이 무너지자 운동도 한 번에 무너졌다. 그렇기 때문에 운동을 약화시키면서 진보 정당이 가는 것이 아니라, 운동이 강화되면서 진보 정당이 가야 한다. 어느 시점엔가 사회운동 역량이 넘쳐 나서 정당을 만들어야 하는 요구가 생기게 되면 정당이 만들어지고 사회운동이 그것을 풍부하게 끌어갈 수 있도록 도울 수 있을 것이다. 그러지 않고 사회운동에 대한 충분한 대책과 전망 없이 정당 운동으로 바로 가는 것은 아니라고 생각한다.

현안에 대한 이야기로 들어가 보자. "인권 피해 현장에 뛰어들어 피해자들 대신 싸워 주는 것으로 활동가의 역할을 다했다고 할 수 있을까. 이런 대리전 방식이야말로 활동가들의 에너지를 갉아먹고 인권 피해자들을 대상화하는 것은 아닐까."라는 고민 끝에 인권 센터를 만들어야겠다는 생각을 했다고 들었다.

1998년 이른바 '양지마을 사건'이 큰 이슈가 된 적이 있다. 충남 연기군에 한 부랑인 수용 시설이 있었는데 감옥보다 더 비참한 곳이었다. 그곳에서 탈출한 사람의 얘기를 듣고 일주일 동안 조사해, 당시 국민회의 이성재 의원과 몇몇 단체와 함께 쳐들어가 그곳에 갇혀 있던 3백여 명이 되는 사람들을 전부 해방시켰다. 그 사건이 터지고 나서 언론에서는 '노예의 섬'이라고 해서 기사화되었고 우리는 그곳에서 나온 사람들을 위해 형사소송과 손해배상 청구 소송을 대행해 주기도 했다. 그런데 이 사람들 가운데 상당수가 가족들에게 버림받은 사람들이었는데, 이들이 사회복지시설은 죽어도 가기 싫다고 해서 우리가 그 이상 손 쓸 수 있는 부분이 없었다. 나중에 수소문해 보면 이들 대부분은 노숙인(홈리스)이 되어 버렸거나 죽어 있었다. 이 일을 겪으면서 과연 무엇이 잘못됐는지를 고민했다.

그러면서 우리가 모든 것을 대신해 언론에 폭로하고 소송해 줄 것이 아니라, 옆에서 도우며 그들이 스스로 이 문제를 풀도록 했으면 그 사람들이 이후 노숙인이 되거나 알코올중독자(알코올의존자)가 되어 거리에서 죽어 가는 일이 없지 않았겠는가 하는 생각을 했다. 인권 센터를 통해 대리하는 운동이 아니라, 피해자 스스로 주체가 되게 하는 인권 운동과, 사람들이 차분히 인권에 대해 공부하면서 자신의 권리를 찾아가는 길을 밟을 수 있는 대중적 기반의 모델을 만들어 가고 싶다.

용산 참사 같은 경우를 봐도, 평생 인권에 대해 별로 의식하지 않던 이들이 소시민으로 살다가 어느 날 갑자기 그런 상황에 처하면 허둥지둥하게 마련이다. 그러니 인권 활동가들이 더 적극적으로 개입할 수밖에 없기에 이런 악순환이 반복되는 것이 아닌가 싶다.

맞다. 독재 정권 시절에는 억울하다는 생각조차 하지 못했고, 조금 상황이 나아졌을 때에도 억울하지만 어떻게 해볼 수 없어 그냥 지나쳤지만, 요즘은 사람들의 의식이 높아져서 자신의 인권이 침해당했을 때 민감하게 반응하고 소송까지 가는 경우들이 꽤 있다. 그런데 이런 일들이 이기적으로 수용되곤 한다.

이기적으로 수용된다는 말은 어떤 뜻인가?

'내 인권이 피해를 입는 것은 참을 수 없다.'고 하면서 다른 사람이 인권침해를 당하는 부분에 대해서는 '내가 굳이 뛰어들어서 휘말려? 송사에 휘말릴 수도 있는데?' 하면서 문제 제기를 하지 않는다는 것이다. 이렇듯 인권 문제가 철저하게 개인화되어 있고 이기적이 되어 있다. 이는 운동 진영 내부에도 존재한다. 노동운동을 하는 사람들에게 매일 욕하는 것이 "평소에는 남의 인권에 대해 거들떠보지도 않다가 해고를 당하면 인권 운동을 찾느냐?"라는 것이다. 인권 운동이란 일종의 품앗이라고 할 수 있다. 평소에 어려움에 처해 있는 사람들과 연대하고 공감하며 같이 싸울 줄 알아야 한다. 그런데 그러지 못하고 있다. 특히 IMF 금융 위기 이후 우리 사회가 가지고 있던 연대의 가치들이 철저하게 깨져 나갔다. 이 부분에 대해서는 우리 진보 운동이 엄청난 패배를 하고 있다고 본다. 그 결과 지금 한국의 자살률이 OECD 1위이고 범죄율도 엄청나게 높아지고 있지 않은가? 사람들이 옆에서 죽어 나가는데도 눈 하나 깜짝하지 않고 있다. 내 일이 아니기도 하고, 이런 일들에 너무 익숙해져 버린 것이다.

그 맥락에서 볼 때, 용산 참사가 무분별한 재개발 문제에 대한 근본적인 문제 제기로 이어지지 않은 데는 자신 또한 언젠가 재개발로 이익을 볼 수도 있기 때문에 이 문제를 애써 외면하고 싶었던 대중의 심리도 일정 정도 영향이 있지 않았을까?

용산 문제는 그런 측면이 상당히 강하다. 당시 나는 '사람들이 죽어 가는 것을 그렇게 많은 사람들이 함께 목격했으면서도 왜 추모하지 않을까?'에 대해 많이 고민했다. 여섯 명이 죽었고 그 참혹한 광경을 인터넷 생중계로도 보고 텔레비전으로도 수없이 보고 이제는 다큐멘터리 영화 〈두 개의 문〉으로도 보면서 사람들이 왜 침묵하는지 의아했다. 김수환 추기경이라든가, 노무현·김대중 전 대통령 등의 죽음에는 사람들이 광장에 모여 열렬하게 추모했는데 말이다. 물론 경찰이 원천봉쇄해 추모 대회를 하기는커녕 남일당 현장도 가까스로 유지했던 상황이었기에 그랬다고 하지만, 그 이전에 사람들이 용산 문제 자체를 굉장히 불편하게 여기는 것 같았다. 대부분의 사람들이 '나도 내 집 마련하고 싶은데, 이게 월급 모아서는 안 되고 땅 투기 같은 것을 해서 한몫 잡고 싶다.'라는 생각을 은연중에 가지고 있는데, 용산 참사는 그런 나의 욕망을 실현하는 과정에서 수많은 사람들이 피해를 당하고 죽을 수 있음을 직시하게 한 사건이었기 때문이 아니었을까. 그랬기 때문에 사람들이 선뜻 추모의 광장으로 나오지 못한 것은 아닐까 하고 생각했다. 재개발에 대한 우리의 욕망, 그런 불편한 진실을 봐야 했던 곳이 바로 용산이었다. 물론 그런 가운데도 355일 동안 현장을 지킬 수 있었던 것은 용산 참사로 돌아가신 분들과 철거민들의 처지에 공감하는 가난한 사람들의 마음의 연대가 있어서 가능했다. 그래서 버텨 낼 수 있었다고 생각한다.

다시 인권 센터 이야기로 돌아가 보자. 현재 10억 원 모금을 목표로 시작해 5억 원 넘게 모였다는 이야기를 들었는데, 얼마 동안 모은 건가?

2010년 하반기부터 시작했고 실제로 모금 활동에 들어간 것은 2011년이니 1년 동안 5억 원 정도를 모은 거다. 목표의 반밖에 못했다. 2012년 들어와서는 모금을 중단하고 남산 안기부 터를 확보하기 위한 캠페인을 했는데, 어느 정도 성과가 있었다. 서울시가 민간 쪽에 공간을 주는 것으로 방향을 정해, 남산의 옛 안기부 터를 민주·인권·평화의 가치와 관련된 공간으로 쓰게 될 것 같다. 그것은 그것대로 확보하고, 원래 우리가 계획했던 민간 독자의 인권 센터를 세울 집을 하나 매입하기로 했다. 홍대 근처 성산동에 조그만 집을 리모델링해서 2013년 3월에 개소할 것이다. 그때까지 작심하고 나머지 돈을 또 모아야 한다.(웃음)

인권 센터가 꼭 민간에 의해 독자적으로 만들어져야 하는 이유는 무엇인가?

이제는 지방자치단체들에서도 인권 조례가 만들어져, 전국의 기초 단체까지 하면 16개 시·군·구에서 인권 조례가 이미 만들어졌고, 인권 센터와 인권위원회가 만들어지고 있다. 이런 추세는 계속 확산될 것이다. 신기한 것은 이명박 정부에 들어와 인권 상황이 심각해지고 국가인권위원회조차 삐딱선을 타고 있는데, 저변에서는 인권 향상을 위한 물적·제도적 기반이 만들어지고 있다는 거다. 하지만 그렇게 만들어지는 인권 센터는 아무래도 관이 주도하게 된다. 민간 독자에 의한 인권 센터에서라면 인권 단체들이 자신들의 프로그램을 돌릴 수 있고, 시민들이 쉽게 찾아와 인권을 배우고 접하고 스스로 자기 활동을 모색할 수 있다. 그러므로 민간의 힘들이 먼저 잘 꾸려지고 이 시민의 힘에 의해 국가인권위가 만들어져야 하는 것이다. 비록 순서는 바뀌었지만 어쨌든 민간의 인권 센터를 만들어 내겠다는 거다. 굳이 인권이라는 이름을 붙이지 않더라도 지역에 진보적인 정치의 공간은 반드시 있어야 한다. 삶의 현장 주변에 이렇게 친근한 공간을 마련해 이곳에 주민들이 모여서 민주적인 토론 과정도 겪어 보고 문제를 함께 풀어 가면서 세상을 바꾸기 위한 진보적 토대들이 아래로부터 만들어지게 해야 한다. 많은 이들이 우리가 인권 센터를 어떻게 만드는지 지켜보고 있다. 우리가 먼저 좋은 모델을 만들고 이것이 전국적으로 확산되어 관에서도 민간에서도 (인권 센터가) 만들어지면 5년, 10년 뒤엔 상당한 자산이 될 것이다. 그런 행복한 구상을 해보는 거다.(웃음)

현장 중심의 활동에서 이제는 인권 운동의 인프라를 만드는 것으로 운동의 방향을 옮긴 것인가?

내가 상임이사로 있는 '인권재단 사람' 사무처 친구들이 늘 불만이다. 재단 상임이사로 인권 센터를 만드는 데 집중했으면 좋겠다는 것이다. 매일 사무실로 출근하는데 사무실에 있는 평균 시간이 한 시간 정도뿐이다. 용산 참사 유가족 지원, 쌍용자동차 해고 노동자를 위한 연대 활동, 인권 교육 및 강연, 그리고 이런저런 원고 집필로 사무실에 오래 있지 못한다.(웃음) 하지만 정말 인프라를 만들고 싶다. 후배들이 지속 가능한 인권 운동을 할 수 있도록 시스템을 만드는 것을 목표로 정했다. 그리고 60세에 인권 운동 활동을 정리하고 나서는 돈을 모아 후배들을 지원하는 한편, 자원 활동을 하면서 보내고 싶다.

최근 김미화 씨와 함께 '인권의 눈'으로 본 대선 전망서인 『대선 독해 매뉴얼』을 출간했다. 이 책을 낸 특별한 이유가 있다면?

사람들은 인권에 대한 이야기를 잘 귀담아듣지 않는다. 특히 선거 시기에는 인권이라는 것이 아예 실종되어 버린다. 후보들이 이야기하는 정책과 비전

등의 상당 부분을 인권의 언어로 얘기할 수 있고 인권의 논리로 설명할 수 있음에도, 대선 주자들이 인권을 내세우면 우리 사회의 보수층에서 싫은 기색을 하고 그러면 표가 날아간다. 그래서 되도록 인권을 앞세우려 하지 않는다. 그래서 이번 기회에 "단지 잘살겠다는 멍청한 구호에 속지 말고 경제적 불평등 때문에 얼마나 많은 사람이 죽는지 제대로 알자. 경제문제도 인권의 관점으로 접근해서 풀어야 한다."라는 얘기를 해보려고 했던 것이다. 사람들이 인권에 대해 좀 더 생각해 보게 하는 한편, 대통령 선거의 선택 기준으로 인권적 관점을 제시하고자 했다.

대통령 선거에서 인권적 관점을 후보 선택 기준이 되게끔 제시했다는 것이 매우 인상적이다.

용산과 쌍용을 겪고 나서 어느 날 우연히 자살 통계를 보고, 『경향신문』에 실렸던 이대근 기자의 칼럼, "우리는 조용히 죽어 가고 있다"(2011년 2월 16일자)를 보면서 깊이 공감했다. 하루에 42.6명이 자살하는데, 1년이면 1만5천 명이 넘는다. 청소년을 포함한 어린아이들이 1년에 150명 넘게 자살하고 노인층의 자살률도 높고, 전체적으로는 OECD 평균보다 세 배가량 자살률이 높다. 매우 비정상적이고 야만적인 사회다. 이게 진짜 사람 사는 세상인가. 사람의 목숨마저 보장되지 못하는, 정말 전쟁터 같은 사회에서 우리가 살고 있는 것이다. 그런데 이런 현실을 들여다보면 이런 죽음의 원인은 경제적 불평등에서 비롯된 것이었다. 사회 안전망이 없다 보니 경제적 낙오가 곧 죽음인 것이다. 이 문제를 어떻게 해서든 풀어야겠다고 생각했다.

민주화된 지 25년이 지난 지금까지 생명권을 고민해야 한다는 게 참 안타깝다. 게다가 이제는 모든 잘못을 개인의 무능력으로 돌려 사람들이 사회적으로 저항 한 번 하지 못하고 스스로 조용히 죽어 가고 있다.

무능력해서가 아니라 잘못된 정책과 시스템 때문이다. 그런데 아이러니하게도 김대중·노무현 정부 때 사회적 양극화가 더 심해졌다. 신자유주의 정책이 IMF에 의해 본격적으로 도입되었고 경쟁에서 탈락한 사람들을 사회복지 제도로 보완해 가는 것이었다. 일자리를 충분히 늘리는 것이 최선인데, 반대로 갔다. 좋은 일자리를 없애고 비정규직을 만들고 정리 해고가 상시적으로 가능하도록 만들었다. 비정규직이 늘어난다는 것은 그만큼 자살 가능성이 높은 대상들이 많아진다는 것이다. 거기에 이명박 대통령이 신자유주의의 길을 다져 놓으면서 부자 감세니 뭐니 해서 사람들을 더 죽음으로 몰아간 것이다. 1987년 6월 항쟁 직후 '노동자 대투쟁' 때 제기되었던 사회 민주화, 경제민주화 등을 민주 정부가 도외시한 결과, 오늘의 비극적인 현실이 만들어진 것이다.

박래군에게 자유란?

자유며 평등을 이야기하는데 '평등 없는 자유, 자유 없는 평등'은 성립되지 않는다고 생각한다. 자유를 얘기하려면 물적인 토대와 조건이 갖춰져야 하는데, 많은 사람들이 (그럴 여건이 되지 않아서) 의사 표현의 자유와 권리를 포기하며 산다. 예를 들어 비정규직 노동자들 절반 이상이 선거하는 날에도 나가서 일해야 한다. 이렇게 빵의 문제가 뒷받침되지 않은 자유는 공허하다. 민주화가 됐다고 해서 자유의 영역이 확장된 것처럼 보이지만 우리 사회의 빵의 문제가 뒷받침되지 않은 자유는 공허하다. 물적인 토대, 사회경제적 토대 없는 자유라고 하는 것은 얼마나 허망한가.

자유는 사실 '사상누각의 자유'이다. 물적인 토대, 사회경제적 토대 없는 자유라고 하는 것이 얼마나 허망한 것인지 이명박 정부에서 더 절실히 확인되었다.

예전에 인권운동사랑방에 자주 놀러 갔었는데, 한참이나 나이 어린 활동가들, 심지어 청소년 활동가들도 "래군, 래군."이라고 부르는 게 인상적이었다. 원래 그렇게 나이 어린 활동가들과도 격의 없이 지내는 편인가?

어느 날 후배들이 나이 문제, 호칭 문제에 대해 이야기하기에 "그 얘기는 또 뭐냐?"고 물어봤다. 이런 얘기를 할 때 선배가 거부하면 분위기도 삭막해지고 관계도 틀어지기 때문에, 짐짓 "어, 그래. 너희 말이 맞아. 니희가 하고 싶은 대로 해."라고 하면서도 속으로는 좀 불편했다.(웃음) 처음에는 '저 녀석이 반말을 해?' 하는 마음이 있었는데 나중에는 익숙해지고 후배들과 더 편하게 지내게 되었다. 그런데 후배들이 존댓말을 하지 않아도 정말로 존경받는다고 느낄 때가 있다. 권위란 강제로 부여한다고 생기는 게 아니라 자발적으로 생기는 과정들이 필요한 것임을 깨달았다. 1998년쯤이었나. 한번은 초등학교 학생 한 놈이 인권운동사랑방에 놀러 와서 "래군, 래군." 그러는 거다. 우리 딸내미 정도 되는 애들이 와서 "래군, 래군." 하니 어이가 없었다.(웃음) 대답도 못하고 내가 당황해서 "어, 그래." 그러니까 그때부터 애들이랑도 얘기가 되는 거다. 만약 여기서 내가 받아들이지 않고 "너 왜 반말하니?"라고 하면 꼰대가 되는 거다.(웃음) 아무렇지 않게 넘어가니 그게 또 익숙해졌다.

다만 인간관계에서의 이런 규정성에 대해 좀 더 생각해 볼 필요가 있다. 서로 이해하는 과정 없이 기존에 있던 것을 파괴하면서 이루어지는 관계는 더 안 좋아질 수 있다. 대중 속으로 들어갈 때는 그 사람들이 갖고 있는 문화에 내가 동의하지 않아도 함께 동화되는 것이 중요하다. 그래야 이야기할 수 있는 기회라도 생기는 거다. 예를 들어 농촌 사회나 노동조합 같은 곳에 들어가면 그곳 사람들은 굉장히 가부장적이다. 그런데 인권 감수성을 발휘한답시고 "당신은 왜 이렇게 여성 차별적인가?"라고 지적하면 이들과 제대로 이야기할 기회 자체를 잃게 된다. 오히려 그런 문제점들을 기억하고 있다가 나중에 친해지면서 하나하나 까주면 된다.(웃음) 그러면 나중에 "내가 그랬어? 그런 생각은 못했는데……." 하며 나오곤 한다.

마지막으로, 이 시대를 살아가는 청년들과 나누고 싶은 이야기가 있다면?

청년들이 청년같지 않다는 것이 문제다. 청년들은 미래를 살아가는 것이다. 지금 우리 눈에 보이는 것은 모두 구체제이고 이것은 무너져서 사라져야 하는 것들이다. 여기에 편입해 적응하려고 스펙 쌓고 구체제가 요구하는 길로 가지 않았으면 좋겠다. 자기가 그려 갈 미래를 좀 봤으면 좋겠다. 세상은 바뀔 수밖에 없다. 이렇게 말도 안 되는 신자유주의가 어떻게 유지되겠는가. 이미 유럽과 라틴아메리카에서는 신자유주의에 대한 비판과 반성의 움직임이 생기고 있고 신자유주의를 만들었던 경제체제의 후유증이 경제 위기로 나타나고 있으며 언젠가는 터질 것이다. 그 뒤에는 또 다른 세상이 열릴 수밖에 없다. 신자유주의의 야만적인 자본주의를 목도한 인류가 다시 이 경험을 반복하지는 않을 것이다. 이런 야만적 자본주의에 우리가 편입해 미래를 걸겠다고 하는 것은 바보 같은 짓이다. 이는 기성세대로 충분하다. 기성세대들은 살날도 별로 안 남았고…….(웃음) 미래를 살아갈 청년들이 꿈꾸는 나라를 생각해 보고 그 꿈들을 키워 나갔으면 좋겠다. 지금 당장은 허황된 것

같지만 그런 꿈을 꾸는 사람들이 많을수록 우리 사회는 더 행복해질 것이라
고 생각한다.

엘리자베드 샤바놀

단 이틀 머문 한국에 운명처럼 끌렸다

엘리자베뜨 샤바놀(한국 이름으로는 정아름) 프랑스 국립극동연구원 한국 분원 원장을 만났다. 20여 년 전 단 이틀간 머물며 받은 한국에 대한 강렬한 인상이 20년이라는 시간 동안 그를 한국에 머무르게 했다고 한다. 그 시간 동안 그는 무엇을 했으며 지금은 무엇을 하고 있을까?

"북한에서의 프로젝트로 굉장히 바쁜 나날을 보내고 있다. …… 프랑스와 한국 간 외교 역사에 관한 전시회도 준비 중이다. …… 러시아와 독일 등 다른 외국 각지에서 순회 전시회도 진행할 예정이다. 말하자면 유럽 외교 역사에 관한 전시회의 시작이라고 보면 된다. 또한 '개성 유적'에 관한 책을 집필하고 있다." 그녀의 말마따나 너무 바빠서 다른 일을 할 짬이 없어 보였다.

백제·신라 유적지 연구를 위해 남한을 샅샅이 뒤진 그녀가 지금은 북한을, 그중에서도 개성을, 할 수 있는 한 촘촘히 들여다보고 있다. 한반도를 사랑하는 사람으로서 한국 사람들에게는 금지된 공간인 북한을 자유로이 오갈 수 있는 그녀가 참 부러웠다.

"나는 행운아다. 인생을 통틀어 하고 싶은 일들을 하며 살아왔다. 물론 죽고 사는 것처럼 선택할 수 없는 일들도 있지만 그 외의 부분에서는 정확히 내가 하고 싶은 일들을 하며 살아왔다. 고고학자로서의 인생에도 만족한다. …… 그러나 명심해야 할 점은 이 자유를 얻기 위해서는 준비가 되어 있어야 한다는 것이다." 하고 싶은 것을 다 하며 인생을 살아왔다는 말도 무척이나 부러웠다.

하지만 더 부러웠던 것은 "한국과 달리 프랑스 국립대학의 등록금은 매우 싸다. 한화로 한 20만 원 정도? 아마 현재는 물가가 올라 35만 원 정도? 꾸준히 학업을 진행할 수 있었던 것은 바로 이 때문이 아니었나 싶다."라는 그녀의 대답이었다.

꿈이 무엇이냐고 물었을 땐 '우리'로 시작하는 꿈을 이야기하지 않고 '나'

로 시작하는 꿈을 이야기하던 엘리자베뜨 샤바뇰 원장. 그 꿈마저도 "꿈은 있지만 공개하고 싶지 않다."라고 답하던 그. 지금까지 만난 한국인 인터뷰이들과는 다른, 자유의 정의에 대해 이야기하던 그. 그 차이는 아마도 서로의 사회적 조건이 달랐기 때문이 아니었을까. 이 땅의 청춘들도 그녀처럼, 국가나 사회 혹은 다른 개인들에 의해 구속받지 않을 '소극적 자유'만이 아니라, 자기 삶의 주인이 되어 스스로 원하는 바를 성취해 낼 수 있는 '적극적 자유'를 맘껏 누리는 날이 오기를 인터뷰 내내 바라고 또 바랐다.

관심을 기울이는 주제나 활동이 있다면 듣고 싶다.

북한에서의 프로젝트로 굉장히 바쁜 나날을 보내고 있다. 지금은 서울역사박물관에서 진행될 프로젝트에 몰두하고 있다. 2012년 서울역사박물관에서 열릴, 프랑스와 한국 간 외교 역사에 관한 전시회도 준비 중이다(2012년 11월 9일부터 이듬해 1월 20일까지 "정동 1900"이라는 이름으로 개최된 바 있다). 2006년에 고려대학교 박물관과 프랑스에서 동시에 전시회를 개최한 적이 있었는데 2012년 전시회에 이때 쓰인 전시물의 일부분이 쓰일 것이다. 러시아와 독일 등 다른 외국 각지에서 순회 전시회도 진행할 예정이다. 말하자면 유럽 외교 역사에 관한 전시회의 시작이라고 보면 된다. 또한 '개성 유적'에 관한 책을 집필하고 있다. 요즘은 너무 바빠서 다른 일을 할 짬이 없다.(웃음)

그리고 최근에 작은 진돗개를 키우기 시작했다. 이름이 '나예'다. 아름다울 '나'娜에 예술 '예'藝를 써서 이름을 붙여 주었다. 몇 달 전에 열두 살 먹은 애완견이 죽어서 슬퍼하던 중에 유기 동물 보호소에서 나예를 데려와 기르기 시작했다. 순종 진돗개는 아니지만 상당히 귀엽다.(웃음)

연극이나 콘서트 등의 공연을 좋아하는 것으로 알고 있다. 가장 인상 깊었던 공연이 있다면?

음악·발레·뮤지컬과 같은 공연에 관심이 많고 좋아한다. 이 분야 사람들도 많이 알고 있다. 개인적으로 가수 강산에 씨와 친분이 깊다. 강산에 씨는 18년간 알고 지냈는데 부인과도 잘 알고 지내는 사이다. 최근에 콘서트도 다녀왔다. 또한 얼마 전에는 뮤지컬 〈바람의 나라〉를 보고 왔다. 〈바람의 나라〉는 고구려와 관련된 이야기로 모두 3편으로 구성된 시리즈물이다. 2001년에 공연한 1편은 못 봤지만 2006년부터 2009년까지 2편이 무대에 올랐고, 이번에 보고 온 것이 3편이다. 유명한 배우들은 아니었지만 젊은 배우들이었고 기획이 상당히 좋았다.

한국 고분을 연구하는 것으로 알고 있다. 프랑스인으로 한국 고분을 연구한다는 것이 매우 특별해 보인다. 이 분야에 관심을 가지게 된 계기가 있다면?

사실 나는 과학도였는데, 어느 날 고전 예술, 역사에 흥미가 생겨 역사학으로 전공을 바꾸었다. 파리에 있는 루브르박물관 대학에서 박물관학 학위를 받고 나서 파리4대학에서 고고학을 공부하기 시작했다. 한국은 정말 우연히 오게 되었다. 마치 운명처럼.(웃음) 일본에 갈 예정이었는데 비행기 값이 상대적으로 저렴한 대한항공을 타게 되어, 일본 가기 전 서울에 잠시 머무르게 되었다. 오래 머무르진 않았지만 한국에 다시 돌아오게 되리라는 것을 직감적으로 알 수 있었다.

파리4대학에서 공부하고 있을 때 한국에 자리가 났는데 지원자가 아무도 없었다. 사실 나는 공부를 위해 중국에 갈 예정이었는데 한국에 가겠다고 자원했다. 이후 고대 한국 미술사와 고고학 전공으로 두 번째 석사 학위와 박사 학위를 받았다. 프랑스와 한국을 오가며 공부했는데, 한국에 와서 당시 한남대학교에 계시던 최병현 교수님(현 숭실대학교 교수)께 도움을 받았다. 대전에 머물렀기 때문에 백제에 관련된 연구를 많이 했고, 무령왕릉을 연구해 석사 학위를 받았다. 그리고 신라 고분 연구로 박사 학위를 받았다. 삼국 시대를 연구하고 싶었는데 그 당시는 북한에 가기도 힘들었을 뿐만 아니라 중국에 있는 고구려 관련 유적에 접근하기도 쉽지 않았다. 그래서 자연히 백제와 신라를 중심으로 연구하게 되었다.

2년 동안 국립경주박물관에서 연구하며 박사 학위를 마칠 수 있었고 그 후에는 『코리아헤럴드』 기자로 근무했다. 프랑스 국립극동연구원EFEO은 정부 기관이라 들어가기 매우 힘들었다. 프랑스 국립극동연구원은 1900년에 설립되었으며 그 역사가 1백 년도 더 되었다. 각 대학 및 외무부와 연계 사업을 펼치고 있으며 한국은 물론 인도와 일본, 중국, 동남아시아까지 극동아시아 각국에 센터를 두고 있다. 한국 분원은 2002년에 시작했고 내가 첫 번째 한국 전문가로 오게 되었다. 우연한 기회로 방문한 한국과 이렇게 긴 인연을 맺고 있다.(웃음)

한국에 잠시 머무는 동안 깊은 인상을 받았다고 했는데 어떤 인상을 받았나?

그 당시 한국인들은 지금과 매우 달랐다. 늘 웃는 얼굴이었고 지금보다 스트레스가 적었기 때문인지 굉장히 행복해 보였고 좋은 사람들이었다.

남들이 하지 않는 분야를 연구하면서 외롭다거나 힘들다고 느낀 적은 없는가?

물론 쉽지 않았다. 그러나 그만큼 재미있다. 유럽 학생들에게 종종 하는 얘기가 "전문적인 직종에서 재미있게 일하고 싶다면 스스로 그 길을 개척해야 한다."는 것이다. 내가 대학원에 있을 때 누구도 한국에 오려 하지 않았지만 즐거웠기 때문에 열정을 가지고 연구할 수 있었다.

한국 고대사는 프랑스에서는 아무도 관심을 가져 주지 않던 미개척 분야였을 것 같다. 한국으로 선뜻 떠나오기가 쉽지 않았을 텐데 어떻게 용기를 냈는가?

일본을 왕복하며 한국에서 머문 이틀 동안 받은 인상 때문이다. 지금도 기억하는데 처음 도착한 날이 서울에서 민방위 훈련이 있기 하루 전인 1981년 2월 14일이었다. 당시 머물렀던 숙소가 서울가든호텔이었는데 잠깐이기는 하지만 서울 시내를 구경하고 싶었다. 그러나 훈련 때문에 바깥을 돌아다니는 것이 금지되었다. 그리고 모든 상점이 일제히 문을 닫았는데 그 모습에 약간 충격을 받았다. 그때가 전두환 정권 시기였다. 그게 한국에 대한 첫인상이었다. 매우 강렬했다. 그리고 프랑스에 돌아가 공부를 한 후 1986년 연구를 위해 한국에 다시 오게 되었다.

한국 고분을 연구하면서 한국 문화에 대한 이해도 깊을 것 같다. 본인에게 한국 문화란 어떤 의미인가?

중국 역사도 같이 공부해야 해서 힘든 점들이 많지만 그만큼 흥미로운 점들이 많다. 삼국시대뿐만 아니라 당시 중국의 영향, 일본과의 관계까지 함께 공부해야 하기에 상당한 지적 수준이 요구된다. 그렇기 때문에 도전할 만하다고 생각한다. 최근 친구들 중에 한국을 공부하는 사람들이 꽤 있는데 대부분 근대 한국을 연구한다. 한국 고대에 대해 공부하는 사람들은 여전히 만나 보기 힘들다. 어렵기 때문이다. 만약 내게 다시 한국 고대사를 공부하라면, 다시 할지는 모르겠다.(웃음) 그러나 여전히 내게 재미있고 흥미로운 것은 사실이다.

또한 한국에는 많은 아름다운 고대 예술이 있다. 특히 백제 고분에서 아름다운 예술품을 많이 발견할 수 있다. 가끔 이해하기 힘든 고고 유적들도 있지만 계속해서 연구하다 보면 어느 순간 이해될 때가 있다. 그럴 때 매우 행복함을 느낀다. 현재는 대부분 고려 시기, 그중에서도 개성 성벽에 대해 연구를 하고 있다.

북한과 함께 개성 성곽 연구 프로젝트를 하고 있는 것으로 알고 있다. 이 프로젝트를 하게 된 계기가 있다면?

사실 처음에는 북한에서 무슨 일이 일어나는지 궁금하지 않았다. 그러나 프랑스 국립극동연구원 한국 분원의 소장이 되었고, 한반도를 연구하는 연구자로서 북한 지역을 포함한 한반도 전역에 대해 알아야 한다고 생각했다.

처음에는 개인적인 여행으로 북한에 가보았다. 이때 (북한의) 문화유산보존지도국 사람들을 만나 대화할 수 있었고, 이후 북한 사람들과 개성 성곽 연구 프로젝트를 함께 시작하게 되었다. 지금은 이와 관련해 북한 정부와 공식적으로 양해각서MOU를 체결해 일하고 있다.

오히려 한국 사람들이 북한을 오가기도, 북한 사람들과 교류하기도 쉽지 않다. 법적 제약이 많다. 프랑스 국적을 가졌기 때문에 한국 사람들은 쉽게 하지 못하는 경험을 하는 것 같다.

꼭 그렇지도 않다. 몇 년 동안 남북한 고고학 전문가들이 팀을 이뤄 개성 만월대를 연구했다. 개성공단이 시작되기 전인 2004년에 발굴 팀이 조직되었고, 이후 2007년부터 2010년 천안함 사태가 터지기 전까지 이 팀이 만월대 발굴 연구를 진행했다. 그리고 곧 다시 시작할 예정으로 알고 있다.

개성이 중요한 이유가 있다면?

개성은 고려의 수도였던 만큼 한국사에 중요한 유적들이 매우 많다. 남한 사람들은 주요 문화 유적지로 경주나 공주만을 생각하는데 개성도 역사의 일부분이었다는 것을 기억해야 한다. 그곳의 유적을 발굴하는 것은 그 역사에 대한 관심을 일깨울 좋은 기회라고 생각한다. 그리고 개성이라는 공간을 통해 남북의 학자들이 지속적으로 교류할 수 있다. 개성이라는 역사적 공간이 분단된 남과 북을 이어 주는 다리가 되어 주고 있는 것이다.

북한에서 발굴 활동을 하며 가장 보람을 느낄 때는 언제인가?

남한 고고학자들과 일하는 것이 즐거운 만큼 북한 고고학자들과 일하는 것도 즐겁다. 같은 한반도 역사를 공유하는 사람들이라 통하는 것이 많다. 나는 신라 고분 전문가이기 때문에 개성에 가기 전에는 개성의 고분을 잘 알지 못했다. 그래서 한국 고대사 중 미개척 분야를 배울 수 있다는 점에서 개성에 가는 것은 내게 중요한 일이었다. 북한의 좋은 사람들과 일하고 있기 때문에 매번 갈 때마다 행복과 보람을 느낀다.

20여 년 동안 한국에서 생활했다. 거의 한국 사람이 다 되었을 것 같다. 한국 생활 중 가장 좋은 점은 무엇이고, 가장 불편한 점은 무엇인가?

가족과 친구들이 한국에 있다. 인생의 반은 프랑스에 있었고, 반은 한국에 있었다. 양국을 오가며 한국에서 어떤 어려움도 느끼지 않고 산다. 물론 처음에는 한국어도 전혀 할 수 없었고, 문화적 차이가 있어 어려운 점들도 많았다. 현재와 비교해 그 당시의 한국은 폐쇄적인 사회였다. 더욱이 내가 살던 유성은 그 당시 완전히 시골이었다. 정말 어디를 가든 잠기름 냄새가 났다.(웃음)

이제는 어떤 어려움도 없다. 다만 한국에 살면서 이해할 수 없는 점 한 가지는 사람들이 길을 다닐 때 다른 사람들을 보고 다니지 않는다는 점이다. 다른 사람을 치고 지나가도 미안해 하지 않는다. 길에서 누군가 곤란을 겪고 있어도 관심을 갖지 않는다. 아마 이 부분은 한국에서 남은 평생을 살더라도 이해할 수 없을 것 같다. 미국에 갔을 때는 반대였다. 다른 사람에 대한 배려가 대단했다. 프랑스는 그 중간 정도라고 생각할 수 있을 것 같다.

한국은, 이유를 잘 모르겠지만, 다른 사람에 대한 배려가 부족한 것 같다. 대학교 학생들조차 그렇다. 믿기 힘든 일이다. 물론 한번 안면을 트면 배려도 잘해 준다. 하지만 그 전까지는 그렇지 않다. 미국에 오래 있다 돌아온 한국인 친구가 있는데 그 친구도 같은 이야기를 했다. 사람이 너무 많아서 그렇다고도 하지만 꼭 그 때문만은 아닌 것 같다. 일본도 사람이 많지만 이렇지는 않다. 미안한 얘기지만 이 문제는 꼭 짚고 싶다. 한국인들도 이런 문화를 싫어하는 것 같은데 왜 고치려고 노력하지 않는지 궁금하다.

한 가지 더 말하자면 오늘날 프랑스도 많이 변했다. 파리의 전철에서 한국만큼은 아니지만 배려심이 많이 사라진 모습을 볼 수 있었다. 전에는 그렇지 않았는데 애석한 일이다. 세계가 이렇게 변하고 있는 것 같기도 하다. (웃음)

한국은 사실 정치·경제·문화 등 여러 분야에서 여러모로 미국을 따라 하는 경향이 많다. 프랑스인이자 유럽인으로서, 미국식 모델을 많이 따르는 한국 사회를 볼 때 어떤가?

한국에 처음 왔을 때부터 받은 인상은 문화적으로 미국보다는 유럽과 매우 비슷하다는 것이었다. 그러나 오늘날 한국은 많은 변화가 있었고 매우 경쟁적인 사회가 되었다. 자살률도 높고 사회적으로 어려움을 많이 겪고 있는 것 같다. 그래서인지 돈과 물질적인 것을 매우 중요시하고 서로 충분히 돕고 살지 않는 것 같다. 가족과 친구의 가치를 되새겼으면 한다. 사회에서 높은 위치에 있고 싶다면 다른 사람과 싸워서는 안 된다. 자기 자신과 싸워야 하는 것이다. 다른 사람과 경쟁할 필요가 없다. 하고 싶은 분야에서 열심히 일하며 자기 자신을 라이벌로 삼아야 한다. 돈과 물질적인 것이 사람의 가치를 결정하는 것은 아니다.

어린 시절 이야기를 듣고 싶다. 어떤 소녀였나?

지금 생각해 보면 어린 시절에 특별히 행복이라는 것을 느끼긴 못했다. 많이 심각한 아이였던 것 같다. 어릴 때 부모님께 종종 화를 냈고 그럴 때는 내게도 화가 나 방으로 가 울곤 했다. 또 화를 풀기 위해 피아노도 쳤다. 열한 살 때부터 기숙학교에 다녔는데 그때는 어려운 일도 많았고 그다지 행복하지 않았던 것 같다. 그래도 공부는 열심히 했다.(웃음) 많은 것을 배우고 공부했다. 테니스도 배웠고, 열일곱 살 때 비행기 조종을 배우기 시작하며 행복을 느꼈다.(웃음) 그래서 전반적으로 진지하면서도 행복한 10대를 보냈다고 본다.

특별히 존경하는 사람이 있다면?

1930년대에 비행기를 조종한 여인들을 매우 존경했다. 비행은 일종의 자유를 상징했기 때문이다. 비행을 처음 배우면서 프랑스의 지형을 알게 되었다. 부모님이 리옹 주변에 살았기 때문에 산을 넘어 비행하며 근사한 경치를 볼 수 있었고 나도 세계의 일부분이라는 존재감을 느낄 수 있었다. 그래서 비행하는 것을 너무 좋아했고, 비행에 관련된 인물들을 함께 좋아했다. 그 외에도 몇 년 전에 사망한 프랑스 저널리스트 프랑수아즈 지루Francoise Giroud를 존경한다. 그녀는 기자로 일하다 『렉스프레스』L'Express를 창간했으며 프랑스 첫 여성 장관이 된 인물이다. 페미니스트였으며 훌륭한 일도 많이 했고 많은 책을 집필했다.

프랑스 여성들의 사회 활동은 어느 정도 활발한 편인가? 프랑스도 혹시 남성에 비해 여성을 차별하는 문화가 있나?

경우에 따라 다르다. 그러나 한 가지, 10대 때부터 나는 내 인생을 책임지며 살아야 한다는 것을 알고 있었다. 어릴 적부터 부모님이 늘 "네 인생이고, 네가 책임져야 하기 때문에 누군가 도와주길 기다리지 마라."라고 얘기하셔서 그런 것 같다. 그러나 내 세대의 많은 친구들이 그렇게 살지는 못한 것 같다. 상류층에 속하는 친구들 대다수가 가정주부다. 하지만 프랑스도 많이 변하고 있기는 하다. 내가 처음 비행기 조종을 배울 때는 여자가 나밖에 없었다. 지금도 아주 많진 않지만 꽤 많아졌다고 한다. 프랑스 여성들은 북유럽 여성들에 비해 전통적이다. 프랑스 여성들은 일하는 동시에 가정을 돌본다. 매우 가정 중심적이다. 내가 알기로 프랑스는 일하는 여성에 대한 정부 지원이 잘 되어 있다. 그래도 집안에서 해야 하는 일이 많기 때문에 프랑스 여성들은 전반적으로 강한 편이다.(웃음) 프랑스 여성들의 삶도 쉽지 않은 것 같다.

청년 시절, 가슴에 품었던 꿈이 있다면 무엇이었나?

꿈이라기보다는 앞서 얘기한 것처럼 내게 주어진 모든 기회를 잡기 위해 노력했다. 당시에는 경비행기 조종사가 되는 것이 꿈이었다. 물론 아버지가 안 좋아하셨지만, 대신에 교수가 되자 좋아하셨다.(웃음) 어릴 때 1930년대 사회적으로 성공한 여성들에 대한 책을 많이 읽었다. 나도 그들처럼 되고 싶었다. 결국 전문 조종사는 되지 못했지만 비행기 조종사 자격증도 취득했고, 전반적으로 지금의 내 인생에 만족한다.

현재 꿈이 있다면 듣고 싶다.

꿈은 있지만 공개하고 싶지 않다.(웃음) 꿈은 인생을 즐겁고 행복하게 만든다. 늘 꿈을 안고 살아간다.

마지막으로 엘리자베뜨 샤바놀에게 자유란?

나는 행운아다. 인생을 통틀어 하고 싶은 일들을 하며 살아왔다. 물론 죽고 사는 것처럼 선택할 수 없는 일들도 있지만 그 외의 부분에서는 정확히 내가 하고 싶은 일들을 하며 살아왔다. 고고학자로서의 인생에도 만족한다. 그렇게 자유를 누리며 살아왔다. 그러나 명심해야 할 점은 이 자유를 얻기 위해서는 준비가 되어 있어야 한다는 것이다. 나는 10대 때도 장래에 대한 많은 선택지들을 마련하기 위해 열심히 공부했다.

열일곱 살 때 처음 경비행기에 도전했는데, 매우 두려웠다. 첫 비행 전날에는 잠도 잘 수 없었다. 그러나 스스로를 컨트롤했고 해낼 수 있었다. 어린 나이에 도전하기에는 어려운 일이었지만 그만큼 가치가 있었다.

그리고 내 생각에 기회가 생기면 바로 그 기회를 낚아채야 한다. 누구도 오고 싶어 하지 않던 한국에 내가 자원한 것처럼 말이다. 북한에 가기 전에도 무서웠지만 가보니 그냥 사람 사는 곳이었다. 이렇게 두려움을 극복하고 늘 새로운 기회가 왔을 때 도전하는 것이 자유라고 생각한다. 나에겐 그것이 자유다.

하고 싶은 공부를 다 하고 살아왔다는 이야기는 엄청난 등록금의 압박에 공부를 계속할 수 있을지를 고민해야 하는 한국 청년에게는 매우 부러운 이야기다. 프랑스의 학비 부담이 적어서 계속 공부할 수 있었던 것은 아닌가?

한국과 달리 프랑스 국립대학의 등록금은 매우 싸다. 한화로 한 20만 원 정도? 아마 현재는 물가가 올라 35만 원 정도? 꾸준히 학업을 진행할 수 있었던 것은 바로 이 때문이 아니었나 싶다. 하지만 학비가 싼 대신 세금을 많이 열일곱 살 때 처음 경비행기에 도전했는데, 매우 두려웠다. 첫 비행 전날에는 잠도 잘 수 없었다. 두려움을 극복하고 늘 새로운 기회가 왔을 때 도전하는 것이 자유라고 생각한다. 나에겐 그것이 자유다.

내야 한다.(웃음)

동시대를 살고 있는 프랑스와 한국의 청년들과 나누고 싶은 이야기가 있다면?

우선 정말 하고 싶은 것에 대해 생각하기를 바란다. 물론 쉽지 않을 것이다. 그러나 그것이 인생에서 힘이 된다. 그리고 누군가 무엇을 거저 주리라고 기대하지 말라는 것이다. 스스로 해내야 한다.

自由人

2012
06
20

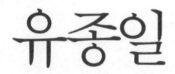

I was a prisoner

2012년 4·11 총선 전후로 해 유종일 한국개발연구원KDI 교수만큼 연일 많은 사람들의 입에 오르내렸던 인물이 있었을까. 평소 경제민주화에 과민 반응을 보이던 새누리당까지 경제민주화를 강령에 집어넣을 만큼 여야할 것 없이 경제민주화 선점 경쟁을 벌이고 있을 때, 민주통합당이 '헌법 119조 경제민주화 특별위원장'인 그를 공천에서 탈락시켜 버린, 일명 '유종일 실종 사건' 때문이다.

경제민주화 특별위원장으로 당의 전폭적인 협력을 이끌어 냈어도 쉽지 않을 상황에서 왜 견제당했을까? 경제민주화를 너무 강하게 밀어붙일까 봐두려웠던 걸까? 왜 사람들의 경계심을 풀어 주지 못했던 것일까? 그것도 정치라면 정치인데 그의 정치력이 약했던 것은 아닌가? 민주통합당에 대한 의문과는 별개로 이와 같은 질문들이 꼬리에 꼬리를 물었다. 이 질문에 대한답을 찾으려면 '경제민주화의 전도사 유종일'을 알기 전에 '인간 유종일'을먼저 알아야겠다는 생각이 들었다.

"박정희·전두환과 싸운 것은 '자기가 뭔데 내가 틀렸다고 말할 자유도 없고 권리도 없다고 해?'라는 인간 유종일의 자존심 때문이었다." 자신이 생각하는 바대로 말하고 행동할 자유를 억압하던 권위적인 정치권력으로부터스스로를 지켜 주던 그 자존심은 이후 그를 또 다른 차원에서 지켜 주었다.

"대학에서 제적당하고는 앞으로 어떻게 살아야 하나 고민했던 청년이 하루아침에 하버드 대학교 박사과정에 장학생이 된 것은 어떻게 보면 어마어마하게 신분 상승을 한 것이었다. …… 마음만 먹으면 하버드 박사 출신으로그냥 기득권 세력에 편입되어 그야말로 안락한 삶을 살게 되기 쉽겠다는 생각이 들었다. 그 순간 이것이 천 길 낭떠러지처럼 느껴졌다. '아! 내 인생은그게 아니지. 인간 유종일이 그런 식으로 살 수는 없지.' 하는 마음이 들었다."

어렸을 때부터 권력을 부당하게 행사하는 이가 있으면 그 사람이 누구이든 참지 못하고 들이받으며 살아왔다는 그는 이렇게 이야기한다. "자유란 그런 것이다. 과감하게 저질러야 한다. …… 남들의 기대가 아니라 내가 정말 해보고 싶은 일을 찾는 것이 중요하다. 남들에겐 하찮아 보이는 일이더라도 그건 중요하지 않다. 그런 의미에서 내게 자유는 천상천하 유아독존이다."

어쩌면 그가 자신의 양심에 거리낌 없이 이야기하고 들이받았던 것이, 그의 표현대로 천상천하 유아독존으로서의 자유를 추구하며 살아왔던 것이 지난 총선에서 공천에 탈락하게 된 원인인지도 모르겠다. 그런데 차마 그에게 "경제민주화를 위해서라도 천상천하 유아독존 좀 포기하고, 내부·외부의 반대편들과 타협도 하고 그랬어야 하지 않나?"라는 질문은 할 수 없었다. 그의 말처럼 경제민주화가 되려면 최소 25년은 지나야 할 텐데 경제민주화를 시작하지도 못한 지금은, 가난해서 등록금을 내지 못하던 반 친구들을 끊임없이 재촉하던 담임선생님에게 "당신이 교육자요, 세리稅吏요? 이게 뭐하는 짓입니까?"라고 삿대질하며 덤볐던 그의 들이받음이 오히려 더 절실히 필요하다는 생각이 들어서 말이다.

어려서부터 공부를 잘한 것으로 유명한데 공부만 열심히 하는 모범생이었나?

어릴 때 시험 좀 잘 본 것이 대수는 아니다. 요즘은 오히려 공부가 부족하다는 것을 많이 느끼고 있다. 한 가지 얘기하자면, 나는 학생 시절에도 시험 성적에 개의치 않았다. 그보다는 좀 더 큰 문제들, 인생과 사회에 대한 고민이 많았다. 원래 물리학과 수학을 좋아했는데 특히 물리학에 매력을 느껴서 고등학교 2학년 때 이과를 선택했다. 그런데 그해 여름방학 때 집중적으로 책을 읽었는데 『전환시대의 논리』부터 당시 1970년대 운동권 대학생들이 읽던 책들을 많이 읽었다. 『창작과 비평』도 정기적으로 봤다. 그러면서 물리학이나 수학이라는 것이 모순된 현실과 너무나 동떨어져 있고, 이런 순수한 지적 호기심에 의한 공부는 대한민국의 현실이 허용하지 않는 사치라고 느꼈다. 대신에 '사회에 대해 공부하고 사회를 변화시킬 길을 모색하는 쪽으로 진로를 잡아야 하지 않나.' 하는 고민을 했다. 그래서 학교에서는 이과 공부를 하고 대학 시험은 문과로 봤다. 학원에 다니거나 과외를 받지는 않았다. 밤늦게까지 공을 차며 뛰노는 체질이었지.(웃음) 서울대학교 사회 계열에 입학한 후 2학년 때 경제학과를 선택했다.

대학에 입학하고 학생운동에 뛰어들었다. 그 때문에 학교에서 제적당하기도 했는데, 그 당시 심정은 어떠했나?

유신 말기에는 사실 학생운동에 참여하는 숫자가 굉장히 적었다. 암묵적으로는 지지했을지라도 엄혹한 탄압이 자행되던 시대였기 때문에 1980년대와는 달리 학생운동에 참여한 사람은 극소수였다.

중학교 2학년 때 10월 유신이 있었는데 그때부터도 이미 정치의식은 있어서 '박정희가 영구 독재를 하려는구나.'라고 생각했다. 그리고 당시 민주인사, 재야인사들의 강연회도 다니곤 했다.(웃음) 그런 내게 중학교 2학년 때 담임선생님이 함석헌 선생님의 『뜻으로 본 한국 역사』(한길사, 2009)를 선물로 사주셨다.

요즘은 조·중·동이 불명예스러운 이름이 되었지만, 내가 고등학교에 다니던 시절만 해도 『동아일보』와 『조선일보』는 정부로부터 탄압을 받았다. 광고 사태라고 해서 광고주들이 광고를 내지 못하게 해서 이것을 두고 싸우면서 해직 언론인들이 많이 생겼다. 그때 전교를 돌아다니며 모금해서 언론

자유를 위해 이른바 '격려 광고'라는 것을 내기도 했다. 그때부터 요주의 인물이 됐다. 당시 엄청난 시국 사건이었던 민청학련(전국민주청년학생총연맹) 사건에도 영향을 받았다. '이렇게 불의와 독재에 맞서 싸우는 사람들이 있구나. 본받고 싶다.'는 생각이 들었다. 그런데 어느 날 『신동아』에 실린 민청학련 사건과 박형규 목사님에 관한 기사를 보고 큰 감동을 받았다. '이렇게 훌륭한 목사님이 계시구나. 정의를 위해 싸우고 감옥도 가는 목사님도 있구나.' 하는 생각이 들었다. 목사님들은 매일 천국에 가라고 외치는 줄만 알았는데,(웃음) 그 글을 읽고는 박형규 목사님이 이끄는 제일교회에 제 발로 찾아가기도 했다. 고등학교 1학년 때 말이다.

그래서 어쩌면 대학에 입학한 뒤 학생운동을 했던 것은 내게 너무나 자연스럽고 당연한 일이었다. 한 선배는 그런 나를 보며 1~2학년 때는 미팅도 하고 연애도 해봐야 하는데, 입학하자마자 학생운동만 하니 어떻게 하느냐며 불쌍히 여겼다. 어쨌든 1학년 때부터 이런저런 사건에 휘말리면서 그 후로 7~8년 정도는 수사기관을 들락거리지 않고 해를 넘긴 적이 없었다.

의외다. 곱게 자란 느낌인데?

불우한 환경에서 자란 것은 아니고 좋은 환경에서 자랐다. 그런데 선친이 사업에 실패해 막내인 내가 어릴 때는 집안이 경제적으로 어려웠다. 그래서 신문 돌리는 일도 해봤다. 그런 처지에 있었음에도 사람들은 내게 고생 하나 모르고 자란 귀공자라고 했다.(웃음) 세상 물정도 모르고 좋은 집안에서 호의호식하면서 자라고, 학교도 '범생이'처럼 서울대와 하버드를 다니면서 누릴 거 다 누리며 산 사람처럼 생각하는데, 실제로는 전혀 아니다. 학교 다니면서 나만큼 많이 맞은 사람도 드물 것이다. 숙제도 안 하고 지각도 많이

해서 맞기도 많이 맞았다. 특히 선생님들의 권위에 도전한다고 해서 많이 맞았다. 그때는 선생님들이 권위에 도전하면 폭력으로 다스렸고 감정을 담아 때리기도 했다. 피가 나서 바지가 살에 달라붙을 정도로 맞아 보기도 했다. 남들이 상상하는 것과는 다르게 살았다.

그런데 참 밝은 성격인 것 같다.

나는 낙천주의자이다. 지나간 일을 자꾸 후회하고 옛 원한을 돌이키고 앞일을 걱정해 봤자 도움 되는 것이 없지 않은가. 농담처럼 하는 말이지만 "내일 해도 될 일을 오늘부터 하지 말자."를 좌우명으로 삼고 마음 편하게 살려고 한다. 앞서 말한 고생들은 다 스스로 자처한 것이다. 박정희·전두환과 싸운 것은 '자기가 뭔데 내가, 틀렸다고 말할 자유도 없고 권리도 없다고 해?'라는 인간 유종일의 자존심 때문이었다. 데모하면 감옥에 갈 줄 뻔히 알았고, 막상 잡혀가 맞으면 무척 아프고 힘들긴 했다. 그러나 그렇다고 위축되지는 않았다. 사람들이 생각하는 것보다는 거칠게 살았고, 어렸을 때부터 사회구조적인 문제와 어른들의 위선적인 모습을 참지 못하는 성격 때문에 많이 부딪혔다. 고분고분한 것과 거리가 먼 사람이었고, 여기저기 많이 들이받았지만 그래도 밝고 자신감이 있었다.

스스로 생각했을 때 나는 혜택을 많이 받은 사람이라고 본다. 비록 만날 맞고 감옥에 가긴 했지만 공부의 영역에서는 늘 노력한 것에 비해 좋은 결과를 얻었다. 그런데 이것이 대한민국에서는 엄청난 특권이었다. 만약 공부 못하는 사람이 나처럼 학교생활을 했다면 정학이나 퇴학을 당했을 거다. 사소한 잘못에 대해 선생님들은 비교적 관대했고, 데모를 주도했음에도 봐주었다. 그런데 나는 그것도 불만이었다. 나를 차별대우해서 잘해 주는 것도 공평한 처사는 아니었으니까.

그 특권을 본인을 위해 누릴 수도 있었는데, 그러지 않고 상대적으로 약한 친구들을 위해 싸우는 데 쓴 동기가 궁금하다. 그리고 혹시, 선생님들이 못 건드니까 그렇게 잘난 척하며 대들고 그러는 거 아니냐는 이유로, 오히려 친구들에게 따돌림을 당하지는 않았나?

왕따는 아니었다. 놀기를 좋아해서 노는 데는 다 끼었다. 물론 철없이 잘난 척을 해서 나를 아니꼽게 생각한 아이들도 있을 것이다. 중학교를 수석으로 졸업하고 집안과 모든 주위 사람들은 내가 당연히 경기고등학교에 갈 거라고 생각했는데, 내가 '뺑뺑이' 1세대라 추첨으로 서라벌고등학교에 갔다. 그때 서라벌고등학교라고 하면 깡패 학교, 후진 학교라는 인식이 있었다. 학교 입학 전에 반 편성 시험을 봤는데, 전교 1등을 했다. 게다가 집안의 경제적 상황이 여의치 않다는 것을 학교에서 알고는 3년 동안 전액 장학금을 지급했다.

당시 문교부(현 교육과학기술부)에서 우수반 편성을 금지했는데, 우리 학교는 편법으로 우수반을 만들었다. 30명은 공부 잘하는 학생으로, 나머지는 다른 학생들로 채운 것이다. 당연히 수업은 우수한 학생들 위주로 진행했다. 공부 잘하는 30명을 위해 나머지 학생이 철저히 희생당해야 하는 구조였다. 나는 그것부터가 불만이었다. 공부를 잘한다거나 집에 돈이 좀 있어서 엄마가 선생님을 찾아다니는 학생들은 인정받고 나머지 아이들은 소외되는 것은 말도 안 된다고 생각했다.

이와 관련해 지금은 이미 돌아가신 담임선생님과 관련된 일화가 있다. 담임선생님은 당시 학교에서 실력을 인정받아 우수반을 맡고 있었는데, 선생

님이 잘하는 일 중 하나가 학생들로 하여금 등록금을 빨리 내게 하는 것이었다. 등록금 마감이 한 달 남았을 때부터 틈틈이 종례 시간에 "너 언제까지 낼 거냐?"면서 체크했다. 하도 닦달하니 등록금을 낼 수 있는 애들은 다 내고 늘 사정이 안 되는 친구들만 남게 되었다. 그 친구들을 앞에 세워 두고 "너, 도대체 언제까지 낼 거야?"라고 재촉하면 그들은 매번 기가 죽곤 했다. 그런데 그게 얼마나 아이의 자존심에 상처를 주는 일인가. 어느 날 그 모습을 보고 그만 폭발해 버렸다. 그래서 나도 모르게 벌떡 일어나 "당신이 교육자요, 세리요? 이게 뭐하는 짓입니까?"라고 선생님께 삿대질하며 덤벼 버렸다. 선생님은 얼굴이 빨개져서는 나더러 교무실로 오라고 했다. 그런 후에 대걸레 자루로 어마어마하게 맞았다. 맞으면서도 도대체 내가 왜 맞아야 하는지 받아들일 수 없었고 화가 더 끌어 올랐다. 맞은 것이 하도 억울하고 아파서 벤치에 앉아 혼자 열을 식히고 있는데 옆에서 갑자기 분 냄새가 났다. 학교에서 유일한 젊은 여선생님이 내 옆에 앉더니 물었다. "차 한잔하러 갈까?" 그리고 다방에 가서는 왜 그랬는지 물어보지도 않고 그저 커피 한 잔 사주시고는 집에 가라고 했다. 정말 '쿨'하지 않은가.(웃음) 그때 처음으로 다방이란 곳에 들어가 봤는데 지금도 나는 그 선생님이 고맙고 참 훌륭하다고 생각한다.

청년 유종일을 사로잡은 화두가 있었다면?

사회정의였다. 내 주변에서 일어나는 일부터 유신 독재에 이르기까지 많은 것들이 굉장히 불의하다고 생각했다. 그런데 나는 그 상황에서 나름 특권적 지위를 누리고 있었다. 나쁜 짓을 해서가 아니라 학벌 사회인 대한민국에서 공부를 잘했으니 그랬다. 우리 집안이 어렵기도 했지만 과외나 학원이 필요하지 않아 그것들과 일체 담쌓고 지냈다. 공놀이를 좋아해 야구·농구·축구도 하고, 대학생들 보는 책이나 읽는 등 학교 공부에 투자한 시간이 민망할 정도로 적었다. 그런데 운이 좋아 시험은 항상 잘 봤다.

공부 잘하는 것이 말 그대로 거저 받은 선물이었던 셈인가?

그렇다. 나는 수업에 그다지 집중하지도 않고 떠들고 장난치면서 대충 공부하는데도 성적이 잘 나왔다. 그래서 솔직히 미안했다. 그리고 공부를 잘하거나 잘사는 아이들이 그렇지 못한 아이들보다 더 많은 권리를 누리고, 공부 못하고 가난한 친구들은 인격을 무시당하고 최소한 누려야 할 학생으로서의 권리까지도 박탈당하는 데 대한 문제의식이 예리했다. 그쪽으로 감수성이 발달해서인지, 부조리한 것을 참지 못하고 한 번씩 질러 버렸다.

본인이 노력하지 않고 받은 재능으로 특권을 누렸다는 점 때문에 나름의 부채의식이 있었던 것 같다.

그렇다. 내가 받은 특권을 사회를 위해 써야겠다는 거창한 생각은 아니었지만 어렸을 때부터 불의와 불공평과 위선을 참지 못하는 감수성은 남달랐던 것 같다. 나는 상당히 감정적인 편이다. 내 감정이 그런 것들을 용납하지 못한 것이다. 지금도 마찬가지다. 힘이 있거나 나이가 많다고 해서, 혹은 완장을 찼다고 해서 명백히 나쁜 짓을 하는 것은 눈 뜨고 보지 못한다. 심지어는 군대에서도 그랬다. 한번은 선임하사가 술에 취해 내무반에 와서 아무 이유 없이 기합을 주며 괴롭혔다. 고참들은 군대 생활이 아니꼽다고 하면서도 머리를 박으라고 하면 시키는 대로 하는데 나는 반항해 버렸다. 그래서 나 때문에 부대 전체가 '빤빠라'라고 겨울에 속옷만 입고 눈 쌓인 연병장에 나가 구보한 적도 있다. 고참들은 "너 때문에 잠도 못 자고 고생하고 추운 날 이게 뭐냐."며 날 죽인다고 했다. 여러 후환이 따르곤 했다.

당시 운동권 학생들은 졸업 후 대개 민주화 운동이나 노동 현장 등으로 갔다. 유학을 생각하게 된 특별한 계기가 있다면?

대학교 1학년 때는 제일교회에서 전태일 열사의 남동생인 전태삼 씨와 청계 피복노조 노동자들이랑 함께 단식 농성을 했고, 또 서울대 사회학과 심포지엄 사건으로 경찰서에 잡혀가기도 했다. 1학년이라고 봐줘서 며칠 만에 풀려나기는 했지만. 대학교 2학년 때는 약 2주 동안 경찰서에서 조사받고 나왔고, 대학교 3학년 때는 긴급조치 9호 위반 마지막 사건의 주동자로 구속되었다. 매년 일이 있었다는 게 농담이 아니다.(웃음) 박정희 대통령 사후 긴급조치가 해제됨에 따라 풀려나서 복학했지만, 1980년에 다시 제적당했다. 나는 5·18 국가유공자인데, 당시 체포되어서 특수 수사대에서 여러 가지 험한 경험을 했고, 학교에서 제적된 후 강제징집을 당했다. 최근 학림사건이 무죄판결을 받았는데 나는 군에 입대한 후 무림사건이라는 것에 연루되었다. 이등병 신분으로 보안대에 끌려가 흔히 서빙고라 부르는 전설적인 보안대 대공 분실에도 갔다.

　제대 후에는 앞으로 세상을 어떻게 살아갈까 진지하게 고민했는데, 이는 그동안 해왔던 민주화 운동이나 사회변혁 운동을 어떻게 삶에서 구현할지에 대한 것이었다. 당시 운동권의 분위기는 이른바 현장론이 득세해 노동 현장에 가야 한다는 주장이 많았다. 나는 대세에 추종하는 스타일이 우선 아니었고, 현장에 갈 사람은 가고 그렇지 않은 사람은 자기가 원하는 분야에 진출해 사회를 바꿔야 한다고 생각했다. 경제학에서 비교 우위론을 배워서 그런지 몰라도 각자의 자질에 맞게 효과적으로 민주화 운동을 해야 한다는 입장이었다. 대학생 때 구로동·가리봉동 공단에서 야학도 꾸준히 했고 노동자들과 편하게 잘 지냈지만, 그렇다고 모두 현장에 가야 한다는 말은 교조적으로 들렸다.

공부를 하게 된 또 다른 이유는, 솔직히 운동가나 혁명가로 살아갈 자신이 없었기 때문이다. 학생 때 주장했던 것들이 이론에 대한 깊은 고찰이나 심사숙고 없이 섣불리 한 행동이라 여겨졌고 정의감만 앞섰다는 생각이 들었다. 세상을 움직이는 힘이 무엇이고 어떻게 해야 제대로 바꿀 수 있을지에 대해 내가 얼마나 고민했는지 되돌아봤고 공부를 더 해야겠다는 마음이 생겼다. 그리고 솔직히 공부는 내가 잘할 수 있는 것이기도 했다. 마침 당시 전두환 대통령이 일정한 자유화 조치를 취하면서 그 첫 단계로 제적당한 학생들의 복학을 허용했다. 그게 1984년인데 이때 복학하면서 좀 진지하게 공부해 봐야겠다고 생각했다.

당시 매우 열심이었던 학생운동 리더로서 자기 운동에 회의를 느꼈다는 자체가 개인적으로는 절망 혹은 실패로 와 닿았을 것 같다. 당시 분위기에서 그것을 인정하는 것도 어쩌면 용기가 필요했을 것 같은데.

내가 미국에 유학을 간다니까 미 "제국주의에 투항하는 거다", "변절이다." 등등 이렇게 비난하는 사람까지 있었다. 하지만 나는 속으로 '그래, 누가 정말 변절하는지 두고 보자.'라고 생각했다. 어쨌든 쉬운 결정은 아니었다. 하지만 나는 원래 대세 추종과는 거리가 멀었다. 그리고 한국 사회의 변화를 위해 내가 가장 잘할 수 있는 것, 내가 정말 해보고 싶은 것을 여러 변수들을 놓고 나름대로 심사숙고한 가운데 내린 결정이었다.

서울대 학부를 졸업한 후 하버드 대학교 경제학 박사과정에 진학했을 뿐만 아니라 전액 장학생으로 선발된 것으로 알고 있다. 또한 한국 학생 최초로 학부만 졸업하고 박사과정에 들어갔다고 알려졌다.

이명박 정부 초기 정운찬 선생님이 총리로 지명되었을 때 〈오마이뉴스〉에 선생님께서 자기 정체성를 지키는 데 도움이 되어야겠다는 생각으로 공개 편지를 쓴 적이 있다. 그 편지에서 살짝 밝힌 바 있는데, 사실 정운찬 선생님은 내가 유학을 가서 공부하는 데 많은 도움을 주신 분이다. 유신 시대에 나 같은 운동권 학생의 지도 교수는 몹시 힘들었다. 당국에서 지도 교수에게도 많은 압박을 가했다. 나는 대학교 1학년 때부터 골수 운동권이었으니, 지도 교수님에게도 큰 부담이었다. 내게는 담당 형사도 있었다. 연인 사이도 아닌데, 매일 집 앞 다방에서 만나 둘이 커피 한 잔 마시고 형사와 함께 택시를 타고 학교에 다녔다. 당시 부잣집 애들도 택시를 타지는 않았는데 가난한 내가 그런 호사를 누렸다.(웃음)

3학년에 올라갈 때 정운찬 선생님이 미국에서 막 새내기 교수로 부임했다. 당시 내 지도 교수는 연세가 많은 분이었는데 학과장은 골치 아픈 나를 젊은 정 선생님에게 맡겼다. 그래서 정 선생님과 상견례를 했는데 참 따뜻하게 대해 주었다. 밥과 소주를 사주며 내 이야기를 다 들었다. 그러더니 "네가 다 맞다. 나는 네 생각에 다 동의한다."면서 "학생운동 하지 말라는 말은 안 하는 대신 딱 한 가지만 부탁하겠다. 이것은 꼭 들어줬으면 좋겠다."라며 반드시 성적 관리를 하라고 했다. 나중에 언제 도움이 될지 모르니 시험 때 이틀 정도만이라도 신경을 쓰라고 했다. 내 스타일을 파악했던 거다. 그 전에는 학교 공부와 담쌓고 지냈지만, 그 후로는 적어도 시험 때는 신경을 좀 썼다.

어쨌든 그런 배경이 있어서, 좀 더 깊이 있게 공부를 해봐야겠다는 생각이 들었을 때 정운찬 선생님을 찾아가 어떻게 하면 좋을지 여쭤 보았다. 그랬더니 당시 유학 준비를 하고 있던 홍익대 전성인 교수를 소개하면서 전 교수에게 어떻게 유학 준비를 하면 되는지 물어보라고 했다. 사실 나는 유학에 대해 물어보려고 간 것은 아니었는데, 모든 상황을 꿰뚫어 보았던 것 같다. 어쨌든 그래서 그때 토플과 GRE(미국 대학원 입학 능력시험)가 시험 이름인 줄 처음 알았다.(웃음) 그리고 선생님은 내 스타일로 봐서 학풍이 자유로운 하버드가 잘 맞을 거라고 했다. 그런데 솔직히 당시 한국 학생이 하버드 경제학과에 들어간다는 것은 서울대 경제학과 학부와 대학원을 톱으로 졸업한 학생이거나, 이에 더해 어떤 이유인지는 몰라도 한승수 교수의 추천서가 있어야만 가능했다고 한다. 나는 솔직히 이런 것도 몰랐다. 하지만 나의 무모한 도전이 성공해 이 신화가 깨졌다. 아마 정운찬 선생님 말처럼 하버드가 학풍이 자유롭고 그래서 내가 쓴 "I was a prisoner."로 시작하는 에세이를 보고 '얘, 조금 특이한데 뽑아 보자.' 그랬던 것 같다.

미국에서는 학부 이후에 박사과정으로 들어가는 게 자연스럽다. 거의 모두 석·박사 통합 과정이기 때문이다. 그런데 한국 학생들을 비롯해 대부분의 외국 유학생은 석사 학위 소지자들을 뽑았다. 나는 두 번 제적당하고, 군대도 다녀오고 그러면서 남들보다 늦어졌고, 무엇보다 한국에서 공부하기가 어려웠다. 전두환 정부가 학부는 복학시켜 주었지만, 운동권 학생은 서울대 대학원에 못 들어가게 했다. 그래서 어떤 면에서는 유학 이외에 선택의 여지가 없었다. 그런데 정운찬 선생님이 나랑 하버드가 잘 맞을 것 같다고도 했고, 성적도 안 되고 석사 공부도 안 했지만 안 되면 어떠냐는 배짱을 가지고 지원했다. 내가 최초인지는 잘 모르겠지만 어쨌든 내가 하버드 다닐 때 나 같은 경우를 보지는 못했다.

그리고 나는 돈이 없었기 때문에 날 뽑으려면 장학금을 다 주고 뽑고, 아니면 뽑지 말라고 편지를 썼다. 그렇게 해서 전액 장학금과 생활비까지 지원받으며 다니게 되었는데, 나중에 알고 보니, 내가 공부를 잘하고 특출해 전액 장학금과 생활비를 지원받았던 것이 아니라 '니드 블라인드 정책'Need-blind policy라는 하버드 입학 사정 정책 때문에 가능했던 것이다. 이 정책은 우리도 본받아야 할 정책인데, 입학 사정을 할 때 학생의 경제적 여건은 일체 고려하지 않고 능력과 잠재력만 보고 뽑은 후에, 경제적으로 지원이 필요하면 장학금을 주고 필요가 없으면 안 주는 제도이다. 그래서 나는 돈이 없어서 장학금 혜택을 받은 것이지 뛰어난 학생이라서 장학금을 받은 것이 아니다.

"I was a prisoner."로 시작한 에세이가 인상적이다.

내가 하버드에 가게 되자 후배들 사이에서는 대학원도 안 다녔고 학교 다닐 때 데모만 하고 한승수 교수 추천서도 없는데 어떻게 하버드에 가게 됐는지 궁금했던 모양이다. 나중에 김상조 교수에게 들었는데 후배들이 내 에세이 복사본을 구해 봤는데 시작이 "I was a prisoner."여서 따라 할 수 없었다고 한다.(웃음) 어쨌든 이 첫 문장은 사회에 대한 나의 문제의식을 얘기하는 단초이기도 했고, 다른 한편으로는 일찍이 민주화 운동을 하느라 대학 초반 성적이 좋지 못한 것을 좀 이해해 달라는 의미이기도 했다.(웃음)

청년 시절의 유종일을 보면 자연스러운 일이었을 것도 같지만, 주류 경제학을 공부하고 난 후 개혁적인 경제학자로 살아가는 것은 또 다른 차원의 문제다. 주류 경제학자의 일반적 경로가 아닌 개혁적인 경제학자로서의 길을 걷게 된 계기는 무엇인가?

대학에서 제적당하고는 앞으로 어떻게 살아야 하나 고민했던 청년이 하루 아침에 하버드 대학교 박사과정에 장학생이 된 것은 어떻게 보면 어마어마하게 신분 상승을 한 것이었다. 하버드에 가보니, 대부분 본인의 집안이 대단하거나, 집안이 대단한 배우자를 두었거나, 적어도 나름대로 굉장히 잘 나가는 그런 사람들이었다. 마음만 먹으면 하버드 박사 출신으로 그냥 기득권 세력에 편입되어 그야말로 안락한 삶을 살게 되기 쉽겠다는 생각이 들었다. 그 순간 이것이 천 길 낭떠러지처럼 느껴졌다. '아! 내 인생은 그게 아니지. 인간 유종일이 그런 식으로 살 수는 없지.' 하는 마음이 들었다. 그래서 비록 지금 내가 여기 와있지만 민주화 운동을 계속해야겠다는 생각을 하고 그곳에서도 민주화 운동을 이어갔다. 그때 보스턴 지역에서 민주화 운동을 할 수 있는 단체가 딱 하나 있었는데 뉴잉글랜드 목요 기도회라고 당시 홍근수 목사님이 리더였다. 그곳에 계시는 목사님들과 신학생들, 교포 사회 지도자들과 모임을 함께하고, 보스턴에서 멀리 워싱턴까지 가서 데모했다. 가장 뿌듯하다고 여기는 일은, 1985년 하버드에 가서 1990년 미국 노트르담 대학교 조교수가 되었는데, 그해 봄 하버드를 떠나기 전에 '광주 항쟁 10주년 기념행사'를 성대하게 치렀던 일이다. 하버드 대학교에서 광주 항쟁 기념행사를 한 것은 아마 전무후무한 일일 것이다. 지금 동덕여자대학교 실용음악과 교수로 있는 마도원 씨가 가세해 뮤지컬도 공연했고, 미국인들과 교민들도 많이 와서 광주 항쟁을 기념했다.

교수로서 학문적으로 출세하려면 테크니컬한 논문을 많이 발표하는 것이 중요한데 나는 세상에 중요한 문제들이 어떻게 돌아가는지에 관심이 갔다.

학문적으로 유행을 따라가자면, 당시 한국 학생들에게 유행했던 계량경제학이나 수리경제학을 해야 하는데 나는 전부터 갖고 있던 문제의식을 잃지 않고 공부해야겠다고 생각했다. 그래서 하버드에 있었지만 유럽의 진보적인 경제학자들과도 대학원 시절에 열심히 교류했다. 물론 주류 경제학도 공부하긴 했지만 진보적인 학자들의 비주류 이론들도 함께 공부했다. 그때 막 프랑스에 등장했던 레귤라시옹 학파의 대표적인 학자들도 만났고 영국의 유명한 진보 경제학자들도 만났다.

사실 미국에서 교수 생활을 계속하면서 편안한 삶을 살 수 있었을 텐데, 굳이 한국에 돌아오기로 결정한 이유는 무엇인가?

미국 이민 사회에는 "미국은 재미없는 천국이고, 한국은 재미있는 지옥이다."라는 말이 있다. 나 또한 그런 것을 느꼈다. 처음 조교수가 되어 강의를 시작한 지 얼마 안 됐는데 로스앤젤레스에서 로드니 킹 사건이 발생했다. 로드니 킹이라는 흑인 남자아이를 백인 경찰들이 무자비하게 패는 비디오가 유출되어 그것을 본 흑인들이 들고 일어났다. 알다시피 당시 한국인 상점들도 피해가 컸다. 그렇게 인종차별과 사회정의에 관련된 이슈가 폭발했는데도 캠퍼스는 조용했다. 나는 강의 시간에 학생들에게 "너희들은 데모도 안 하는가. 미국 사회의 심각한 문제의 뿌리가 이렇게 터져 나왔는데 어떻게 태연하게 내 강의를 듣는다고 앉아 있는가?"라고 했다. 그런데 분위기가 썰렁했다. 그게 우리와 무슨 상관이냐는 태도였다. 답답했다. 그런데 미국에서 사는 기간이 길어지다 보니 나도 그렇게 되어 갔다. 외형상으로는 분명 나는 미국 사회의 일원인데 미국 사회의 문제들을 내 문제로 여기고 그 과제들과 씨름하면서 사는 것이 아니라 그냥 관조하는 삶을 살고, 주인이 아닌 객으로 머물러 있었다. 개인 생활은 있지만, 그 사회의 주인이 아닌 것이었다. 그래서 한국으로 돌아갔으면 하는 생각이 들었다.

또 다른 이유는 아이들이었다. 하버드에 처음 갔을 때, 이번에 세계은행 총재가 된 김용 씨와 가깝게 지냈다. 아내가 그에게 한국어를 가르치는 아르바이트를 한 것을 계기로 친해졌다. 그는 브라운 대학교에서 학부 과정을 이수했는데, 학창 시절에 운동 서클을 만들어 열심히 활동하는 등 아주 진보적인 사람이었다. 그를 통해 한인 1.5세나 2세 학생들과도 접촉했는데, 이들은 정체성 문제에 대한 고민이 많았다. 대학에 입학한 뒤 아무도 자신을 미국인으로 인정해 주지 않는 것을 경험하고 충격을 받는다. 생긴 것만을 보고 "너 어느 나라 출신이냐? 영어를 왜 이렇게 잘하냐?"라고 하니 이때부터 충격을 받는 거다. 그래서 한국인의 정체성을 찾겠다고 한국에 와서 김포공항에 내려 택시를 타고 어눌한 한국말로 "광화무은으로 갑쉬다아." 하면 택시 기사가 "야, 한국 놈이 한국말도 못해?" 이러고, 여학생들한테는 다짜고짜 "양놈한테 시집가면 안 된다."고 한다. 연세대 어학당에 가서 한국어를 배우려고 하면 "양키, 고 홈!" 하면서 애들이 데모한다. 그러니 아이들이 "후 엠 아이?"Who am I? 하면서 괴로워하는 거다. 사실 나는 민족주의를 비롯한 모든 집단주의를 싫어하는 사람이다. 정의와 인권은 누구에게나 보편적으로 적용되어야 한다고 생각한다. 그러나 자기가 뿌리 내려야 할 문화적 바탕이 있어야 인생을 살아가는 데 편하지 않겠나. 그리고 우리 애들한테 그것들을 심어 줘야 하는 것 아닐까? 이 두 가지 이유 때문에 한국에 들어오게 되었다.

김대중 정부에서 수석 제의도 받았고 노무현 대통령 후보의 경제 공약을 총괄하는 등 정치적으로 여러 기회가 있었지만 두 정부의 개혁 정책이 후퇴하는 것을 비판하며 거리를 두었다고 알고 있다. 혹시 그 기회들을 흘려버린 데 대한 아쉬움은 없는지, 또는 고위직에 대한 유혹으로 자신의 개혁적 태도를 접고 싶던 순간들은 없었는지 궁금하다.

실망이 컸다. 김대중 정부 때 나름대로 옆에서 조금이라도 잘못된 것을 고쳐 볼까 노력했다. 무엇보다도 IMF 구조 조정 프로그램의 거시 정책이 잘못됐다고 보았다. 경제가 엄청나게 위축되고 대량 실업 사태가 벌어지고 기업들이 줄도산하는데, 여기에 고금리와 재정 긴축은 아주 잘못된 정책이다. 당시 나는 팽창 정책으로 바꿔야 한다고 주장했다. IMF가 사방에서 비판받자 나중에 정책을 바꾸었는데 그 덕분에 한국 경제가 빨리 회복할 수 있었다. 또 재벌 개혁을 좀 더 적극적으로 해야 한다고 주장했지만 갈팡질팡하다가 정권 말미에 용두사미가 되어 버렸다. 마지막으로 마구잡이 규제 완화, 공기업 민영화, 자본시장 개방, 외환 (거래) 자유화 등 신자유주의적 정책에 반대했다.

한국에 들어올 때, 이 사회를 몸으로 익히고 난 후 사회적 발언을 해야지, 외국에 있다 들어와 아는 척하며 함부로 이야기하고 싶지는 않다고 생각했다. 그래서 한국에 들어온 후 최소 2~3년 동안은 대중매체에 글을 쓰지 말아야겠다고 생각했다. 하지만 이런 결심을 어기고 딱 두 번 『한겨레』에 특별 기고를 한 적이 있는데, 하나는 재정 건전성의 신화에 관해, 즉 무조건 긴축을 하면 안 된다는 내용이었고, 또 하나는 2단계 외환 자유화를 한다고 했을 때 그러면 안 된다고 쓴 것이었다. 이 기사를 쓰고 난 뒤 재경부에서 전문가 의견을 수렴한다고 와달라는 전화가 왔다. 그래서 내 의견이 좀 받아들여지나 보다 하고 나갔더니, 나를 포함해 약 10명 정도를 불렀는데 외환 자유화를 반대하는 사람이 그중에 나 하나밖에 없었다. 그래서 '이 자리가 나를 엿 먹이는 자리로구나.' 하는 생각이 들었다.

그때 내가 뭐라고 했느냐면 "마지막으로 한 말씀만 더 할까요. 우리가 외환 위기 이후로 실업자가 얼마가 생기고, 노숙인이 얼마가 생기고, 가정 파탄이 얼마가 생겼는지 아십니까? 외환 위기를 초래하는 데 아무 잘못이 없는 서민들이 지금 얼마나 고통을 당하고 있는지 아십니까? 여기 있는 분들은 다 경제 관료이고 경제학자들입니다. 적어도 일반 국민에 비해 훨씬 더 책임이 큰 사람들이지요. 나를 포함해서요. 그런데 우리가 어떻게 고통 분담을 했는지, 어떻게 책임졌는지 모르겠습니다. 다음에 제2의 외환 위기가 발생하면 적어도 이 자리에 있는 사람들은 내가 모두 이름을 공개할 테니 책임질 생각하세요. 내가 이름 다 적어 놨습니다." 그랬더니 전원이 "원칙적으로는 자유화하는 게 맞지만 부작용이 우려되고, 보완 정책이 필요하고, 점진적으로 해야 하고……."라면서 말을 쓱 바꾸는 것이다. 결과적으로 그때 추진했던 2단계 외환 자유화 조치는 아직도 끝나지 않았다.

이렇듯 나름 노력하기는 했지만, 큰 틀에서 보자면 내 노력은 큰 의미가 없었다. 노무현 정부 때는 김대중 정부 시절에 외곽에서 했던 조언조차 할 수 없이 철저하게 배제된 상태였다. 대통령을 만나기도 했지만 의미가 없었다. 솔직히 당시 경제정책이란 큰 틀에서 삼성의 영향력 아래 있지 않았는가? 이명박 정부가 부자 감세라고 비난받고 있는 게 법인세·소득세 인하다. 참여정부 첫 경제정책이 바로 그것이었다. 출자총액제한제도를 완화해 유명무실하게 만들었고, 급기야 한미 FTA를 밀어붙였다. 거기다 대고 뭐라고 하겠는가. 혹시라도 좀 바뀔까 기대했는데 전혀 바뀌지 않고 시간이 갈수록 신자유주의적이 되어 가고 있었다. 도저히 이건 안 되겠다 싶어서 전면에 나서서 싸우기 시작했다.

그때 노무현 정부와 각을 세운 것이 혹시 2012년 4·11 총선 과정에서 공천에 탈락한 이유가 아니었을까?

모르겠다. 그런데 지금 이 자리가 내게 걸맞은 자리인 것 같다. 어렸을 때부터 권력을 부당하게 행사하는 이가 있으면 그 사람이 누구든 참지 못하고 들이받고 살아왔다. 그러니까 어떤 권력이든지 권력을 가진 사람들은 나를 좋아하기 어렵다. 물론 세상을 진지하게 바꿔 보겠다고 한다면 카멜레온처럼 위장·변장도 할 줄 알아야 할 테고, 나도 전혀 그러지 못하는 것은 아니지만, 내가 넘고 싶지 않은 선이 있는 것이다. 자유인으로서 가진 자존심 말이다. 이것은 도저히 넘을 수 없다. 예를 들어, 내게 대통령을 시켜 준다고 해도 지금과 같은 한미 FTA는 찬성할 수 없다. '진인사대천명'이라고 하지 않나. 나는 진인사도 안 하면서 어영부영 살지만, 이것을 농담 삼아 이렇게 표현한다. 우리는 열심히 하는 데까지 해보고 책임은 하느님이 지라고 말이다.

4·11 총선 공천 과정에서 많은 일들을 겪었다. 차라리 독재 정권 시대라면 으레 그러려니 하겠지만, 민주화 운동을 했던 사람들이 당내에서 행하는 패권적 행동의 경우 더 견디기 어려웠을 것 같다.

여러 이유들로 인해 그래도 나는 언론에 부각되기도 하고 많은 사람들에게 동정과 위로를 받았지만, 알게 모르게 또한 억울하게 경선에서 배제되거나 탈락된 사람들이 상당히 많다. 통합진보당의 경선 부정을 이야기하는데 내가 보기에는 민주당의 경선도 그에 못지않게 불공정했다. 공公천이 아니라 사私천을 했고 이 때문에 압승할 수 있던 선거를, 새누리당 단독 과반수를 만들어 주는 참패로 이끌었다. 모두가 눈앞의 자기 이익만 챙겼을 뿐 자기 욕심을 넘어서서 원칙과 가치를 지켜 나간 사람이 없었다. 그런 사람이 한두 사람이라도 있었다면 상당한 변화를 초래할 수 있었을 텐데……. '지도자 빈곤의 시대'라고 생각했다. 개인적으로는 이번에 공천 과정에서 처절하게 당하면서 많이 수양했다. 세상에는 아무도 관심을 갖지 않는 억울한 사람들이 너무나 많은데, 그들의 아픔에 공감하고 좀 더 겸손해지라고 이런 공부를 시켜 준 것이 아닌가 싶다. 그리고 경제민주화라는 것이 앞으로 최소 25년은 잡고 해야 될 일이다. 그게 그렇게 쉽게 될 리가 없다.

앞으로도 계속 정치를 할 예정인가?

광의의 정치를 할 것이다. 내 인생이 송두리째 정치다. 지금껏 나는 특별히 어떤 포지션을 가져야겠다고 생각해 본 적이 없다. 우리 사회에 이런 변화가 필요하고, 그것을 위해서는 이런 정책이 필요하고……. 그렇게 갈 수 있도록 일하면 되는 것이다. 관직은 이전에도 하겠다고 마음만 먹었다면 얼마든지 할 수 있었지만 내 뜻을 실현하는 길은 아니라고 생각해서 하지 않은 것이다. 경제민주화를 통한 사회정의를 위해 내가 가장 잘할 수 있는 일, 내가 즐기면서 잘할 수 있는 일을 하면 되는 것이고, 그것이 상황에 따라서는 법을 직접 만들거나 정책을 직접 집행하는 역할이 될 수도 있다. 하지만 자리를 얻기 위해 일한다는 것은 나와 정말 맞지 않다. 경제민주화 특별위원회는 내가 잘할 수 있는 일이고, 내가 정말 하고 싶은 일이었기 때문에 열심히 활동하면서 정책을 만들었던 것이다. 그리고 이번에 꼭 국회의원이 되어야겠다고 생각한 것도 아니다. 많은 분들이 주변에서 권유했고, 특히 정동영전 의원이 간곡하게 권유했다. 국회의원이 목표였으면 그전부터 힘 있는 사람들에게 잘 보이려고 했을 것이다.

마르틴 루터의 유명한 설교 중에 "담대하게 죄를 범하라!"라는 것이 있다. 위계질서에 도전하는 용감한 정신이 어디서 왔겠는가. 자유란 그런 것이다. 과감하게 저질러야 한다.

경제민주화가 화두다. 이를 위해 본인에게 어떠한 역할이 맡겨져 있다고 생각하는지, 그것을 실현할 구체적인 활동 계획들이 있는지 궁금하다.

많은 국민들이 나를 쳐다보고 있음을 느낀다. 진지하고 성실하게 바람직한 한국 사회의 변화를 위해 노력할 것이다. 언젠가 사회가 내게 구체적인 역할을 주문한다면 해야겠지만, 그 과정에서 나를 앞세우지는 않을 것이다. 조만간 팟캐스트 방송으로 경제학 강의를 하려고 한다. 우리나라만큼 경제 전문지가 많은 나라도 없는데 정작 쉬운 경제학 교과서 하나가 없다. 국민들은 편향된 경제관만 주입받고 스스로 경제문제에 대해 판단하기가 쉽지 않다. 경제학 책은 펴기만 해도 머리가 아프고 말이다. 그래서 현실에서 일어나는 일들을 하나씩 살펴봄으로써 이것이 경세학적으로 어떻게 설명될 수 있는지 이해하기 쉬운 강의를 하려고 한다. 주류 언론이 몰아가는 신자유주의적인 경제 이론과 정책에 대해 사람들이 "세상은 그게 아니라 이렇게 돌아가는 거야." 하고 자신 있게 말할 수 있도록 도움이 되고 싶다.

유종일에게 자유란 무엇인가?

종교개혁으로 근대 세계를 여는 데 지대한 역할을 한 마르틴 루터의 유명한 설교 중에 "담대하게 죄를 범하라!"Sin boldly!라는 것이 있다. 타락한 가톨릭교회의 위계질서에 도전하는 용감한 정신이 어디서 왔겠는가. 자유란 그런 것이다. 과감하게 저질러야 한다. 해보면 되는데 지레 겁먹고 남의 눈치를 보기 때문에 정말 하고 싶어도 못하는 것이다. 물론 사회적인 규율은 필요하다. 다른 사람의 자유와 권리를 보호하기 위해 필요한 최소한의 규율마저 어기라는 것이 아니다. 문제는 우리가 너무 위축되어 있다는 것이다. 자기

내면의 소리에 충실하고 과감하게 저질러야 한다.

한번은 딸아이가 중학교 2학년 때 학교에서 학부모를 초청해 강의를 하게 되었다. 그때 내가 아이들에게 "여러분, 절대 어른들 말 듣지 마세요. 어른들 말 들으면 인생 망칩니다. 부모님 말 듣지 말고, 선생님 말 듣지 말고, 이모나 삼촌 말 듣지 말아요. 인생 끝납니다."라고 했더니 떠들던 아이들이 순식간에 집중했다.(웃음) 아이들에게 "고정관념이라는 틀 속에 스스로를 가두지 말고 너를 발견해야 한다. 너는 누구인지, 네가 좋아하는 게 무엇인지, 네가 재미있어 하는 게 무엇인지, 보람을 느끼고 신나는 게 무엇인지를 찾아야 한다."고 이야기해 주었다. 내가 어떤 것을 해보고 싶다는데 정치권력이나 사회적 편견이나 어른들이나 그 누군가가 억압한다면 그 억압에 대해 과감하게 맞서 싸워 보자. 자신의 내면의 소리에 충실하자. 이것이 진정한 자유이다.

동시대의 청년들에게 마지막으로 하고 싶은 말이 있다면?

청년들을 보면 안타깝다. 불합리한 사회구조 현실에서 도전 정신을 가지라고 하면 "뭐야."라고 반응할 수도 있다. 하지만 사회의 잘못된 구조와 정책을 바꾸는 일은 또 다른 일이고, 이 순간 내 인생을 어떻게 살아갈 것인가 역시 매우 중요한 문제다. 소중한 인생에 충실하고 '이게 하고 싶다. 나는 이래야 한다고 생각한다.' 하는 부분에 대해서는 부딪쳐서 해보라고 말하고 싶다. 무엇보다도 주위의 기대 때문에 하기 싫은 일을 하고 그것을 위해 억지로 스펙을 쌓는 일은 안 했으면 좋겠다.

앤드리 애거시Andre Agassi라는 한때 세계 랭킹 1위를 한 테니스 선수가 있다. 젊은 나이에 세계 최고의 자리에 올라 브룩 실즈라는 프린스턴 대학교 출신의 미녀 여배우, 그야말로 재색을 겸비한 규수와 결혼까지 했다. 그런데 그가 마약을 하고 완전히 망가졌다. 돈과 명예를 다 누리던 그가 왜 그랬을까? 어렸을 때부터 그를 혹독하게 훈련시킨 아버지의 영향이 있었던 것이다. 가난한 이민자 출신이었던 그의 아버지는 가난의 굴레에서 벗어나기 위해 아들에게 어렸을 때부터 혹독한 테니스 훈련을 강요했다. 그래서 애거시에게 테니스는 성공의 기쁨이 아니라 평생 억압을 주는 것이었다. 윔블던에서 우승해도 아버지에게 잘못한 것을 지적당했다. 그는 행복을 몰랐고 살고 싶지 않았다. 그래서 마약에 빠지고 테니스 실력은 형편없이 추락해 선수 생명이 끝났다. 그러던 그가 다시 맹훈련을 통해 부활하고 세계 랭킹 1위를 탈환했다. 자선단체를 만들어 불우한 아이들을 지원하면서 삶의 의미를 재발견한 것이다. 더 많은 아이들이 도움을 얻기 위해서는 더 많은 재정이 필요했는데 그가 잘할 수 있는 일이 테니스였기 때문에 그 아이들을 위해 다시 코트로 돌아온 것이다. 이때는 누구의 강요나 기대 때문이 아니라 자신이 하고 싶어서, 자신이 좋아서 테니스를 치게 되었다. 평생의 억압에서 해방된 이후 그는 평생의 억압자였던 아버지도 이해하고 화해하게 되었다.

이 이야기는 무엇을 말해 주는가? 남들의 기대가 아니라 내가 정말 해보고 싶은 일을 찾는 것이 중요하다. 남들에겐 하찮아 보이는 일이더라도 그건 중요하지 않다. 그런 의미에서 내게 자유는 천상천하 유아독존이다. 그리고 마지막으로 아무리 어렵더라도 결혼 못하고 애기 못 낳는 것까지는 이해하는데 연애는 꼭 하자는 이야기를 하고 싶다.(웃음)

自
由
人

2011
04
08

이근식

'개인 존중' 없으면 민주주의도 위태롭다

"나는 공산당이 싫어요!"라는 이승복 어린이의 일화를 들으며 자랐던 탓일까. 자유라고 하면 왠지 반공이 떠오른다. 무엇이 어디서부터 잘못 연결된 것일까? 자유로운 개인이란 무엇이며, 자유로운 사회란 어떤 사회를 말하는 것일까? 그 답을 찾기 위해 이근식 서울시립대 명예교수(당시 경제학부 교수)를 만났다. 그가 자유주의에 대한 논의가 매우 척박한 한국 사회에서, 오랫동안 고집스레 자유주의에 대해 이야기해 온 사람이기 때문이다.

"한국에서는 자유주의가 보수주의나 반공주의로 이해되고 있다. 정치적 자유주의와 경제적 자유주의가 구분되지 않고 쓰이기 때문이다. 정치적 자유주의는 진보적이다. 만인 평등과 민주주의를 주장하기 때문이다. 반면에 경제적 자유주의는 보수적이다. 정부의 적극적인 소득 재분배 정책과 독점 규제 정책, 환경보호 정책을 반대하기 때문이다."

인터뷰하는 내내 그는 진보에게는 버림받고, 보수에 의해서는 오용되고 있는 자유주의에 대해 안타까워했다. 또한 천민자본주의를 극복하기 위한 방안으로서 협동조합을 강조하고, 법의 집행 못지않게 법의 공정함이 이뤄져야 하는 이유를 밝히고, 언론이 살아 있어야 하는 이유를 이야기하는 등 한국 사회에서 상생적 자유주의를 꽃피우기 위한 그의 제언들은 매우 구체적이었다. 이는 경실련(경제정의실천시민연합) 대표로 한국의 법치 확충과 시민사회 성장을 위해 오랫동안 활동해 온 그의 실천적 삶과 맞닿아 있기에 더욱 설득력 있게 다가왔다.

마지막으로 "이런 천민자본주의 세상에서 학생들에게 대의를 위해 살라고 하는 것은 무리인 것 같다. 이런 세상을 물려준 우리 탓인걸. 행복하게 살고, 되도록 어려운 사람들을 돕고, 죄를 덜 짓고 살라는 것, 그 정도가 내가 청년들에게 해줄 수 있는 이야기인 것 같다."라는 대답에 살짝 눈물이 나올 뻔했다. 그가 말하는 자유가 따뜻하게 느껴졌다. 그는 진정 사람과 사회를 사랑하는, 그것도 아주 많이 사랑하는 자유인이었다.

오랫동안 자유주의에 대해 연구해 왔다. 계기가 있다면?

나는 원래 자유주의가 무엇인지도 몰랐고 자유주의자도 아니었다. 그런데 우연히 나이 마흔이 넘어서 스미스Adam Smith의 『도덕 감정론』을 읽고 세상을 새로 보게 되었다. 그리고 나서 그의 『국부론』을 읽었다. 1980년경부터 신자유주의가 세계를 휩쓸게 됨에 따라 스미스로 돌아가자고 하면서 그를 마치 시장 만능론자인 것처럼 말하는 사람들이 많다. 그러나 시장 만능론은 세상도 시장도 모르는 사람들이 하는 어리석은 소리이고, 스미스는 그런 사람이 아니라 정말 지혜로운 사람이었다.

종전에 나는 정부가 제도를 바꿈으로써 사회를 바꿀 수 있다고 생각했다. 부동산 투기, 부패, 불황과 실업 등의 문제들을 제도를 바꿔 해결할 수 있다고 생각했다. 그런데 스미스를 읽고 나니 그게 아니었다. 왜냐하면 사람은 기본적으로 자기중심적이며 다른 사람에 대한 연민도 있고 부와 명예를 추구하는 본성도 있는데, 정부가 제도만 바꾼다고 될 일이 아니다. 사람들이 납득하지 못하는 정부의 일방적 정책에 대해 사람들이 머리를 써서 도망갈 길을 찾기 때문이다.

스미스를 읽고 고전적 자유주의가 무엇인지 알게 되었다. 고전적 자유주의의 핵심은 국가의 횡포, 특히 중상주의 국가의 횡포에 대한 저항이라고 볼 수 있다. 중상주의는 정부가 주도하는 정경 유착의 경제인데 한국의 관치 경제와 비슷한 것이다. 스미스가 이야기한 자유주의는 이런 중상주의에 대한 비판이었다. '사람은 누구나 더 잘살려고 하는 본능적 욕구가 있으므로,

정부는 경제를 좌지우지하지 말고 법질서를 확립하고 쓸데없는 정부 규제들을 없애서 개인들이 자발적으로 열심히 일하고 저축하고 투자할 수 있도록 환경을 만들어 주어라. 그렇게 한다면 경제가 저절로 발전할 것'이라는 점이 스미스의 고전적 자유주의의 핵심이다. 스미스가 말한 환경 중에서 가장 중요한 것이 공정한 법질서의 확립인데, 이는 개인 상호 간은 물론이고 국가권력자가 개인의 재산을 마음대로 빼앗지 못하게 하는 법질서를 말한다.

자유주의를 연구하는 데 스미스가 가장 중요한 영향을 미쳤다는 말인가?

스미스를 읽은 다음에 밀John Stuart Mill의 책을 읽었는데 또 달랐다. 밀은 스미스가 보지 못했던 것을 보았다. 스미스는 공정한 법질서의 확립과 더불어 서민을 위한 초등교육 제공, 도로나 항만과 같은 사회 기반 시설의 건설, 예금자 보호를 위한 은행 감독 정도만 정부가 담당하고 나머지 경제는 모두 민간의 자유로운 활동에 맡기면 누구나 더 잘살려고 하는 인간의 본성 덕분에 경제가 저절로 발전해 빈곤이 모두 사라질 것으로 예상했다. 스미스는 노동자들도 잘살 것이라고 보았다.

그러나 영국에서 산업혁명을 통해 자본주의경제가 본격적으로 발전해도 그 혜택은 자본가들에게만 돌아가고 노동자들은 대부분 비참한 빈곤을 벗어나지 못했다. 이를 보고 밀은 노동조합을 보호하고 사유재산권을 제한할 필요가 있다고 생각했다. 사유재산권은 스미스를 포함해 고전적 자유주의자들이 절대적으로 신성시하던 것이었는데, 밀이 이것을 건드린 것이다. 그는 상속과 토지에 대한 사유재산권을 제한하고 과세해 노동자들의 빈곤을 추방하자고 제안했다. 사유재산권 중에서 가장 중요한 것이 상속과 토지에 관한 것인데 밀이 이를 제한하자고 한 것이다. 밀은 스미스보다 약 80년 후에 태어났기 때문에 스미스가 보지 못했던, 노동자의 빈곤이라는 자본주의의 병폐를 볼 수 있었다.

밀의 여러 저작들을 관통하는 것이 진보의 개념인 것 같다. 그에게 진보란 인간사회에서 불평등과 빈곤을 추방해 인간의 고통을 줄여 가는 것이다. 밀이 본 것처럼 사회적 불평등(차별)과 빈곤을 점점 축소해 가는 것이 아마 진보의 핵심일 것이다. 고전적 자유주의는 스미스가 바탕이지만 나는 밀을 더 좋아한다. 밀은 내가 가장 좋아하는 사람이다. 그는 공감 가는 말을 참 많이 했는데, 그중에서도 노동자·여성·아동 등 약자를 배려해야 한다고 강조했다. 그는 동물들을 학대하는 것도 매우 큰 잘못이라고 심하게 비판했다. 이런 밀의 시각은 참으로 진보적이라 할 만하다.

자유주의는 시대와 사회에 따라 계속 변해 왔다. 스미스 시대에 정부는 중상주의 정부였는데 그건 특권층을 위한 정부였으며 국민을 괴롭히는 정부였다. 그러나 밀 시대의 정부는 달랐다. 밀의 시대인 19세기 말 영국에서는 보통선거가 이루어져서 노동자들에게도 선거권이 주어졌다. 이런 민주주의의 발전 덕분에 정부는 국민을 억압하던 정부에서 국민을 위해 일하는 정부로 변했다. 그래서 밀은 정부를 통해 가난을 해결할 수 있다고 생각했다. 이런 생각은 19세기 말에 영국의 사회적 자유주의라는 생각으로 발전되었다. 사회적 자유주의자들은 자유의 적敵은 이제 정부가 아니고 빈곤이며 정부는 재분배 정책을 통해 이를 해결할 수 있다고 봤다. 이는 밀의 관점을 계승한 것이라 생각된다. 20세기 복지국가도 밀과 사회적 자유주의자들의 생각을 계승한 것이라 할 수 있다.

현대 복지국가를 철학적으로 뒷받침한 것이 롤스John Rawls와 드워킨Ronald Dworkin으로 대표되는 평등주의적 자유주의egalitarian liberalism이다. 복지국가라는 것이 결국 정부가 적극적으로 소득재분배 정책을 실시하는 국가인데, 왜

이 정책이 정당한가를 설명한 것이 이들의 이론이다.

　롤스의 책을 읽고 재미있었던 것은 당연한 얘기를 참 무지무지 어렵게 한다는 것이었다. 드워킨은 더 하다.(웃음) 롤스의 이야기는 우리는 모두 누구나 불행해질 수 있으니 거기에 대비해 불행한 사람을 돕는 사회제도를 마련해야 한다는 것인데 이 이야기를 그렇게 어렵게 썼다. 드워킨의 주장은, 돈 못 벌 줄 알면서도 자기가 좋아서 선택한 직업 때문에 가난해진 경우처럼 자신이 선택한 결과로 인한 불평등은 보상해 주지 말고, 출생이나 재능이나 사고처럼 자신이 선택하지 않은 것으로 인한 불평등은 사회가 공공복지 제도를 통해 보상해 주어야 한다는 것이다. 원래 이 점은 롤스가 지적했던 것인데 드워킨이 이를 더욱 철저하게 논리적으로 발전시켰다.

자유주의가 우리 사회의 중요한 정치사상으로 필요한 이유가 있다면?

자유주의는 원래 인간의 본성에 딱 들어맞는 생각이다. 누구든 국가나 민족보다는 자기 자신을 우선시하는 것이 인간의 본성인데 자유주의는 이런 인간의 본성에 부합한다. 누구든 억압을 싫어하고 자유를 좋아하지 않는가? 묶여 있던 강아지들도 풀어 주면 환호작약한다. 자본주의가 되어 개인주의가 더 강화되기는 했지만 과거에도 사실 따지고 보면 사람들은 대개 자신과 자신의 가족을 중심으로 살아왔다. 스미스의 말처럼 개체 보존과 종족 보존이 항상 우선이다. 국가와 민족을 앞세우는 분들도 간혹 있지만 일반 보통 사람들이야 언제나 자신과 가족 중심이었다. 이것은 인간의 자연스러운 모습이다.

영미에서 현재 자유주의를 뜻하는 '리버럴리즘'liberalism은 자유주의라는 의미보다 주로 진보주의라는 의미로 쓰이고 있다. 반대로 한국에서는 자유주의가 보수주의나 반공주의로 이해되고 있다. 이렇게 된 데는, 자유주의의 의미가 시대와 사회에 따라 계속 변화해 온 탓도 있지만, 정치적 자유주의와 경제적 자유주의가 구분되지 않고 쓰이고 있기 때문이다. 정치적 자유주의는 민주주의를 지지하는 것을 말하고, 경제적 자유주의는 자유방임의 자본주의 경제를 지지하는 주장을 말한다.

원래 스미스와 같은 고전적 자유주의자들은 두 가지 모두를 주장했다. 그러다가 앞서 밀처럼 자본주의에 빈부 격차와 같은 병폐가 있다는 것을 알게 되었고, 20세기 들어서는 이뿐만 아니라 불황과 실업, 독점화, 환경 파괴 등 이른바 시장의 실패가 자유방임의 자본주의 경제에 예외 없이 존재한다는 것을 알게 되었다. 그래서 이런 시장의 실패를 해결하기 위해 정부가 적극적으로 경제에 개입해야 한다는 개입주의자들이 제2차 세계대전 이후 현대 경제학의 주류가 되었다. 케인스John M. Keynes와 새뮤얼슨Paul Samuelson이 대표적이다. 이들을 개입주의자 혹은 케인스주의자라고 하며 수정자본주의자라고도 부른다.

반면에 이런 경제적 개입주의에 반대하는 자유방임주의자들이 한편에 여전히 존재한다. 이들은 시장이 완전한 것은 아니지만 그래도 정부보다는 시장에 맡기는 것이 더 좋다고 본다. 왜냐하면 정부에 맡기면 정치인과 공무원들의 부패, 무능과 낭비라는 정부의 실패가 발생하기 때문이다. 이처럼 현대 자유주의자들은 경제문제에 관한 한 자유방임주의를 지지하는 경제적 자유주의자(자유방임주의자)와 정부의 적극적 경제 개입을 주장하는 개입주

의자 등 두 그룹으로 나뉜다. 이 둘 모두 정치적 자유주의를 지지하는 점에서는 동일하다. 이렇게 진보적이며 보편타당성을 갖는 정치적 자유주의와 보수적인 경제적 자유주의를 구분하면 혼동을 피할 수 있다.

정치적 자유주의는 진보적이다. 만인 평등과 민주주의를 주장하기 때문이다. 반면에 경제적 자유주의는 보수적이다. 이들은 정부의 적극적인 소득 재분배 정책과 독점 규제 정책, 환경보호 정책을 반대하기 때문이다.

제2차 세계대전 이후 구미에서 경제적 자유주의자는 소수였고 케인스 같은 수정자본주의자들이 주류였는데, 신자유주의가 세계적으로 유행하면서 경제적 자유주의자들이 주류가 되었다가, 신자유주의 아래에서 빈부 격차가 확대되어 중산층이 몰락하면서 요즘 다시 개입주의가 주류로 복귀하고 있는 추세인 것 같다. 한국의 자유주의자들 중에는 경제적 자유주의자들이 많은 것 같고, 그래서 한국의 진보주의자들이 자유주의를 싫어하는 것 같다.

한국뿐만 아니라 다른 국가에서도 진보주의자들은 대개 평등주의자라고 생각된다. 자유주의가 원래 부르주아지들의 사상이었던 점을 생각하면 마르크스주의자들이 자유주의를 싫어하는 게 당연하다. 서양에도 그런 경향이 있다.

그러나 자유주의에는 우리가 배워야 할 좋은 점들이 여럿 있다. 그 가운데 하나가 개인주의이다. 개인주의는 자유주의의 핵심 요소 중 하나인데, 구체적 사람은 어디까지나 개인이고 추상적인 집단이 아니므로 개인 한 사람 한 사람이 소중하다. 파시즘이나 공산주의처럼 개인보다 집단을 내세우는 전체주의나 집단주의는 큰 잘못을 저질러 왔다. 집단을 내세우며 개인을 도구로 삼고 희생시켰기 때문이다.

개인주의에서 인권이라는 개념이 나오는 것이지, 집단에서는 인권이라는 개념이 나올 수가 없다. 개인주의가 먼저 확립되고 이를 바탕으로 인권과 자유라는 개념이 확립된 다음에야 민주주의도 사회주의도 제대로 작동할 수 있는 것이다. 자유주의 단계가 없으면 개인에 대한 존중이 없기 때문에 전체주의로 빠질 위험이 크다. 역사적으로 독일·이탈리아·일본의 파시즘, 소련·중국·캄보디아의 공산주의 등이 모두 그러했다. 국가·민족·인민·계급과 같은 집단을 개인보다 앞세우니까 개인은 희생되고 수단에 불과해졌다. 이런 것은 아주 위험하다. 그런 면에서 개인주의에 입각한 자유주의가 반드시 필요하다고 본다. 또 개인의 인권을 무시하는 집단주의는 휴머니즘과도 충돌을 일으킬 수밖에 없다.

진보적 자유주의에 대한 생각은?

진보적 자유주의라는 말은 어감이 좋고 친숙한 느낌을 주는 말이지만 나는 상생적 자유주의라는 말을 더 좋아한다. 왜냐하면 진보의 의미가 애매해 사람마다 다르기 때문이다. 반면에 상생이라는 말은 다른 사람의 권리와 가치를 나의 것과 동등하게 존중하면서 서로 도와 가면서 살아간다는 의미이므로 상생적 자유주의라는 말을 더 좋아한다. 요즘 공동체 자유주의라는 말도 많이 쓰는데, 공동체주의는 자유주의에 대한 유익한 비판이다. 그래서 공동체주의의 장점과 자유주의를 종합해 공동체 자유주의라는 말을 쓰는 것 같다. 그러나 자유주의는 개인을 우선시하는 개인주의인데 여기에 공동체라는 말을 붙이면 공동체와 자유주의 사이에 충돌이 발생한다. 그래서 공동체 자유주의보다 상생적 자유주의가 더 좋다고 생각된다. 그러나 공동체 자유주의와 상생적 자유주의는 서로 기본적으로 내용이 같은 듯하다.

진보적 자유주의, 아니 상생적 자유주의를 한국에 적용해 갈 수 있는 방안이 있다면?

그런 방안을 한 사람이 다 알기란 불가능하므로 각 분야별로 현실과 이론을 잘 아는 전문가들이 구체적인 실천 방안을 찾아가야 할 것이다. 크게 두 가지만 말한다면, 한 가지는 국가가 합리적인 공공복지 제도를 적정한 규모로 확충해야 한다는 것이다. 우선 주어진 예산을 낭비하지 않고 효율적으로 사용하면 훨씬 더 큰 효과를 얻을 수 있을 것이다.

또 하나는 우리의 일상생활에서 천민자본주의를 벗어날 수 있는 대안을 찾아야 한다는 것이다. 협동조합이 한 방법인데 아직 한국에서 미미하긴 하지만 그래도 성공적으로 운영되고 있는 사례가 꽤 있는 것 같다. 협동조합이 자본주의사회와 잘 안 맞는 점이 분명히 있긴 하지만 생산협동조합·소비자협동조합·신용협동조합·상인협동조합 등 여러 형태로 경쟁력 있는 협동조합을 만들 수 있을 것 같다. 비단 협동조합만이 아니라 실생활에서 국민들이 먹고사는 과정에서 좋은 방법들을 찾으면 찾을 수 있을 것 같다.

국가에만 맡겨서는 안 될 것이다. 국가에 맡긴다는 것은 부패하고 무능하고 집단 이기주의에 빠진 정치인과 공무원들에게 맡긴다는 것이다. 반면에 시장에 맡기자는 것은 재벌에게 맡기자는 것인데 이는 문제를 해결하는 것이 아니라, 오히려 더 악화시킬 것이다. 중소기업 문제도 이익 공유제처럼 재벌들의 시혜를 바라는 것은 해답이 아닌 것 같다. 이보다는 중소 협력 기업에 대한 대기업의 불공정 거래 행위를 막는 제도를 마련해 중소기업들이 정당한 이익을 벌 수 있게 하는 것이 중요하다.

미국과 비교해 봐도 우리나라 중소기업 보호 제도는 훨씬 열악하다. 미국에는 대기업의 불공정 거래로 인해 피해를 본 중소기업은 직접 검찰에 고발할 수 있고, 법원에서 승소 판결이 나면 동일한 경우를 당한 모든 중소기업이 동일한 피해 보상을 자동적으로 받는 제도가 법으로 마련되어 있다. 그런데 한국은 이런 제도가 전혀 없다. 한국에서는 공정거래위원회만 검찰에 불공정 거래를 고발할 수 있기 때문에 중소기업이 대기업으로부터 억울한 피해를 당해도 직접 검찰에 고발할 수 없으며, 반드시 공정거래위원회를 통해 고발하게 되어 있는데, 공정거래위원회는 1년에 수천 개 접수되는 신고 가운데 불과 10개가 안 되게 기소하니 누구를 위한 공정거래위원회인지 알 수가 없다. 또한 중소기업이 재판에서 승소 판결을 받더라도 해당 기업만 보상을 받을 뿐 동일한 피해를 받은 다른 중소기업들은 보상받지 못한다. 우리나라 중소기업들을 위해 가장 필요한 것은 미국처럼 피해를 입은 중소기업들이 검찰에 직접 고발할 수 있게 하고, 법원의 판결이 나면 동일한 피해를 입은 모든 중소기업이 보상을 받을 수 있도록 제도를 개선하는 것이라 생각된다. 그럼에도 법 개정과 제도 개선이 이루어지지 않고 있는 것을 보면, 공정거래위원회와 국회 모두 재벌들의 영향력 아래 있기 때문일 것이다.

법이 문제라고 보는 것인가?

우리나라에서 법치주의는 모든 사람에게 법을 똑같이 집행한다는 의미로 주로 쓰이고 있다. 물론 법의 공정한 집행도 중요하다. 그러나 이에 못지않게 중요한 것이 법의 내용이 누구를 편들지 않고 공정해야 한다는 것이다. 자유주의에서 말하는 법치주의는 법의 공정한 내용과 집행 등 두 가지를 모두 포함한다. 우리의 경우 공정거래위원회의 고발 독점권처럼 과거 군사독재 시절에 제정되어 내용이 공정하지 못한 법들이 많은데 이런 것들을 하루 빨리 고쳐야 한다.

사회가 발전하려면 법조계만이 아니라 언론도 살아 있어야 한다. 현 정부가 제일 잘못한 것이 그간 나름대로 독립성을 갖고 공정 보도를 해오던 방송국들의 경영권을 빼앗아 언론을 죽인 것이다. 언론을 권력의 시녀로 만든 것이 장기적으로 제일 잘못한 것 같다. 언론이 정권을 제대로 비판하지 못하면 정권도 잘못을 막아 주는 사람이 없게 되어 불행해진다. 다음으로 잘못한 것이 4대강 사업이다. 자연은 한 번 파괴되면 복구하기가 무척 힘들고 불가능한 경우도 많다.

한국 사회를 위한 바람직한 지도자상이 있다면?

올바른 비전을 가진 사람이어야 한다. 어느 나라 정치에서나 표가 중요하긴 하지만 표만을 뒤쫓는 정치인들은 지도자로서 곤란하다. 표만 생각하는 정치인들을 포퓰리스트라고 하는데, 현재 차기 대선 주자로 거론되는 정치인들은 거의 다 이런 것 같다. 이런 리더는 곤란하다. 대통령은 국가의 장기 비전을 제시하고 거기에 맞추어 정책을 세워 집행할 수 있는 사람이어야 한다. 이런 관점에서 보면 아직 합당한 사람이 안 보인다.

소비자의 목표는 효용 극대화이고 정치인의 목표는 표 극대화라는 말이 있는데, 민주주의의 한계를 잘 드러내는 말 같다. 정치인들의 수준은 국민들의 수준과 일치하므로 결국 국민들의 의식과 생각이 커가는 것이 중요하다. 그래서 언론과 교육이 중요하다고 생각한다. 요즘은 인터넷이 하나의 희망이 될 수 있을 것 같다. 인터넷은 그야말로 게릴라다. 다양한 의견과 정보가 아무데서나 튀어나온다. 반면에 인터넷이라는 정보의 바다에 빠져서 허우적대는 경우도 많다. 그래도 인터넷 덕분에 조·중·동의 힘은 많이 빠진 것 같다.

이근식에게 자유란?

예전에 "사물의 인과관계를 정확하게 파악하고 효율적 수단을 찾는 영리한 머리만이 아니라, 다른 사람(존재)도 나와 동일하게 소중한 존재임을 인정하는 보편적 윤리 의식을 갖고 이를 실천할 때 자유로운 인간이 되는 것 같다." 라고 이야기한 적이 있다. 진정한 인간이 될 때 자유를 얻는다는 의미다. 여기서 진정한 인간이란 이성을 가진 인간을 말한다. 이성은 두 가지로 나눌 수 있다. 하나는 사물의 인과관계를 정확하게 파악하고 효율적 수단을 찾는 영리한 머리, 바꿔 말하면 사실 판단을 정확히 할 수 있는 인식 능력을 말한다. 또 하나는 올바른 윤리 의식을 갖는 것이다. 올바른 윤리 의식이란 다른 사람도 나와 똑같이 소중한 존재임을 인정하고 서로 상생하는 것이라 생각된다. 이 두 가지를 모두 갖출 때 진정한 사람, 곧 자유로운 사람이 될 수 있다는 얘기다.

청년 이근식의 가슴을 뛰게 한 것이 있다면? 아울러 대학 생활은 어떠했는지?

예쁜 아가씨를 보면 가슴이 뛰었다.(웃음) 우리가 대학 다닐 때에는 대부분 동아리에 들어갔는데, 그 당시 동아리들은 대개 이념적 성향이 강했다. 내가 다니던 서울 상대는 6·25 전쟁 전에 좌익의 소굴이었다고 한다. 그래서 다른 대학의 우익 학생들이 습격해 상대생들을 마구 구타한 적도 있다고 들었다. 서울 상대 경제과는 전통적으로 정부 정책에 비판적이었다. 박정희 정책에 대해 비판적이었고, 매판자본을 비난했고 자립 경제를 주장했다. 지금 생각해 보면 두 가지 이유가 있었던 것 같다. 하나는 군사 쿠데타로 민주 정부를 전복하고 무력으로 정권을 잡은 박정희 군사독재 정권에 대한 반감이 컸다는 것이다. 이는 지식인들로서 당연했다고 생각된다.

또 하나는 당시 서울 상대를 비롯해 한국 대학들에 계승되어 오던 민족주의적 전통이라고 생각된다. 일제강점기 때 독립운동의 최전방에서 제국주의 침략자에게 저항했던 사람들은 대개 민족주의자였고 이들은 대개 사회주의자였다. 전 세계가 다 그랬다. 제국주의자는 구미의 자본주의 열강들이었고 자유주의는 그들의 사상이었으니, 그들에 저항한 후진국 식민지는 저절로 민족주의와 마르크스주의로 가게 되었다. 이처럼 제국주의 시대 식민지에선 대개 마르크스주의와 민족주의의 두 세력이 겹쳤는데, 이는 한국도 마찬가지였다. 일본도 식민지는 아니었지만 마찬가지여서 도쿄 대학의 경제학과는 마르크스주의자들이 모두 잡고 있었고 그 전통이 1960년대까지도 지속된 것 같다.

민족주의 전통이 서울 상대 경제과에도 있었다. 그런데 그것만으로는 문제를 해결할 수 없다는 생각이 점점 들었다. 그렇게 생각하게 된 결정적 계기가 스미스와 밀을 읽고 나서였다. 이념적인 사고의 문제를 느끼기 시작했는데, 이념적인 사고는 교조적이고 경식적일 뿐만 아니라 인간의 본성을 보지 않기 때문이다. 인간을 보고 인간의 본성에 맞게 사회를 바꾸는 방법을 찾는 것이 중요하다고 생각하게 되었다.

내가 밀을 좋아하는 이유 중 하나는 사회주의에 대한 그의 생각 때문이었다. 밀은 사회주의국가가 설사 세워지더라도 망할 것이라 보았다. 밀은 사유재산제도가 없어지면 재산을 목표로 하는 투쟁은 없어지지만 권력을 목표로 하는 새로운 투쟁과 국가권력층이라는 새로운 지배계급이 발생할 것이라고 보았다. 또한 노동생산성도 하락하고 무엇보다도 개인의 자유가 박탈될 것이라고 정확하게 예상했다. 생산을 국가가 관리하는 것이 사회주의인데, 생산을 관리하려면 노동력을 관리해야 하고, 노동력을 관리하려면 인간을 관리해야 하며, 이는 개인 자유의 박탈을 초래할 것이라고 밀은 정확하게 예측했다. 밀이 이런 얘기를 한 것이 1870년경이니, 소련의 붕괴를 120여 년 전에 내다본 것이다.

밀과 달리 마르크스는 인간을 너무 순진하게 본 것 같다. 마르크스는 인간은 원래 선량한데 사유재산제도가 인간을 악하게 만들었다고 보았다. 그래서 마르크스는 사유재산이 없는 공산주의 사회가 건설되면 계급도 인간 소외도 없어지고 지상천국이 실현될 것이라고 낙관적으로 생각했다. 그러나 이는 틀렸고 밀의 예언이 맞는다는 것이 증명되었다. 밀은 사회주의 사회가 이상적이기는 하나 이를 실현하기 위해서는 먼저 인간의 윤리 의식이 높아져야 하고 이는 매우 요원한 일이라고 보았는데, 이런 밀의 생각이 옳은 것 같다.

지상에 천국을 만들 수 있다는 마르크스와 헤겔의 생각은 모두 망상이다. 지상에 천국을 어떻게 만드는가? 자신을 위해 다른 사람과 동물들을 마구 죽이는 인간들이, 자기들끼리도 전쟁과 수탈을 그치지 않는 인간들이 어떻게 이 세상에 천국을 만들 수 있는가? 빗나간 얘기지만 인간은 죄를 너무 많이 짓는다. 에덴동산에서 사과를 따먹은 것이 아니라, 수많은 동물을 마구 죽이는 것이 인간의 원죄이다. 지난번 구제역 파동이 발생했을 때 수백만 마리의 돼지와 닭을 생매장하는 것을 보고 더욱 실감했다. 다른 동물들을 마구 죽이면서 인간들만 잘사는 사회를 만들겠다는 것은 염치없는 생각이다. 이 지구는 인간들만을 위해 있는 것이 아니지 않는가?

유학 생활은 어땠나?

나이가 서른둘이 되어 뒤늦게 미국에 유학을 갔는데, 영어가 들릴 때쯤 되

이런 천민자본주의 세상에서 학생들에게 정의를 위해 살라고 말하는 것은 무리라고 본다. 이런 세상을 물려준 우리 탓인 걸.

니 대학원 과정이 끝났다.(웃음) 유학 얘기가 나와서 말인데 공부하고 싶다면 유학 가는 걸 적극 권한다. 한국에서는 공부가 잘 안 된다. 나도 한국에서 대학원을 2년 동안 다녔는데, 그때 기본적으로 파트타임 학생밖에 될 수 없었다. 유학을 가야 풀타임 학생이 될 수 있다. 한국에서는 장학제도가 부족한 것도 문제이지만 인간관계에 얽혀 사회생활에 시간을 너무 많이 뺏긴다. 유학은 귀양 가는 것과 같다. 귀양 가면 유배지에서 공부에만 매진할 수 있다. 유학 가서 장학금을 받으면 대부분의 시간을 공부에 매진할 수 있다. 특히 사회과학을 공부하고 싶으면 가서 견문을 넓히는 것이 좋다. 그래야 세상을 넓게 제대로 볼 수 있다.

현재 꿈이 있다면?

지금 특별히 꿈이라고 할 것이 없다. 젊었을 때도 꿈은 별로 없고 욕심은 있었다. 어릴 때 미국 영화에서 본 미국처럼 우리나라를 잘사는 나라로 만들고 싶다는 욕심이었다. 그래서 대학에서 경제학과를 택했다. 지금 생각하면 이건 순진한 생각이었고, 이제는 우리나라가 잘살게 되는 데 내가 작은 보탬이라도 되면 좋겠다는 정도로 생각한다. 내가 할 수 있는 일이 글을 쓰고 말하는 것이니 이를 통해 우리나라가 좀 더 잘살게 되는 데 작은 보탬이라도 되었으면 한다.

난 내가 팔자가 좋다고 생각한다. 왜냐하면 먹고살 걱정을 안 하고 자유롭게 살 수 있기 때문이다.(웃음) 대학교수라는 직업이 그래서 좋은 것 같다. 먹고살 걱정도 안하고 눈치를 볼 필요도 없고, 특히 나같이 공립대학 교수가 좋은 것 같다. 사립대학에서는 교수들이 재단 눈치를 보는 경우가 많은 것 같다. 요즘 장사꾼이 대학을 사서 마치 개인 회사를 경영하듯, 교수를 직원 부리듯 하는 사립대학이 있다. 옛날에는 사농공상士農工商이었는데 요즘 같은 천민자본주의 시대에는 상공사농인 것 같다. 나는 운 좋게 서울시립대 교수가 되어서 아주 만족한다. 누구 눈치 안 보고 자유롭게 쓰고 말할 수 있어서 좋다. 내 책이 많이 읽혀 내 생각이 널리 전파되면 좋겠지만 재미가 없는지 워낙 안 팔린다. 그래서 이제 그런 기대도 접었다.(웃음)

마지막으로 청년들에게 해주고 싶은 말이 있다면?

이런 천민자본주의 세상에서 학생들에게 정의를 위해 살라고 말하는 것은 무리라고 본다. 이런 세상을 물려준 우리 탓인 걸. 열심히 일하고, 돈 벌고 결혼해서 행복한 가정을 꾸리고 행복하게 살고, 그리고 되도록 어려운 사람들을 돕고 죄를 덜 짓고 살라는 것. 그 정도가 내가 해줄 수 있는 얘기인 것 같다.

정태인

시시포스의 돌을 짊어지는 것이 진보의 운명

한미 FTA를 둘러싼 논쟁이 한창일 때 한 번쯤 들어봤음 직한 이름이 바로 이 사람이 아닌가 한다. 2006년 노무현 정부가 한미 FTA를 추진할 때부터, 2012년 7월 한미 FTA가 국회 비준을 통과하기까지 근 7년 넘게 반反한미 FTA 운동의 최전선에서 온몸을 던져 싸워 왔기 때문이다. 바로 정태인 새로운사회를여는연구원(새사연) 원장이다.

시시포스가 돌을 끊임없이 들었다 놓기를 반복해야 했던 것처럼 정태인 원장에게는 한미 FTA가 시시포스의 돌이 아닌가 싶다고 하자 "지금을 한미 FTA 시즌 2라고 이야기한 적이 있는데 시즌 1과 시즌 2는 한미 FTA 통과를 전후로 해서 관계 자체가 달라진 것이다. 한미 FTA가 일단 발효된 다음에 우리가 해야 할 일은 장기적으로 두 가지가 있다. 하나는 현재 상태에서 발생하는 문제들을 인식하고 이것이 한미 FTA 때문이라는 것을 증명하는 것이고, 다른 하나는 그렇기 때문에 한미 FTA를 폐기해야 한다는 국민들의 동의를 얻어 내는 것이다. …… 보편 복지국가와 한미 FTA가 가지고 있는 사회 구성 원리는 전혀 다르기 때문에 문제가 생길 수밖에 없다. 이 두 개가 양립할 수 있다는 것은 거짓말이며 그것을 동시에 이야기하는 것 자체가 모순이다."라고 답한다.

노무현 전 대통령의 정책 참모였지만 한미 FTA로 인해 대통령과 대척점에 서야 했던 참모로서 참모의 역할에 대한 생각이 남다를 것 같다고 물었다. "참모는 국민들의 즉각적인 지지를 넘어 훨씬 장기적이고 넓게 봐야 한다. 적어도 정책적인 측면에서는 지도자보다 더 뛰어나야 한다. 만약 참모가 지도자의 말 하나하나에 따라가는 참모라고 한다면 지도자가 잘못된 길로 갔을 때 그런 방향을 오히려 더 강화해 버린다. 지도자를 바른 길로 안내하는 것보다 지도자에 반대하는 세력을 억제하는 데 모든 머리를 써버리기 때문이다. 그래서 역사적으로 진짜 참모는 지도자에게 반대하다가 벌을 받기도 했다."

그가 생각하는 자유가 궁금했다. "자유와 평등은 서로 결합되어야 한다. 함께 추구해야 한다. 그래야만 행복을 추구할 수 있는 사회적 조건을 만들 수 있고, 그럴 때 비로소 사회적 정의를 실현할 수 있다. 그렇기 때문에 자유는 진보의 필수 불가결한 요소이다. 자유와 평등이 결합했을 때 민주주의가 이루어지는 것이고 경제 민주주의도 마찬가지다. 추상적으로 이야기하자면 정의란 모든 사람이 자유로울 수 있는 평등한 조건을 만드는 것이고 이것을 경제 국면에서 실현하자는 것이 바로 경제민주화이다."

청년 시절을 물어보니 "1988년에 젊은 학자들이 우리에게 필요한 것은 엔엘과 피디 논쟁과 같은 이념적인 것이 아니라 현실적이고 구체적인 정책이라 생각하고 한국사회연구소(한사연)를 만들었는데, 이때 이사장이 바로 박현채 선생이다. 박현채 선생과 한사연의 50명쯤 되는 대학원생들은 정책을 만들겠다는 일념을 가지고 월급도 받지 않고 열심히 정책을 만들었다. 스물여덟 살짜리 대학생들이 실제로 정책을 만들었고 이들이 김영삼 정부와 김대중 정부, 그리고 노무현 정부에도 들어갔고, 심지어 이명박 정부에도 들어갔다. 왜냐하면 우리나라에서 제대로 된 정책 훈련을 한 사람이 많이 부족했기 때문이다. 이것이 내 인생의 전환점이라고 할 수 있다."라고 답한다.

뜻을 함께하는 동료들과 새로운 사회를 위한 정책 만들기에 여념이 없었던 스물여덟 살의 정태인이 지금은 새사연의 작은 연구실에서 역시 같은 꿈을 꾸는 동료들과 함께 열심히 정책을 만들고 있다. 시간은 흘러도 새로운 사회를 향한 그의 열정은 오히려 더 단단해진다. 그만큼 그의 정책도 탄탄해진다.

시시포스가 돌을 끊임없이 들었다 놓기를 반복하는 것처럼 한미 FTA 문제를 가지고 지금도 계속해 씨름하고 있는 그. 미련해서일까? 아니, 그 안에 새로운 사회를 향한 열망이 살아 숨쉬기 때문일 것이다. 그의 에너지가, 그가 말한 것처럼 자유와 평등이 강물처럼 흐르는 사회를 만들어 가는 데 소중한 연료가 되기를 기대한다.

'정태인' 하면 한미 FTA, '한미 FTA' 하면 정태인이 떠오른다. 자신이 FTA를 전담했던 국민경제비서관이었기 때문에 "한미 FTA를 비판하는 일은 나에 대한 나의 처벌, 가차 없는 처벌이다."라고 했다. 이후 반한미 FTA 국민경제비서관으로 열심히 활동해 왔다. 하지만 결국 한미 FTA 비준안이 국회에서 통과되었다. 이대로 끝나고 마는 것인가?

한미 FTA 비준안이 2012년 7월에 발효되었고 두 달이 지나 법률로써 효력을 발휘하고 있다. 앞으로 한미 FTA가 국내법 위에 존재해 더 큰 위력을 발휘할 것이다. 아무리 민생을 위하는 국내 법안이라 할지라도 한미 FTA에 저촉될 가능성이 있다면 무력해질 수 있다. 예를 들어 국내의 유통·상생법이 한미 FTA와 부딪칠 위험성이 있으면 통과되기 어려운 것이다. 이렇게 되면 한미 FTA로 인한 부작용은 계속 나타날 것이고 이미 많은 부분에서 문제점이 나타나고 있다. 한미 FTA 안에 존재하는 투자자-국가 직접 소송제^{ISD}로 외국 투자자가 투자 대상국의 보호조치에 대해 제소할 수 있게 되었고 실제로 우리나라에 론스타와 같은 문제들이 발생했었다(실제로 외환은행 매각 시 '4조 원 먹튀' 논란을 일으켰던 미국계 사모 펀드 론스타가 미국 시각으로 11월 21일 한국 정부를 상대로 "한국 정부가 한국·벨기에 투자 협정을 위반했다."며 국제투자분쟁해결센터에 2조4천억 원대의 투자자-국가 소송을 제기했다). 또한 이명박 정부가 KTX 일부 민영화를 생각하고 있는데 한미 FTA는 문제가 발생해도 그 이전 상태로 돌아가지 못하도록 할 것이다. 한미 FTA 반대 진영에서 한미 FTA 즉각 폐기를 주장하고 있고, 나도 예전에 같은 주장을 했지만 이미 발효된 시점에서 즉각 폐기는 어려울 것이다.

한미 FTA는 2006년 첫 논의를 시작으로 오늘에 이르기까지 7년 동안 수없이 많은 논의를 거쳐 왔다. 그렇기 때문에 폐기할 이유를 확실하게 제시하지 못한 채 그냥 폐기한다고 통보하는 것은 법적으로는 가능할지 몰라도 국제정치상으로는 불가능하다. 따라서 한미 FTA의 폐해들을 기록하고, 한편으로는 한미 FTA를 대체할 수 있는 새로운 대안들을 만들어 내는 과정들이 필요하다. 한 3년 정도는 걸릴 것이라고 생각한다. 그 대안 중의 하나가 동아시아 공동체인데, 먼저 동아시아 내에서 주민들의 삶을 높이는 실질적이고 구체적인 방안들을 실현하는 것이 중요하다는 것이다. 이를 바탕으로 이후 각종 FTA에 대처하는 것이 장기적으로 올바른 방향이라고 생각한다.

한미 FTA에 관해 고려해야 할 것이 하나 더 있는데, 바로 중국과 미국의 관계이다. 세계가 중국과 미국의 G2 체제가 되면서 경제 분야에서 두 국가의 대립이 빈번해졌는데 여기에 한국이 미국과 FTA를 맺는다는 것은 중국에 위협이 될 수 있다. 중국이 우리에게 한중 FTA를 요구하고 있는 것도 바로 그래서이다. 만일 우리나라가 한미 FTA에 이어 한중 FTA까지 맺는다면 굉장히 위험한 상태가 될 것이다. 현재 세계경제를 담당하는 미국과 유럽연합, 중국과 동시에 FTA를 맺는다는 것은 엄청난 위험을 무릅쓰는 것이고, 한국이 이 나라들과 한꺼번에 FTA를 맺고 국가 경제가 제대로 움직이리라고 생각하는 것은 망상이다.

야권에서 한미 FTA 즉각 폐기를 주장하는데 과연 이 말에 실효성이 있는가?

장기적으로는 폐기하는 것이 올바르다고 생각한다. 그러나 지금까지는 한
미 FTA의 폐해가 증명되지 않았고 국제정치적인 이유에서라도 당장 폐기
하기는 현실적으로 어렵다. 지금 우리가 할 수 있는 일은 한미 FTA로 인해
문제가 발생할 때마다 미국과 이야기하는 것이다. 문제들이 자꾸 발생하기
때문에 바꾸자는 것이 재재협상이고, 이 과정을 거치면서 한미 FTA가 실질
적으로 국민들의 삶의 질을 개선하는 데 방해가 되고 심지어 삶의 질을 떨
어뜨린다면 폐기를 주장해야 하는 것이다. 애초에 시작하지 말아야 했고 비
준하지도 않아야 했지만, 결국 비준된 상태에서는 그것을 폐기하는 과정도
나름의 절차를 밟아야 한다. 그리고 국민들이 정말 한미 FTA를 폐기해야 한
다고 내부적으로 동의해 줄 때 폐기가 가능해진다. 국제정치적인 문제, 국내
적으로 국민들의 동의 등 두 가지 모두가 해결되어야 하는 것이다.

어쨌든 국민의 절반 정도가 한미 FTA를 찬성하고 있기 때문에 이를 바로
폐기하는 것은 국민들의 뜻을 온전하게 반영한다고도 할 수 없다. 그래서
과정과 절차가 필요한 것이다. 우리나라가 복지를 확대한다고 하면서 한미
FTA를 한다는 것 자체가 말이 안 되는 이야기다. 복지 확대와 FTA는 부딪
치게 되어 있다. 한쪽은 국민의 복지 향상이 목표이고 한쪽은 시장 원리로
사회를 조직하자는 것이기 때문에 이 두 개가 부딪칠수록 한미 FTA를 폐기
할 이유는 더욱 쌓이게 될 것이다.

시시포스가 돌을 끊임없이 들었다 놓기를 반복해야 했던 것처럼 정태인 원장에
게는 한미 FTA가 시시포스의 돌이 아닌가 싶다.

지금은 한미 FTA 시즌 2라고 이야기한 적이 있는데 시즌 1과 시즌 2는 한미 FTA 통과를 전후로 해서 관계 자체가 달라진 것이다. 한미 FTA가 일단 발효된 다음에 우리가 해야 할 일은 장기적으로 두 가지가 있다. 하나는 현재 상태에서 발생하는 문제들을 인식하고 이것이 한미 FTA 때문이라는 것을 증명하는 것이고, 다른 하나는 그렇기 때문에 한미 FTA를 폐기해야 한다는 국민들의 동의를 얻어 내는 것이다. 앞서도 말했지만 보편 복지국가와 한미 FTA가 가지고 있는 사회 구성 원리는 전혀 다르기 때문에 문제가 생길 수밖에 없다. 이 두 개가 양립할 수 있다는 것은 거짓말이며 그것을 동시에 이야기하는 것 자체가 모순이다.

한미 FTA를 가장 이상적인 상태라고 이야기하면서 대표적으로 미국을 예로 드는데 미국 자체는 복지국가가 아니지 않은가. 이런 모순이 증명되어 국민들이 이를 받아들이고, 나아가 국제사회가 이 사실을 인정할 때 한미 FTA 폐기가 가능한 것이다. 물론 당장 국민투표를 해서 FTA를 폐기할 수는 있다. 그러나 국민투표라는 것도 명분이 있어야 하고 국민들이 실제로 동의해 줘야 하는 것이기 때문에 이 과정은 시간이 꽤 걸릴 것이다.

사실 2012년 4·11 총선 때도 한미 FTA, 강정 마을 해군기지 건설 등이 모두 참여정부에서 추진했던 것들이다 보니 이 문제들을 이슈화하면 할수록 오히려 "이 모든 것이 참여정부에서 추진했던 것이 아니냐."며 공세를 펼쳤던 새누리당의 프레임에 말려들었다.

참여정부와 민주당이 했던 것이 맞고, 지금에 와서 보니 그때 생각이 틀렸다고 얘기해야 한다. 적어도 한미 FTA만이라도 분명히 그렇게 이야기해야 했다. 한미 FTA는 시장을 통한 경쟁이 효율성을 높인다고 생각했고 그렇기 때문에 미국식으로 가는 것이 올바른 방향이라고 생각했다가 2008년 세계 금융 위기를 겪으면서 그런 정책 기조가 대파국을 가져온다는 것이 증명된 것이다. 그렇다면 잘못한 부분에 대해서는 깨끗하게 잘못을 인정하고 한미 FTA를 반대해야 하는데, 앞의 것은 무시하고 노무현의 한미 FTA와 이명박의 한미 FTA가 다르다는 식으로 이야기하니까 굉장히 궁색해진 것이다. 물론 두 한미 FTA가 조금 다른 데가 있긴 있지만 가장 중요한 투자자-국가 소송 문제, 공공성 파괴 문제 등에서는 동일하다. (2012년 대선에서) 박근혜 후보가 보편 복지와 한미 FTA가 양립 가능하다고 하면서 유통·상생법을 강화하자는 이야기를 했는데, 이것은 분명히 모순이다. 참여정부의 세력들이 노무현의 한미 FTA나 이명박의 한미 FTA가 틀렸다고 인정했다면, 박근혜 후보의 이야기도 자신 있게 부정하고 공격할 수 있는데, 앞의 것을 못하고 있으니 공격하기는커녕 오히려 공격당하고 있는 것이다.

앞으로 이 부분에 대해 문재인 후보는 끊임없이 공격당할 것이다. 왜냐하면 문재인 후보와 그의 참모들이 대부분 참여정부 말기의 관료들이나 지식인들이기 때문이다. 이 사람들은 기본적으로 자신들이 잘했다고 생각하고, 조·중·동 때문에 그것이 제대로 알려지지 않았다고 생각하기 때문에 계속 노무현 정부를 옹호할 것이다. 그러나 분명한 것은 국민들이 이명박 대통령을 선택했던 것은 참여정부의 정책에 대해 실망했고 양극화가 심화되었다는 것을 몸으로 느꼈기 때문이다. 이런 사실을 부정할수록 싸움은 더 힘들어진다. 이명박 정부가 실행한 '줄푸세'(세금을 줄이고, 규제를 풀고, 법질서를 바로 세운다는 말)가 우리나라 경제에 큰 위기로 작용하고 있고 박근혜 후보도 복지국가를 외치면서 '줄푸세'를 주장하고 있지만, 참여정부 역시 '줄푸세'의 구조, 신자유주의 기조를 많이 따랐던 것이 사실이다.

그런 의미에서 2012년 총선과 대선 국면에서 야권이 이명박 정부와 싸우는 것처럼 보이지만 사실은 여전히 참여정부의 신자유주의 노선과 싸우고 있는 것이 아닌가 한다.

참여정부와 이명박 정부 간에 동일성도 있다. 이제는 경제를 시장에 맡긴다는 것이 위험한 일이고 이것이 국민들의 삶의 질을 떨어뜨린다는 것을 받아들이게 됐지만, 2008년 이전까지 대다수의 사람들은 신자유주의가 잘나갈 줄 알았다. 경제학자 중 일부가 다른 나라의 경험을 들어, 논리적으로 그렇지 않다고 이야기해도 소용없었고 국제적인 정책 분위기에 끌려가는 면도 있었다. 그래서 참여정부는 한쪽으로는 복지를 늘리고 한쪽으로는 신자유주의 정책을 쓰는 어찌 보면 모순적인 정책을 함께 썼던 것이고, 이명박 정부는 노골적으로 토목 신자유주의 정책을 쓴 것이다. 참여정부와 이명박 정부의 동일성은 신자유주의 정책 기조 안에 있었다는 것이고, 다른 점은 한쪽은 복지에 대한 상당한 의지가 있었지만 다른 한쪽은 건설 토목으로 경제성장률을 올리겠나는 의지가 있었다는 것이다. 민주당이 잘못된 것에 대해 인정해야 국민들에게 다음 정책이 새로운 정책 기조로 갈 것이라는 믿음을 줄 수 있고 그것이 표에도 도움이 된다고 생각하는데 정작 민주당은 그렇게 생각하지 않는 것 같다.

대통령 혼자 국정을 운영할 수 없다. 실제 참여정부의 개혁적 정책 기조가 인수위 이후 내각이 구성될 때 살짝 꺾였고, 이정우 정책실장, 이동걸 금융감독위원회 부위원장, 정태인 국민경제비서관이 나가고 난 이후 참여정부 정책이 신자유주의 기조로 확 틀어졌다. 그만큼 어떤 참모가 함께하느냐가 대통령의 국정운영에 미치는 영향이 큰 것 같다. 노무현 전 대통령의 정책 참모였음에도 한미

FTA로 인해 대통령과 대척점에 선 경험이 있으니 참모의 역할에 대한 생각이 남다를 것 같다. 자신이 생각하는 참모관이 있다면?

참모는 장기적인 시야를 가져야 한다. 크게 보면 민중이 역사를 끌고 간다고 할 수 있지만 국면적으로는 국민들이 장기적인 시야를 갖기가 쉽지 않다. 일반 사람들은 단기적으로는 자신의 이익에서 출발하기 때문에 멀리 바라보지 않는다. 참모는 국민들의 즉각적인 지지를 넘어 훨씬 장기적이고 넓게 봐야 한다. 적어도 정책적인 측면에서는 지도자보다 더 뛰어나야 한다. 만약 참모가 지도자의 말 하나하나에 따라가는 참모라고 한다면 지도자가 잘못된 길로 갔을 때 그런 방향을 오히려 더 강화해 버린다. 지도자를 바른 길로 안내하는 것보다 지도자에 반대하는 세력을 억제하는 데 모든 머리를 써버리기 때문이다. 그래서 역사적으로 진짜 참모는 지도자에게 반대하다가 벌을 받기도 했다. .

참여정부에 함께 있다가 나온 이정우 경북대학교 교수가 우리를 조선 중종 시대의 조광조 비슷하게 '사림파'에 비유했다. 재벌과 재경부, 조·중·동 등이 수구파이고 우리 내부에 존재하면서 노골적으로 수구파의 편을 든다거나 그쪽에 물든 사람들은 훈구파이다. 옛날엔 사림파가 지게 되면 모두 사형이고 딸들은 관비가 되었다. 우연하게도 이정우 선생님과 이동걸 박사, 내가 전부 딸만 둘씩이라 합하면 여섯인데 옛날 같으면 그 아이들은 다 관비가 되었을 거라고, 지금 태어난 것이 참 행복한 거라고 농담처럼 말했다. (웃음) 결국 옳고 그름을 판단하는 것은 지도자의 몫이지만, 지도자가 항상 옳은 것도 국민이 모두 옳은 것도 아니다. 참모는 자기가 올바르다고 생각하는 것을 용감하게, 잘릴 것을 각오하고 이야기하는 것이다. 이것이 참모의 운명이고 한편으로는 진보의 운명이기도 하다. 진보가 더 길게 보고 올바른

이야기를 하는데, 그것이 별로 인기가 없는 일이긴 하다.(웃음)

"참모는 자기가 올바르다고 생각하는 것을 용감하게, 잘릴 것을 각오하고 이야기하는 것"이라는 대답에서도 알 수 있듯이 최고 권력자와 다른 소수 의견을 말한다는 것은 용기가 필요한 일이다. 사림파의 길이 아닌 훈구파의 길을 택했다면 조금 더 편한 삶을 살 수 있었을 텐데, 현실과 타협하고 싶지는 않았는지?

실은 입을 다문 것도 많았다. 우리가 처음 들어갈 때, 김대중 정부 시기부터 청와대에 있었던 이동걸 박사가 말하기를, 자잘한 것까지 반대했다가는 빨리 '잘리기' 때문에 잠자코 있다가 정말 중요한 반대가 필요할 때, 딱 한 번 과감하게 반대해야 한다고 했다.(웃음) 결국 이동걸 박사와 이정우 교수가 그만두게 된 계기는 모두 삼성 문제였다. 우리나라에서 삼성을 비롯한 재벌과 경제 관료와 조·중·동이 맺고 있는 단단한 삼각동맹은 청와대에서도 어쩔 수 없는 힘이었다. 사람들이 대부분 내가 한미 FTA를 반대하다가 잘렸다고 생각하는데 그 이전에 그만두었다. 그만두더라도 대통령 참모는 참모였으니, 웬만하면 대통령의 정책에 반대하지 않고 침묵하는 경우가 많은데 한미 FTA는 너무 큰 이야기여서 비판할 수밖에 없었다. 내가 한미 FTA가 추진된다는 것을 안 것은 2005년 10월이었다. 알고 난 뒤 부랴부랴 반대하는 보고서를 만들어 대통령께 면담 신청을 했지만, 실제로 만난 것은 2006년 3월이었다. 이미 협상 선언을 개시하고 협상을 시작한 다음이니 얘기나 들어보자고 하는 것 같았다. 결국 대통령을 설득하지 못했고 마지막으로 나오면서 대통령에게 공개적으로 언론을 통해 반대하겠다고 말했다. 내게 "그러지 말라."고 했지만, 한 달 정도 대통령이 조금이라도 기조를 수정해 주길 기다렸는데 그렇게 하지 않기에 하는 수 없었다.

참여정부의 신자유주의적 정책 노선에 대해 민주·진보 진영이 냉철하게 평가할 수 있어야 그 다음을 모색할 수 있을 텐데, 일부 친노 세력들이 이를 무조건적으로 싫어하는 경향을 나타낼 때가 있다.

원래 노사모는 굉장히 열정적인 시민들로 구성된 개혁 집단이었는데 노무현 대통령이 한미 FTA를 추진한 이후에 둘로 갈라져 일부는 진보신당에 들어갔다. 내가 그들을 가리켜 '한미 FTA를 반대하는 노빠들'이라고 불렀었는데, 지금 노빠의 주류는 참여정부에 끝까지 있었던 참모들로 이들은 여전히 '한미 FTA를 찬성하는 노빠들'이라고 할 수 있다. 자신이 사랑하고 지지했던 정치인이 원래의 자기 생각에서 벗어나 잘못된 판단을 함에도 그가 옳다고 지지하는 것이 '빠' 문화라면 그건 위험하다. 참여계가 바로 그 사이에 있는데 그들이 정치적으로 다시 '부활'한 것은 국민들이 그들을 용서해서가 아니다. 노무현에 대해 미안한 마음이라든가 노무현 개인에 대한 회한 같은 것들이 이들에게 반영되어 한 번 더 기회를 준 것이다. 그런데 이들이 마치 양극화를 심화시켰던 이전의 정책들까지 모두 용서를 받은 것처럼 행동하고 오버한 것이 2012년 4·11 총선에서 패배한 이유라고 생각한다.

이길 수밖에 없는 선거에서 진 이유는 '살려 줘서 고맙다.' 정도를 넘어서 '우리가 옳았다.'는 식으로 갔기 때문이었다. '옳았다.'는 부분도 이명박 정부의 실정이 워낙 심하니까 '상대적으로 옳았다.'는 것이지, 사람들이 2007년 이전에 가졌던 양극화에 대한 반감과, 기대를 저버린 데 대한 실망을 잊어버린 것은 분명히 아니다. 노무현 대통령에 대해 정확히 회고하고 지지해야 하는데, 과잉 해석해 판단하고 이것이 대선 국면에도 그대로 반영되고 있는 것이 민주당의 가장 큰 문제라고 생각한다.

너무 무거운 이야기만 한 것 같다. 개인적인 이야기들을 듣고 싶다. 노무현 대통령 돌아가셨을 때 어땠나? 이 질문 역시 무겁다.(웃음)

멍했다. 하지만 돌아가신 다음 날 핀란드에 가야 해서 울고 말고 할 틈이 없었다. 그날 바로 봉하로 내려갔다가 다음 날 비행기를 타고 핀란드로 갔다. 추모에 대한 열기 속에 있었다면 여러 감정이 있었겠지만, 외국에 있었고 바쁜 일정을 소화하다 보니 상대적으로 감정이 무뎌졌다. 노무현 대통령은 원래 갖고 있던 생각을 퇴임한 뒤 다듬으려 했고, 2008년 금융 위기가 터졌을 때는 "문제가 있으면 고쳐야 한다."고 이야기했다. 이처럼 국민들의 요구에 비춰 다시 해석하고 만들어야 하는데, 2012년 대선 시기의 문제인 후보 쪽은 기본적으로 과거 참여정부의 정책 기조를 계속 끌고 가려는 느낌을 준다. 사실 문제인 후보의 정책은 참여정부의 정책보다 훨씬 더 진보적이다. 그러나 중요한 어떤 문제들에서는 참여정부와 단절되지 못하고 그 연장선상에서 해석되는 부분이 있다.

2012년 4월 총선 이후 발생한 통합진보당 폭력 사태 이후 "우선 내 친구들부터 살려야 될 것 같아서요."라며 오히려 통진당에 가입해 반향을 일으켰다. 반한미 FTA 운동 때도 그렇고, 통진당 시즌 2 운동을 제안했을 때도 그렇고, 자신이 해결해야 하는 문제가 보이면, 일단 몸을 던지고 보는 스타일인 것 같다. 열정이 많아서인가? 그런 스타일 때문에 몸과 마음이 많이 다칠 것 같기도 하다.

페이스북을 통해 사고를 많이 친다. 보통 연구원에 아침 7시에 출근하는데, 이른 아침에다 주변에 아무도 없으면 그 순간 현실에서 조금 떨어져서 사람이 감성적이고 이상적이 된다. 그럴 때 페이스북에 쓴 것들 중에 사고 친 것이 많다.(웃음) 총선 이후 결과에 대해 나도 반성해야 할 것 같아서 대선 때까지 금주하겠다고 했다. 원래 나는 굉장히 술을 많이 마시는 사람인데, 지금 1백일 이상 술을 안 먹고 있는 상태다. 또 하나는 통진당 사태가 일어나고 난 다음 날 새벽에 동영상을 보다가 하도 짜증이 나서 차라리 내가 통진당에 들어가겠다고 얘기했는데, 이것이 언론에 보도되면서 일이 커져 버렸다.(웃음)

진보의 시즌 2가 필요하다고 생각했다. 시즌 1이 끝났다는 것은 1980년대 운동이 수명을 다했다는 것을 의미한다. 1980년대 우리나라 민주주의 세력은 민주화를 위해 많은 일들을 했지만, 시간이 흘러도 당시의 이념과 생각을 전혀 수정하지 않고 오히려 더 완고해졌다. 엔엘은 엔엘대로 피디는 피디대로 완고해졌다. 노조 또한 규모가 커졌음에도 현실에서는 크게 달라지지 못하고 마치 커다란 공룡이 살길을 못 찾고 있는 형태가 되어 버린 것이다. 통합진보당에 들어갈 때는 아직 그 구조가 완전히 무너지지 않았을 때였고 어떻게 해서든 그것을 기반으로 정치를 바꿔 낼 수 있지 않을까 하는 희망이 있었다. 그런데 이후 이석기·김재연 제명 건이 부결되는 것을 보면서 이제는 스스로 혁신할 수 있는 가능성이 거의 없다는 것이 증명되었다.

민주노동당 초기 시절, 진보신당, 그리고 많은 우여곡절을 겪긴 했지만 통진당에 이르기까지, 그래도 매력적인 진보 정치인과 정당이 있다는 것이 참 행복했다. 그런데 통진당 사태로 인해 진보 정치 세력 전체에 대한 매력을 확 잃은 느낌이다.

30~40대 중에 진보적인 정치를 할 수 있는 매력적인 사람이 정말 많지 않은가? 심상정·유시민이 다 친구인데 내가 그들에게 한 이야기가 "국회의원 한

번만 더해라. 그리고 일선에 나서서 뭔가를 하려고 하지 말고 젊은이들이 정치를 할 수 있도록 열어 주어야 한다."였다. 이제 우리 나이 또래가 벌써 50대이다. 요새 30~40대가 스스로 정치를 하지 못하는 건 바로 우리 같은 사람들이 짓눌러서 그런 면도 있다. 그렇다면 우리가 좀 더 뒤로 빠져서 그들에게 공간을 열어 주고 그들이 스스로 말하고 사고해서 스스로 만든 정책들이 관철되는 경험을 하도록 도와줘야 한다.

지금 우리나라는 보편 복지, 경제민주화, 협동조합, 즉 '사회적 경제'라고 하는 국민적 요구가 밑에서부터 분출하고 있다. 그런데 문제는 올바른 방향에서 분출되고 있는 이 에너지를 껴안을 정당이 없는 것이다. 젊은 세대가 이것을 해야 하는데, 이 사회가 그들을 철없고 어리다고 이야기하면서 발언 자체를 하지 못하게 한다. 사회적 격차가 심해지면서 젊은 사람들이 대기업으로 몰리게 되었고 스펙 쌓기나 하고 있다. 아이들을 얽매이게 만드는 '스펙'처럼, 말도 안 되는 쪼잔한 것들을 없애는 일을 우리가 해야 한다. 그 대신 새로운 방향을 찾고 실제 역할을 하는 것은 젊은 세대들의 몫이다. 당을 만들고 새로운 진보를 한다고 하더라도 이것은 젊은 세대들이 담당하고, 유신을 경험한 1987년의 주역들은 이제 뒤로 빠져서 이 친구들을 돕는 역할을 해야 한다. 이를 위해 새사연에서 대학원생들 가운데 정책에 관심 있는 사람들을 모아 세미나를 시작했다. 이곳에서 소수라 할지라도 진보 정책을 만드는 매력적인 젊은 사람들을 키워 냈으면 좋겠다.

청년 정태인은 어땠나?

유신 말기 전두환 정부 초기에 대학을 다녔다. 그때 동기들과 『자본』도 읽고 같이 공부했는데 동기들이 노동운동을 한다고 공장으로 들어갈 때 나는 용기가 없어서 대학원에 들어갔다. 그때부터 나는 정책을 만드는 구체적인 일을 해야겠다는 생각으로 살았다. 대학원 석사과정을 수료하고 기독교사회문제연구원(기사연)에 취업을 했다. 1986년만 해도 함부로 말했다가는 잡혀가는 시대였고 그래도 기독교가 제일 안전한 공간이었다. 기사연에 있으면서 내 인생에서 가장 중요한 사람이라 할 수 있는 박현채 선생을 만났다. 1971년 『대중경제론』의 기획자로 김대중 대통령도 인정한 굉장한 실력가이다. 그는 사회주의를 이상으로 삼았지만, 대단히 현실적이었고 진보적인 사람으로 내가 만난 사람들 중에서 가장 그릇이 크고 호방한 사람이었다. 이후 1988년에 젊은 학자들이 우리에게 필요한 것은 엔엘과 피디 논쟁과 같은 이념적인 것이 아니라 현실적이고 구체적인 정책이라 생각하고 한국사회연구소(한사연)를 만들었는데, 이때 이사장이 바로 박현채 선생이다. 박현채 선생과 한사연의 50명쯤 되는 대학원생들은 정책을 만들겠다는 일념을 가지고 월급도 받지 않고 열심히 정책을 만들었다.

스물여덟 살짜리 대학생들이 실제로 정책을 만들었고 이들이 김영삼 정부와 김대중 정부, 그리고 노무현 정부에도 들어갔고, 심지어 이명박 정부에도 들어갔다. 왜냐하면 우리나라에서 제대로 된 정책 훈련을 한 사람이 많이 부족했기 때문이다. 이것이 내 인생의 전환점이라고 할 수 있다.

그런데 사회정의, 진보에 대한 감수성은 언제부터 발달했는가?

사람에게는 누구나 정의에 대한 생각이 있다. 인간은 이기적이기도 이타적이기도 하지만 기본적으로는 공정성에 대한 관념을 가지고 있다. 어떤 사회에서는 이 공정성이 잘 발현되어 인간의 내적 회복을 이루는가 하면, 어떤 사회에서는 공정하게 행동하는 사람을 바보 취급함으로써 스스로 그것을 억눌러 이기적인 인간이 되기도 한다. 내 인생에서 공공성을 선택하기 시작한 순간은 정확히 1978년 5월 8일이었다. 1978년은 유신 말기로 당시 학교에서 데모하면 바로 잡혀갔고 제적당하고 심지어 군대까지 끌려갔을 때였다. 1978년 학교를 입학해 그해 5월에 첫 데모를 했다. 처음에는 구경만 해야겠다고 생각했는데, 어느 날 정신을 차리고 보니 서울대 정문을 돌파하는 맨 앞에 내가 서 있었다.(웃음) 나는 무슨 서클에서 교육을 받은 것도 아니었는데 그 순간 무엇인지 모를 환희를 느꼈다. 지금 생각해 보면 그것이 아마 집단의식이었던 것 같다. 잠재해 있던 '정의에 대한 생각을 내가 실천하고 있고, 내 옆에 동료가 있고, 그가 지금 굉장한 위험을 무릅쓰고 나와 함께 있다.'는 환희였다. 이 환희가 내가 진보 쪽으로 가게 됐던 동력이 아니었을까.

중학교 때 몸이 불편했던 친구를 옆에서 많이 도와줬다고 들었다.

중학교 2, 3학년 때 일이다. 2년 동안 하루도 빠지지 않고 그 친구 가방을 들었다. 어렸을 때 소아마비를 앓아 목발을 짚는 친구였는데 목발에 가방까지 들으라고 하면 힘들지 않겠는가? 그때는 모두가 걸어 다니던 시대였는데, 친구와 집으로 가는 방향이 같아서 그 친구 가방과 내 가방을 들고 다녔다. 지금은 어떨지 모르겠지만 그때는 그렇게 하는 게 당연한 이야기였다.

교수가 되지 않고 시민사회와 정치 영역에서 계속 활동하는 이유가 있다면?

게을러서다.(웃음) 고등학교 때까지는 범생이로 살았고 대학도 크게 힘들이지 않고 들어갔다. 대학교에 들어가서도 데모를 경험하면서 스스로 의식화되었다. 나는 당시 지하 서클에 소속된 사람이었기 때문에 붙잡혀서 제적되거나 구속되거나 하지는 않았다. 하지만 유학을 가라든가 하는 여러 제안들이 많았다. 그때 운동권들의 분위기는 심상정 의원처럼 공장에 위장 취업해 들어가는 것이었는데 나는 용기가 없어 노동운동도 못했고, 그렇다고 유학을 갈 수도 없었다. 대학원에 진학했지만 너무나 많은 일들이 발생했고, 여기저기 관여하다 보니 논문 쓸 틈이 없었다. 정책을 만드는 구체적인 일들을 하면서 계속해서 현실에 개입하다 보니 추상적이고 형식적인 논문 쓰기는 게을러 못한 거다. 대단한 이유가 있는 것은 아니고 술 먹고 게으르고, 그때그때 할 일은 또 해야 되겠고 하다 보니 여기까지 왔다.(웃음)

게으르다고 하지만 박사 학위를 하고 교수가 되는 길이 개인적으로는 편한 길이었을 텐데.

돌이켜 생각해 보면 대학교 때 정부와 경찰 말 듣지 않고 유학 가지 않은 게 다행이다. 만약 그랬다면 외국의 좋은 대학에 갔다 와서 지금은 교수를 하고 있을 것이다. 유학을 안 갔어도 국내 박사를 한 동기들이 지금은 성공회대·한신대 등에 들어가 교수를 하고 있다. 조희연 같은 사람들이 모두 한사연 출신인데 현실에 많이 개입한다고는 하지만 역시 교수는 교수다. 정책이라는 것은 나라 전체를 보고 중요한 것들을 다 들여다봐야 하는데 교수가 논문을 쓰기 위해서는 자기 전공에 집중해야 하므로 시야가 좁아지는 것이 사실이다. 그런데 나는 사회의 여러 문제에 구체적으로 개입해 넓은 시야를 유지할 수 있어서 좋다고 생각한다.

공부가 재미있어서 진짜 공부를 열심히 한 것은 한미 FTA를 반대하기 시작한 2006년 이후였다. 그때는 한미 FTA 이론가도 없고 상대 쪽은 관료, 국책 연구원, 관련 박사들이 넓게 포진해 있어서 그들과 싸우기 위해서는 열심히 공부했어야 했다. 그때 정말 열심히 공부했다. 고등학교 3학년 때보다 더 열심히 했는데, 그러다 보니 공부가 정말 재미있어졌다. 그래서 요즘은 아침 7시부터 밤 11시까지 공부한다. 가끔 조금만 더 젊었을 때 열심히 공부했다면 굉장히 멋진 학자가 됐을지도 모른다는 생각이 들지만 또 다른 한편으로는 학자가 되어 세부적인 것을 좁게 공부하는 것보다 우리 사회의 중요한 문제들을 들여다보고 그것을 어떻게 정책으로 만들까 고민하는 것도 상당히 중요하다고 생각한다. 물론 실력 있는 학자들이 자기 주제에 대해 좋은 정책을 만들 수는 있다. 하지만 전체를 한꺼번에 볼 수 있는 시야는 약할 수밖에 없다. 원래부터 정책을 만들어야겠다고 생각했고, 아주 젊었을 때부터 정책 연구소를 만들어 그런 일을 했고, 지금도 새사연에서 그 일을 하고 있기 때문에 나름대로 만족스럽다. 이런 내가 희소가치는 있지 않은가.(웃음)

20~30대에 한 선택들이 지금의 정태인 원장을 만들었을 것이다. 지금 여러 선택들을 앞에 두고 있는 20~30대 친구들에게 해주고 싶은 말이 있다면?

우리 애들 둘이 다 20대인데 하나는 스물일곱이고 하나는 스물둘이다. 진로에 대해서는 알아서 하라고 했지 한 번도 상관해 본 적이 없었다. 그랬더니 하나는 미술을 하다가 지금은 문학을 하고 둘째는 사학을 하는데, 두 아이 모두 돈 안 되는 공부를 하고 있다.(웃음) 돈이 안 될 뿐만 아니라 오히려 돈이 많이 드는 학문을 한다. 하지만 무엇을 하든지 자기가 재미있는 것을 하면 된다고 생각한다. 폴라니Karl Polanyi가 1929년 대공황을 세계의 대전환기로 본 것처럼 2008년 위기는 세계사적으로 대전환기다. 대공황과 지금이 비슷한 것은, 그 앞의 20~30년 동안은 시장에 모든 것이 맡겨져 전 세계가 그쪽으로 미친 듯이 몰려갔다가 공황으로 붕괴하고 새로운 시대가 열린 것이다.

젊은 사람들은 자기가 원하고 자기가 느끼는 대로 가면 되는데, 이전 시대가 잘못한 것들에 대해서는 제대로 알아야 한다. 왜 이전 시대가 이런 식으로 파국에 이르렀는지, 모든 것을 시장에 맡기고 양극화를 방치하고, '능력'에 따라 보상받는 게 마치 정의인 것처럼 생각하는 것이 잘못된 것임을 알아야 한다. 능력에 따라 보상을 받는다는 것이 무슨 의미가 있는가. 설사 의미가 있다 하더라도 그것이 능력에 따라 보상을 받은 것인지 좋은 할아버지와 좋은 아버지 밑에서 태어난 운일지 누가 안다는 것인가. 더 많은 보상을 받는다는 것이 합리화된다고 할지라도 그 차이가 1천 원이 되어야 하는지 1천만 원이 되어야 하는지는 아무도 모르는 것이다.

요즘처럼 빨리 변하는 시대에는 아이들에게 앞으로 어떤 직업이 유망해질 거라고 얘기하면 틀릴 수밖에 없다. 세상이 변하면서 쓸모없어지는 직업들이 생기는데, 그렇기 때문에 전문직이라는 이유로 국가가 독점을 허용한 의사, 변호사 같은 직업에 많은 사람들이 몰려든다. 그쪽이 안정적이고 다른 직업에 비해 상대적으로 소득이 높다고는 하지만 국가적으로 볼 때 얼마나 큰 능력 낭비인가. 피를 보면 기절하는 애가 의사가 되고 시인이 됐을 사람이 의사가 되는 판국이다. 그런 사람들이 나중에 한을 풀겠다고 수필집을 내고 그러는데 그들을 보면 참 안타깝다. 그렇기 때문에 자기가 하고 싶은 것을 하는 게 가장 중요하다. 어차피 미래는 어떻게 될지 누구도 모르는 것이고, 자기가 하고 싶은 일을 선택하면 자연히 행복하게 열심히 자기 일을 하게 된다.

여기에서 필요한 것이 바로 평등인데, 평등해지면 선택의 자유가 커진다. 앞서 말했듯이 노무현 대통령이 세상을 떠나고 난 다음 날 핀란드에 갔는데, 그때 깨달은 것이다. 그곳에서 핀란드 교육개혁의 전반기 20년을 담당하던 '아호'라는 분을 만났는데 그가 내게 "당신들은 어떻게 등수를 매기는가?"라고 물었다. 이어서 아호는 "얘는 뜀뛰기를 잘하고, 얘는 영어를 잘하고, 얘는 수학을 잘하고, 얘는 미술을 잘하는데, 어떻게 등수를 매기는가?"라고 물었다. 맞는 말이었다. 아이들마다 잘하는 것이 모두 다름에도 우리는 수학에는 가중치를 높게 주고, 달리기나 미술에는 가중치를 낮게 해서 하나로 점수를 만들어 70만 명의 등수를 매기는 것이다. 이것은 말도 안 되는 이야기다. 만약 등수를 매기지 않고 가중치를 두지 않으면 아이들이 시험도 안보고 공부도 안 할 거라고들 하는데, 그것은 사실이 아니다. 우리나라 중등 교육 경쟁력이 상당히 높다고 하지만 핀란드가 1등이다. 우리나라는 지독한 경쟁을 바탕으로 등수를 매기는 교육이지만, 핀란드는 등수와 상관없이 아이들이 자기가 좋아하는 공부를 하는 나라다. 핀란드 아이들이 우리 아이들에 비해 반만 공부하면서도 시험에서 비슷한 능력을 보이는 것은 자기가 좋아하는 공부를 하기 때문이다.

사회도 마찬가지다. 직업들 간의 보수가 비슷하고, 사회적 평가도 비슷하다면 사람들은 자신이 좋아하는 일을 할 것이다. 스칸디나비아반도에 있는 나라들이 효율성에서도 세계 최고를 자랑하는 이유가 바로 그것이다. 평등이 효율을 낳는 것이 그 사회의 메커니즘이라고 생각한다. 자기가 좋아하는 것을 하기 때문에 평등이 다양성을 낳는 것이다. 그리고 다양성이 있으면 사회 변화에 잘 적응할 수 있다. 만일 변화가 미술을 필요로 하면 미술을 잘하던 아이들이 대응하면 되고, 음악을 필요로 하면 음악으로 대응하면 되는 것이다. 사회가 변화에 대한 대응 능력을 높이려면 다양해야 하고, 다양해지려면 기본적으로 평등해야 한다. 평등은 '획일'을 낳는 것이 아니라 '다양'을 낳는다. 정말로 좋아하는 일을 하면서 시대적 필요에도 부응하는 것이 가장 행복한 삶일 것이다.

좋아하는 일을 하기로 마음먹는 것 자체에도 큰 용기가 필요한 것이 오늘날 청년들이 맞닥뜨리고 있는 현실이다.

직업에 귀천이 없다고 배우지만, 이것이 거짓말이라는 것은 가르치는 선생님도 알고 아이들도 안다. 이런 위선을 없애고 실제로 귀천이 없는 사회가되어야 한다. 나더러 딱 한 가지만 개혁하라고 한다면 교육개혁을 해서 대학 입시부터 없애고 사교육도 없앨 것이다. 솔직히 우리 때에도 시험은 봤지만, 지금처럼 경쟁이 심하지 않았고 놀면서 공부해도 괜찮았다. 그런데 지금은 점수의 차이가 인생을 결정하는 경우가 많으니까 그것에 목숨을 걸게되는데, 이러다가는 우리나라가 망한다. 젊은 세대가 스펙을 쌓는 데 젊음을허비하지 않도록 우리 기성세대가 세상을 바꿔야 하고, 동시에 젊은이들은자기가 좋아하는 일을 하는 새 세상을 만들어야 한다. 특히 나는 젊은이들에게 정치를 권한다. 정치야말로 고도의 예술이고 정말로 해볼 만한 것이다.다른 사람들의 이야기를 잘 듣고 시대의 흐름을 읽어 낼 줄 아는 사람이라면 정치에 도전해야 하고 이런 젊은 정치인들이 많이 나와야 한다고 생각한다. 스칸디나비아 국가의 국력이 강한 이유는 정치가 강하기 때문인데, 이곳에서는 고등학교 때부터 아이들이 정당 활동을 한다. 이것은 굉장히 중요한민주주의 훈련이다. 우리 같으면 말도 안 되는 이야기인데, 어디 시험공부해야지 아이들이 정당 활동을 하고 있을 수 있나. 정치는 순수한 애들을 오염시키는 거라고 생각한다.(웃음)

우리 사회에서 청년들은 연애·결혼·출산 등을 포기한 일명 '삼포 세대'로 불린다. 이런 상황에도 우리 청년들이 잊지 않아야 할 것이 있다면?

결혼과 출산은 그렇다고 치고 연애는 반드시 해야 한다. 우리 연구원들보고도 자꾸 연애하라고 하는데 연애를 못 하는 이유를 잘 모르겠다. 널린 게 사람 아닌가.(웃음) 연애가 인생의 꽃인데 해야지 왜 안 하는가. 물론 실연하면 세상이 무너지는 것 같고 아픔도 크지만 그 이전에 사랑이 주는 즐거움과 행복은 매우 중요하다. 돈과 시간이 없어서 연애를 못 한다는 것은 말이 안 된다. 메피스토펠레스가 평생을 공부한 파우스트에게 "세상은 이렇게 푸른데 너는 왜 만날 회색 속에서 헤매느냐."고 "사랑하라."고 꼬이지 않던가. 마음에 와닿는 좋은 말이다. 사람은 사랑하게 되어 있고 마음껏 사랑해야 하는데 그렇지 못하는 현실이 안타깝다. 물론 연애를 막고 있는 조건들이 실제로 존재하고, 결혼하고 아이를 낳지 않는 것도 교육제도와 같은 사회적인 제약, 불평등이 심하기 때문이다. 하지만 사랑은 해야지, 사랑이 인생의 목표인데.(웃음)

인간의 문제를 다루는 사회정책을 만드는 사람들일수록 따뜻함이 있어야 할 것 같다.

전두환 정권 시절에는 대학생 과외를 금지해서 진보는 정말 돈이 없었다. 지금 생각하면 아내에게 참 미안한데, 우리끼리 술 마시다가 돈이 없으면 꼭 마누라를 불러 계산하게 했다. 그런데 아내가 돈을 내려고 나오면, 아는 척도 하지 않고 우리만 알아듣는 암호로 계속 이야기했던 적이 많았다. 그런 잘못은 다시는 하지 말아야 한다.(웃음) 또한 진보는 대중에 대한 순수한 사랑을 지니고 있어서 어느 곳에서 문제가 발생하면 적극 동참하지만, 때로는 그들이 갖고 있는 이념이 좀 더 폭넓게 사람을 이해하고 사랑하지 못하도록 가로막을 수도 있다. 진보 스스로 자기 이념의 포로가 되면 안 된다.

나는 젊은이들에게 정치를 권한다. 정치야말로 고도의 예술이고 정말로 해볼 만한 것이다.

경제학에서 가장 유명한 자유는 프리드먼Milton Friedman이 이야기하는 '선택의 자유'다. 그런데 그 선택의 자유는 결국 '돈을 얼마나 갖고 있느냐'가 결정한다. 돈이 없는 사람은 자유가 없다는 말인데, 이것은 자유가 아니다. 그것은 인권 중에서도 소유권·재산권을 특권화한 소유의 자유를 말하는 것이다. 자유는 인권적인 측면이 동시에 있는 것인데 신자유주의 혹은 시장 만능주의라는 것은 소유권의 자유를 최대한 확대해 자유의 인권적인 부분을 억누르는 것이다. 오히려 경제학에서의 자유는 노벨 경제학상을 받은, 인도 출신의 아마르티아 센의 개념이 더욱 설득력 있다. 그는 능력 이론으로 "자유로서의 발전"이라는 말을 했는데 "자유란 개인이 자기가 하고 싶은 일을 하는 것이고, 사회는 그 자유를 누릴 수 있는 능력을 갖춰 줘야 한다."고 했다. 가령 장애인이 자기 자유를 실현하는 데서 그것을 가로막는 것이 있다면, 사회가 그 장애물을 없애 줘야 한다는 것이다. 자신의 능력을 발휘하는 것이 바로 자유이고 그 능력을 발휘할 수 있도록 하는 것이 사회적 정의라고 할 수 있다.

이런 자유 개념은 평등 개념과 연결되어 있다. 평등하지 않으면 자유도 없는 것이다. 선택의 자유가 돈에 의해 결정되는 것이 아니라 어떤 것을 선택해도 별 차이가 없어서 자기가 좋아하는 것을 선택해 능력을 발휘하면 되는 것이다. 경제학에서 일반적으로 이야기하는 선택의 자유도 평등할 때 얻을 수 있고, 그럴 때 자신의 능력을 잘 발휘할 수 있으며 궁극적으로 행복에도 이를 수 있다. 사실 자유는 진보의 굉장히 중요한 구성 요소인데, 이것을 자유민주주의의 자유라고 생각해 그동안 배격하기도 했다. 또한 국가사회주의라는 화석화된 집단 이념 때문에 개인의 자유를 배격하기도 했다. 하지만 자유와 평등은 서로 결합되어야 하며, 함께 추구해야 한다. 그래야만 행복을 추구할 수 있는 사회적 조건을 만들 수 있고, 그럴 때 비로소 사회적 정의를 실현할 수 있다. 그렇기 때문에 자유는 진보의 필수 불가결한 요소이다. 자유와 평등이 결합했을 때 민주주의가 이루어지는 것이고 경제 민주주의도 마찬가지다. 추상적으로 이야기하자면 정의란 모든 사람이 자유로울수 있는 평등한 조건을 만드는 것이고 이를 경제 국면에서 실현하자는 것이 바로 경제민주화인 것이다.

自
由
人

2011
05
02

최장집

왜 책임정치인가

최장집 고려대학교 명예교수를 만났다.『민주화 이후의 민주주의』,『민주주의의 민주화』,『어떤 민주주의인가』(공저) 등 그의 주요 저서들이 말해 주듯이 한국적 현실에 적합한 민주주의 모델을 연구하는 데 평생을 바쳐 온 학자를 만난다는 것은 참 설레고 긴장되는 일이었다. 세 시간에 걸친 인터뷰를 통해, 인터뷰 2주 전인 2011년 4월 출간한『막스 베버, 소명으로서의 정치』(후마니타스, 2011)에 대한 이야기와 더불어, 최근 진행되고 있는 한국 정치에 대한 그의 생각, 그리고 그가 살아온 시간들에 대해 비교적 소상히 들을 수 있었다.

먼저 최장집 교수는『막스 베버, 소명으로서의 정치』를 출간한 이유에 대해 "민주화 이후 한국의 젊은 세대들이 민주주의를 이해하는 방식은 지나치게 한 측면, 즉 아래로부터 권력이 창출되는 것에만 집중해 왔다. 베버는 위로부터의 측면, 즉 권력을 가지고 이를 행사·운용해 어떻게 좋은 사회를 만들 수 있는가 하는 문제의 중요성을 일깨워 준다."라고 이야기했다.

또한 현실 정치를 이야기하면서는, 현재 진보·개혁 진영을 중심으로 논의되고 있는 야권 연대가 보수 독점하에 소외되어 왔던 노동 세력이 제 목소리를 찾는 데 기여하는 방향으로 전개되었으면 하는 바람을 내비쳤다. 한국 정당 체제의 발전과 노동 세력의 정치 세력화를 위한 이론적 연구에 평생을 바쳐 온 그다운 주장이었다.

이쯤에서 그가 왜 손학규 민주통합당 상임고문(당시 민주당 대표)을 지지하는지 궁금해졌다. 노동 세력의 정치 세력화를 이야기하고, 정당정치의 발전을 이야기해 온 진보적 학자가, 중도적 성향을 띠는 손학규 상임고문의 후원회장으로 나선 것에 대해 많은 이들이 의문을 표했던 것도 사실이다.

이에 대해 그는 "많은 사람들, 특히 진보파들 사이에서 그의 한나라당 전력과 중도 온건 노선이 약점으로 지적되는 것을 알고 있다. …… 나는 여기에 대해 좀 다른 견해를 갖고 있다. 오히려 그런 점들이 손학규 대표의 장점이 될 수 있지 않을까 생각한다. …… 중산층 이상에게는 불필요한 불안감을 자극하지 않으면서, (시대적으로 요청되는) 복지를 중심으로 한 진보적 의제로 민주당의 정책을 이동시키고, 편중된 지역적 기반에 의존하며 퇴행해 온 민주당의 조직적 면모를 일신해 한국 사회의 대안 정당으로 민주당을 변화시키는 데 그의 중도적 온건 개혁 노선이 플러스가 될 수 있다고 기대하기 때문이다."라는 답을 내놓았다. 손학규 상임고문에 대한 지지가 단순히 그 개인의 역량에 국한된 지지가 아니라 한국의 민주주의 상황에 대한 그의 판단과 맥이 맞닿아 있다는 점에서, 그가 바라보는 한국의 현실, 그리고 그가 생각하는 시대적 과제가 무엇인지를 유추해 볼 수 있었다.

또한 치열한 생존경쟁에 내몰려 꿈꾸는 것조차도 버거워하는 젊은 세대의 고통을 해결해 주지 못하는 현 정치권에 대한 비판은 통렬했다. 그러면서 "젊은 세대들에게 지적 자극을 주고 교양을 갖도록 격려하는 데 나의 역할과 기여가 있지 않을까 생각한다."며 젊은 세대에 대한 따뜻한 격려를 아끼지 않았다.

한국 정치의 현실을 분석하고 비판하는 데는 가감이 없는 그였지만, 젊은 이들에 대해 이야기할 때는 마치 손녀와 손자들이 당하는 고통에 가슴 아파하는 할아버지의 마음이 느껴졌다. 그런 점에서 한국 민주주의에 대한 그의 끊임없는 연구과 현실 참여는 어쩌면 젊은 세대들이 마음껏 꿈을 꿀 수 있는 사회가 속히 오기를 바라는 그의 소망 때문이 아닐까 하는 생각이 들었다. 그래선지 여기저기서 만나게 되는 그의 지적인 문체에서 따뜻함이 스며져 나오는 듯해 나도 모르게 살짝 먹먹해질 때가 있다.

『막스 베버, 소명으로서의 정치』를 낸 계기와, 시급하게 읽혔으면 하는 정치철학자로 막스 베버를 꼽은 이유는?

2010년에 정치학에서 고전으로 읽히는 작품을 저술한 대표적인 정치철학자들을 선정해 봤다. 그리고 그들의 주요 저작을 중심으로 몇 달에 걸쳐 강연을 진행했는데, 이번 책은 바로 그 강연의 첫 번째 산물이다. 처음에는 선정된 12명 모두를 묶어서 한 권의 책으로 출간할까 생각했다. 그러나 이는 너무 방대하고 어려운 작업이 될 것 같았다. 그래서 한국 사회에서 좀 더 먼저 읽혀야 한다고 여겨지는 정치철학자를 선정해 한 권씩 출간하기로 했다. 첫 번째가 『막스 베버, 소명으로서의 정치』이다.

강연은 시간순, 즉 플라톤과 아리스토텔레스에서 출발해 현대에 가까운 학자들로 넘어오는 방식으로 진행되었다. 이때 가장 마지막으로 다룬 사람이 바로 막스 베버였다. 우리가 민주주의를 경험한 지도 벌써 사반세기가 지났다. 그럼에도 민주주의에 대한 논의는 풍부하지 못하며 이해도 부족하다. 현실에서 대두되는 문제를 중심으로 그때그때 필요에 따라 대응하다 보니, 정치에 대한 이해는 여전히 매우 피상적인 수준에 머물러 있다. 긴 호흡을 가지고 성찰적으로 문제를 볼 수 있었으면 하는 희망이 이번 작업을 추동했다고 말할 수 있다.

제일 먼저 베버에 대해 쓰게 된 것은 두 가지 이유에서다. 하나는 민주화운동에 직간접적으로 영향을 받은 한국 사회의 지식 엘리트들이 정치에 대해 갖는 태도와 정치를 이해하는 방식과 관련된 문제의식이다. 민주주의에 대해 한국의 지식 엘리트들이 갖는 상념에는 낭만주의적·도덕주의적·민족주의적인 요소가 크게 자리 잡고 있다고 생각한다. 이것은 다시 한국의 지식 엘리트들 사이에 깊이 자리한 반정치주의적 태도와 밀접하게 연관돼 있는 것으로 보인다. 다른 하나는 민주주의와 정치가 한국 사회의 진보와 발전을 위해 뭔가 좋은 결과를 만들기 위해 알아야 할 중요한 문제점들을 일깨워 준다는 점이다.

첫 번째 문제와 관련해, 한국 정치의 전통처럼 여겨지기도 하는데, 정치를 대하고 이해하는 방법에서 현실주의적 접근이 부족하다는 생각을 많이 하게 된다. 베버의 말을 빌리자면, '신념의 정치'는 정치적 가치나 이념에 대한 지나친 확신과 결합하면서 과잉이다 싶을 정도로 넘쳐흐르는데, '책임의 정치'에 대한 문제의식은 너무나 약하다. 그리고 이런 책임 윤리는 있는 그대로의 사실(성)을 중시하는 정치에 대한 현실주의적 접근 내지 태도에 기초한다. 나는 무엇보다 베버에게서 이런 점들을 배울 수 있을 것으로 기대했다.

다음으로 두 번째 문제와 관련해, 현대 민주주의를 실천하고 이를 통해 시민의 자유를 확대하고, 삶의 질을 향상시키기 위해서는 국가의 성격과 작동 방식을 잘 이해하는 것이 매우 중요하다는 점이다. 더불어 현대의 독점 자본주의 사회의 특성과 구조를 잘 이해하고 다루지 않으면 안 된다는 것이다. 현대 국가나 자본주의적 시장 질서, 거대 기업의 존재와 역할을 말하는 것은 정치가 무척 전문적이고 복잡한 기술 합리적인 문제들을 다룰 능력을 갖지 않으면 안 된다는 사실 때문이다. 이는 우리가 18세기나 19세기 전반의 초기 자본주의적 환경과는 근본적으로 다른 문제들과 대면하고 있음을 의미한다. 민주주의를 말하고, 민주정치를 실천할 때, 우리는 자주 이런 관료 기구나 거대 자본주의의 본질적인 측면을 지나쳐 버리곤 한다.

베버는 현대 민주주의가 어떻게 관료적이고 기술적인, 그리고 전문적인 문제들에 대응할 수 있는가에 커다란 관심을 가졌다. 그는 국가라는 것이 굉장히 복합적이고 복잡한 내용을 갖는 기구이며, 국가의 역할, 국가와 사회

그리고 개인과의 관계, 국가가 만들어 내는 권력과 정책, 이 모든 것들이 정치의 맥락이고 바탕이라는 점을 강조했다. 우리는 정치를 이해할 때, 개별 정치인의 행위나 특정 정책에만 집중하는 경향이 크다. 그럴 때 그것이 위치한 큰 흐름 내지 구조를 놓치게 된다. 즉 우리가 이런 큰 흐름 속의 문제들을 체계적으로 이해하지 않고서는, 정치를 말하고 나아가 정치를 통해 무엇인가를 개선하기란 지극히 어려운 일이 될 것이다. 이는 정치가 한편으로 개인의 자유를 억압하는 거대한 관료적 기구이면서, 다른 한편으로 국가를 통하지 않고서 개인의 자유를 실현할 수 없다는, 국가에 내재된 일종의 딜레마를 다루기 때문이다.

민주주의의 제도적 측면과 관련해서도 그렇다. 우리는 선거, 정당, 민의를 대표하는 리더의 선출 및 정부 형성 등을 민주주의와 관련지어 많이 이야기하곤 한다. 하지만 현대에 들어서서 국가라고 부르는 거대한 그리고 항구적으로 제도화된 관료 조직이 시민들의 삶에 끼치는 영향은 엄청나다. 이런 국가의 존재에 대한 인식, 그리고 이것이 어떻게 민주주의를 통해 운영되고 또 운영되지 않는지에 대한 이해 없이 현대 민주주의를 제대로 이해하기란 지극히 어려운 일이다.

민주주의를 피상적으로, 인민주권이나 참여를 통한 정부의 구성과 대표의 선출 정도로 여기곤 한다. 그러면서 인민의 의사가 모든 것을 결정하는 것이라고 생각한다. 즉 다수의 결정을 통해 국가의 문제가 다루어지고, 그럼으로써 민주주의가 실현될 수 있다고 보는 것이다. 이는 물론 규범적·원리적으로는 맞는 말이다. 그러나 실제에서 모든 것이 그렇게 되는 것은 아니다. 민주주의는 그렇게 간단한 것이 아니다. 민주주의가 갖는 매우 복합적인 측면을 이해하는 데 베버는 굉장히 중요하다.

또 다른 차원에서 베버의 논의를 얘기해 보자. 정치를 두 방향 내지 두 측면으로 구성된 것으로 생각해 볼 수 있다. 먼저 한 방향은 인민주권의 실현, 평등한 참여, 인민 의사의 대표 등 권력이 만들어지는 측면이다. 다른 방향은 이렇게 선출된 지도자 또는 정부가 국가(정부)를 운영하고 어떤 결과를 만들어 내는 차원이다. 다시 말하면 하나는 아래로부터의 권력과 권위가 창출되는 것이며, 다른 하나는 이렇게 창출된 권력을 수단으로 지도자나 정치인들이 만들어 낸 결과이다. 즉 리더십의 문제이다. 정치를 이렇게 두 방향으로 구성된다고 이해할 때, 베버는 특히 리더십의 문제, 즉 권력의 본질을 이해하고 이를 통해 정치가 실제로 무엇인가를 만들어 내는 문제를 말하는 데 있어 그 누구보다 중요한 이론가이다.

이 점에서 민주화 이후 한국의 젊은 세대들이 민주주의를 이해하는 방식은 지나치게 한 측면, 즉 아래로부터 권력이 창출되는 것에만 집중해 왔다. 베버는 위로부터의 측면, 즉 권력을 가지고 이를 행사·운용해 어떻게 좋은 사회를 만들 수 있는가 하는 문제의 중요성을 일깨워 준다. 내가 베버를 말하는 것은 이런 측면이 그동안 자주 간과되었다고 느꼈고, 하나의 전체적인 구조에서 정치를 이해하고 민주주의를 이해하는 것이 필요하다고 생각했기 때문이다.

베버가 "소명으로서의 정치"를 강연할 당시 독일은 역사상 최대의 위기를 맞았던 때였다. 패전으로 제국은 붕괴되고, 내부적으로 혁명의 기운이 곳곳에서 분출되었으며, 결정해야 할 중요한 정치적 이슈들은 차고 넘치는데, 그것을 감당할 만한 정치적 역량은 어디에서도 발견되지 않았던 때였다. 위기는 고도의 경제성장과 산업 발전, 그것이 가져온 폭발적인 사회적 위기, 이런 문제들을 해결할 정치적 리더십의 부재로부터 비롯된 것이었다. 이런 상황에서 만들어진 정치에 대한 베버의 통찰력은 우리 사회가 직면하고 있는 정치적·사회적 문제를 이해하고 다루는 데 긴요한 커다란 지적 자원이 아닐

수 없다. "소명으로서의 정치"에 나타나는, 정치에 대한 베버의 비전은 굉장히 암울하다. 그는 당시 정치에 대해 큰 기대를 걸지 않았다. 암울하다는 것이 꼭 좋은 것만은 아니지만, 정치에 대한 과도한 기대와 실망이 반복되며, 롤러코스터를 타듯 기복이 심한 한국 정치 현실에서, 정치를 바라보는 베버의 냉엄한 시각은 주목할 만하다.

2011년 4·27 재·보궐선거 이후 한국 정치의 방향과 한국 정당정치의 문제 및 발전 방향에 대한 생각은?

2011년 4월 재·보궐선거는 야당들, 특히 제1야당 민주당의 분명한 승리로 보인다. 결과만을 두고 볼 때, 분당(국회의원 선거)과 강원도(도지사 선거)에서의 승리는 극적이기까지 하다. 그러나 그것은 현 정부와 집권 여당을 견제하고 심판하기 위한 것이었지, 적극적인 대안으로서 야당들을 선택한 결과는 아니었다고 본다. 집권 여당에 대한 불만과 실정 견제라는 소극적 선택으로서의 야당 지지는 사실 권위주의 시기에서부터 변하지 않은, 한국 선거의 특징과도 같은 것이다. 민주당은 여전히 시민적 열정과 요구를 충분히 대변하지 못하고 있으며, 신자유주의에 기초한 성장 지상주의가 몰고 온 심각한 사회경제적 문제에 대해서도 설득력 있는 대안을 제시하지 못하고 있다. 간명히 말하자면 권위주의 시기로부터 비롯된 현재의 한국의 정당 체제, 즉 정당 간 경쟁의 양상은 협소한 이념적 스펙트럼에 갇혀 과거의 틀에서 크게 벗어나지 못하고 있다.

무엇보다 민주당은 사회 속에 뿌리내리지 못하고 있다. 선출직 공직자나 그 희망자로 구성된 정치 엘리트들의 집합을 넘어, 유권자 속에 존재하는 민주당의 하부 기반은 사실상 존재하지 않으며 이 점에서 완벽하게 실패하고 있는 정당이다. 이 측면에 한정해 말하자면 한나라당이 더 낫다고 평가할 수 있을지 모른다. 다시 베버의 논의를 불러오면, 그는 암울한 독일 정치에 대해 "귀족은 더는 국가를 통치할 능력이 없고, 부르주아지는 귀족의 방해로 통치 능력을 갖추지 못하며, 농민과 도시 프롤레타리아, 따라서 전체 국민은 이런 정치 구조의 결함으로 고통 받고 있다."고 서술했다. 한국의 정당정치를 보면 베버의 이런 묘사가 자꾸만 떠오른다.

한국 정치의 발전 방향 역시 이 점에서 찾을 수 있다고 생각한다. 그것은 결국 정당과 정당 체제가 민주화되고 현대적 면모로 변화하는 것이다. 정당 체제가 민주적으로 전환되는 것이 특히 중요하다. 일반 대중의 정치 참여는 확대돼야 하고, 서로 다른 사회경제적 이익이나 요구들은 정당들에 의해 넓게 대표될 수 있어야 한다. 이런 참여와 대표의 확대를 기반으로 정당들은 그들 자신의 비전과 구체적인 정책 프로그램, 그리고 이를 다룰 수 있는 사람들을 충원하고 길러 내 국민들의 삶에서 중요한 경제적·사회적 문제들을 실제로 다룰 수 있어야 한다. 책임정치는 제대로 대표될 때 비로소 가능해질 수 있을 것이다. 다시 말하자면, 사회경제적 약자들이 정당에 의해 대표될 수 있고, 이들을 적극적으로 투표장으로 이끌어 낼 수 있도록 정당 체제가 변화되는 것, 그것이 정치발전의 핵심 요소라 생각한다.

현재 민주당에 대한 생각과 민주당이 나아가야 할 바는 무엇이라 생각하는지?

좋든 싫든 민주당은 한국의 주요 정당들 가운데 개혁적 잠재력을 가진 유일한 정당이다. 그러나 민주당은 한편으로 지역주의에 과도하게 의존하며, 다른 한편으로 새로운 사회경제적 문제에 적절히 대응하지 못함으로써, 사회 변화와 발전의 민주적 동력이 되기보다는 후진적·퇴영적 면모를 거듭해 왔다. 주지하다시피 현재 의회·행정부 권력은 한국 사회에서 보수와 경제적 상층을 대변하는 한나라당의 수중에 있다. 민주당이 거듭나 국민들의 지지와 신뢰를 회복해야 정권 교체도 가능한 것이다. 민주당의 분발이 촉구되는 상황이고, 이 점에서 민주당의 개혁은 필수적이다.

두 가지 문제가 중요하다고 본다. 먼저 참여의 범위를 획기적으로 확대함으로써 당의 동력을 활성화하는 것이다. 민주주의는 대중의 열정과 에너지를 기본 동력으로 하는 체제 아닌가? 민주당은 중산층과 더불어, 그동안 정치적으로 대표되지 못한 광범위한 서민과 노동자들을 적극적으로 대표하고, 동시에 젊은 세대들의 의사와 비전을 조직하고 대표할 수 있어야 한다. 요컨대 민주당은 사회와 가까워져야 한다. 다른 하나는 인적 자원을 키워내 통치 능력을 가질 수 있게 하는 것이다. 그것은 사회 변화에 대응하는 민주당의 정책적 비전을 발전시키는 노력을 병행하는 것을 의미한다. 오늘 한국 사회에서 개혁적인 정당의 정책적 비전은 대안적 성장 정책, 즉 성장과 복지를 결합함으로써 그간의 성장 지상주의적 경제 운영을 변화시키는 것이 중심이 될 것이다. 여기서 성장과 복지가 결합한다는 것은 곧 국가와 재벌 대기업 중심의 성장 정책의 변화를 의미하는 것이고, 그간 소홀히 다뤄지거나 외면되었던 복지와 분배 그리고 노동의 가치가 정치 의제의 중심으로 들어오는 것을 말한다. 그것은 근본적인 변화의 시작이 아닐 수 없을 것이다.

야권 연대에 대해서는 어떻게 생각하는가?

'선거 연합', '정당 연합', '정당 통합' 등 다양한 말로 표현되는 현재의 야권 연대는 한국 정치의 현실을 반영한 특징적 현상으로 보인다. 오늘날 한국의 정당 체제는 여러 가지 이유들로 인해 양당제적 경향과 다당제적 경향을 오가며 제도화되지 못하고 있다. 그런 맥락에서 현재 제도권 내 야권으로 분류되는 정치적 힘들은 분산돼 있다. 거기에 시민사회 진영을 필두로 한 제도권 밖의 힘들이 다양한 운동의 형태로 정치적 요구를 불러 모으고 있다. 민주화 이후 형식적으로 정당의 정치적 역할은 크게 증대했지만, 내용적으로 다양한 사회경제적 이해들을 대표하는 데 실패함으로써, 정당은 사회적으로 제도화되지 못했고, 그런 만큼 운동의 전통과 힘은 여전히 상당한 영향을 발휘하고 있는 것이다. 다른 한편으로 단순 다수제를 중심으로 하는 선거제도의 효과가 존재한다. 단순 다수제는 체제 내의 정치적 경쟁과 대립을 두 진영 간의 대결로 만드는 압력으로 작용하고 있다. 현재 야권 연대에 대한 관심과 요구는 그래서 시민들의 참여와 변화에 대한 필요와 열망은 강렬하지만, 정당들이 그에 효과적으로 대응하지 못하고 이를 제도 내로 수렴하지 못하고 있는 것의 한 결과이다. 이런 점에서 연합 정치에 대한 요구는 일정하게 정당성을 갖는다고 말할 수 있다.

그러나 선거 연합이든 정당 통합이든 최근 연합 정치 논의는 "복지국가 만들기", "내가 꿈꾸는 나라"와 같은 슬로건에서 보이듯이 도덕주의적 정치 언어나 담론을 통한 담론 정치의 형태로 진행된다는 특징을 갖는다. 그러나 선거 연합의 실제는 결국 민주당과 다른 야당 그리고 여러 외부 정치 세력들이 특정한 선거구에서 후보자를 조정하는 문제로 귀결될 수밖에 없다. 그것은 권력을 나누는 것에 관한, 즉 권력을 둘러싼 경쟁과 투쟁의 문제가 된다. 말하자면 권력을 향한 이해와 열망이 도덕주의적 담론으로 대체되고 있는 것이다. 따라서 현재 선거 연합의 한 특징인 이 같은 담론 정치는 먼저 현실 정치의 실제를 가리며, 또 정당정치의 제도화와 사회 세력들의 정치적 대표라는 연합 정치의 본질적 측면을 회피하거나 간과하는 부정적 효과를 갖는다.

다른 한편으로 그것은 반 이명박 대통령을 중심으로 한 민주 대연합의 내용을 갖고 있는 듯 보인다. 그것은 '무엇을 위한 연합'이라는 적극적이고 구체적인 대의를 갖지 못하고, '무엇에 대한 반대'라는 추상적이며 소극적 반대를 결집하는 것 이상의 내용을 갖기 어렵다. 이렇게 볼 때, 그것은 정권 교체로 표현되는 권력 획득에 대한 조급하고도 강렬한 열망 이상의 것을 의미하기 어렵다. 그렇다고 할 때, 연합을 말하는 야권은 한나라당이라는 세력과의 경쟁에 앞서, 스스로 무엇에 관한 세력인지를 둘러싼 분투노력이 선행되어야 한다고 본다. 그렇지 않을 때, 그것은 결국 어떻게 하든지 다수를 만들어 권력을 잡겠다는 것 이상의 내용을 가졌다고 평가하기 어렵기 때문이다.

최근 나는 강연과 토론회를 통해 정치학자 필립 슈미터^{Philippe C. Schmitter}의 '부분 체제'^{partial regime}라는 개념을 빌려 선거 연합의 내용에 대해 문제 제기를 한 바 있다. 우리가 흔히 민주주의라고 말할 때, 그것은 전체 정치체제에 대해 말하는 것이다. 그러나 이런 전체 체제는 어떤 동질적이고 통일적인 하나의 법적·제도적 장치를 통해 운영되거나 작동하는 것이기보다는, 각기 다른 독자적인 운영과 작동의 원리를 갖는 전체 체제 내의 여러 다양한 부분 체제들로 구성된 것이라고 이해할 수 있다. 노동자·농민·중소기업과 같은 생산자 집단들이나 소상공인·자영업자·교사 등의 기능 이익들이 각각의 부분 체제를 구성한다.

이렇게 볼 때, 전체 체제 수준에서 한국 사회는 민주화되었지만, 생산자 집단이나 기능 이익들의 부분 체제 수준에서 민주화의 진척은 더디다. 전체 체제와 부분 체제는 민주화의 수준과 정도에서 현격한 차이를 보이고 있다는 것이다. 그들은 이익의 결사로서도, 정당을 통해 정치적으로도 제대로 대표되지 못하고 있다. 그들을 위한 정당이 있다 하더라도 군소 정당일 뿐이어서 중요한 정치적 행위자의 역할을 하지 못하고 있다. 그들은 각기 경제적·사회적 역할을 가지며 정치적·사회적으로 독자성이 있음에도 그렇다.

그렇다면 기왕에 선거 연합, 정치 연합이 강하게 요구되는 것이 현실이고 필요하다고 한다면, 구체적인 내용을 갖는 연합, 그래서 한국의 정당 체제의 변화와 정치발전에 기여하는 연합 정치를 해보는 것이 어떨까? 예컨대 여러 부분 체제들 가운데서도 노동자들의 생산자 집단이 가장 대표적이라고 할 때, 민주당과 부분 체제로서의 조직 노동이 선거 연합, 정치 연합을 만들 수 있지 않을까? 물론 이에 앞서 몇 가지 노력이 필요하다. 먼저 민주당은 소규모 정당이나 유사한 성격의 정치 운동 단위들과 통합해 나가는 노력이 필요하다. 실질적인 협상을 하기 위해서는 먼저 이에 참여하는 정치적 단위들이 어느 정도 단순화되지 않고서는 불가능하기 때문이다. 또한 협상이 내용을 갖기 위해서는 협상에 들어오는 행위자들이 각각의 구체적인 정책 비전과 프로그램을 제시하는 것 역시 중요하다.

부분 체제의 이론을 사용해 연합을 추진할 때 장점은 무엇보다 연합으로 들어오는 정당 및 정치단체들이 자신들의 정체성을 유지하면서도, 하나의 연대의 틀 안에서 공존할 수 있다는 데 있다. 다시 말해 민주당이라는 큰 정당으로 흡수 통합됨으로써 자기 정체성을 포기하든가, 아니면 정체성을 지키고자 연합에 참여할 수 없게 되는 양자택일의 상황에서 벗어날 수 있다는 장점이 있다. 민주당의 관점에서 볼 때, 민주당이 이런 연합을 주도함으로써 사회경제적 요구를 광범하게 대표하는 포괄 정당의 내용을 갖추는 계기가 될 수 있다.

제일 중요한 것은 민주적 가치를 신봉하고, 그 가치를 실천할 의지와 결의를 가진 사람이 아닐까 한다. 여기서 '민주적'이라는 말은 이해관계·이념·가치를 달리하는, 사회의 광범한 개인이나 집단을 정치과정에 참여하게 하고, 갈등과 비판, 이견과 차이를 폭넓게 용인하는 능력을 의미한다. 갈등과 이견을 인정하는 것, 그 전제에서 그들 간의 타협을 이끌어 내는 과정이 정치의 본질이라고 할 수 있다. 그것은 정치에 대한 개방적인 자세와 공적 이성의 공간을 확대하는 노력을 필요로 한다. 그러므로 결과적으로 자신의 신념 전체를 구현하려 하기보다, 부분적으로 그러나 가급적이면 많이 구현할 수 있는 정치인이 민주적인 지도자가 아닐까 한다. 그동안 한국에서 많은 정치지도자, 특히 거의 모든 대통령들에게서 정치를 부정적인 것으로 이해하는 경향이 나타났다. 따라서 그들은 정치의 공간을 축소하는 방향으로 움직였고, 그 속에서 정치는 기술 관료적 행정의 문제로 치환되곤 했다. 민주주의는 정치를 통하지 않고는 작동될 수 없는 것이기 때문에, 정치를 부정하는 것은 내용적으로 민주주의를 부정하는 것과 다름없다. 정치를 좋은 방향으로 발전시키려고 노력하는 정치인, 그가 곧 민주적인 리더십의 모델이라고 말할 수 있을 것이다.

또 좋은 정치인이라면 보통 사람, 서민들의 삶의 조건을 개선하려는 의지를 가진 사람이어야 한다. 베버 역시 좋은 정치인의 자질에 대해 많은 이야기를 했다. 자신의 내면적 신념, 휴머니티를 증진하고 고양하는 데 책임 의식을 갖는 사람, 그런 의식을 소명으로 가지며 권력에 대한 허영심을 넘어설 수 있는 사람, 이런 권력을 통해 공공의 이익에 봉사할 수 있는 사람을 말했다. 내 생각도 크게 다르지 않다. 한 가지 더 빼놓을 수 없는 지도자의 자질이 있다면, 좋은 인재들을 찾아내고, 그들에게 과감하게 역할을 맡기고 능력을 발휘할 공간을 제공할 수 있는 것이라 생각한다. 그동안 대부분의 통치자는 자신과의 친소 관계의 정도에 따라 공직을 배분해 왔다. 즉 보통 말로 자신에게 '줄 서는 사람'에게 공직이 돌아간 것이다. 그러나 진정한 지도자는 유능한 인재를 발굴해 중용하는 능력을 지닌 사람이라고 할 수 있다.

손학규 대표 후원회장을 했다. 많은 사람들에게는 다소 의외였는데, 평소 정당 정치·책임정치를 강조해 왔던 그간의 고민과 어떻게 맥이 닿아 있는지?

손학규 대표는 남들이 갖지 못한 장점이 많은 인물이다. 아울러 결함과 약점도 있을 것이다. 오랜 인간관계를 통해 내가 알고 있는 손학규 대표는 한국적 정치 풍토에서 가장 덜 정치적인 정치인, 베버식으로 말하자면 민주주의의 본질적 측면이기도 하며 그리고 정치인들의 일반적 특성이라 할 데마고그적 정향이 그 누구보다도 적은 정치인이 아닐까 생각한다.

많은 사람들, 특히 진보파들 사이에서 그의 한나라당 전력과 중도 온건 노선이 약점으로 지적되는 것을 알고 있다. 한마디로 말해 손학규가 그들의 시각에서 볼 때 충분히 진보적이지 않다는 비판이다. 나는 여기에 대해 좀 다른 견해를 갖고 있다. 오히려 그런 점들이 손학규 대표의 장점이 될 수 있지 않을까 생각한다. 역사적 연원으로 이념적 스펙트럼이 넓지 못하며, 노동 등 현대사회의 중심적인 계층적 이해마저 대표되지 못하는 것이 지금의 한국 정치가 서 있는 맥락이다. 따라서 중산층 이상에게는 불필요한 불안감을 자극하지 않으면서, (시대적으로 요청되는) 복지를 중심으로 한 진보적 의제로 민주당의 정책을 이동시키고, 편중된 지역적 기반에 의존하며 퇴행해 온 민주당의 조직적 면모를 일신해 한국 사회의 대안 정당으로 민주당을 변화시키는 데 그의 중도적 온건 개혁 노선이 플러스가 될 수 있다고 기대하기 때문이다.

나는 오늘날 한국의 정치 현실은 어떤 유형의 정치인을 요청하고 있는지 생각해 볼 때가 많다. 이 질문은 오늘의 한국 민주주의의 상황을 어떻게 판단하느냐는 문제와 관련된다. 우리는 정치를 통해 한국 사회를 어느 정도로 변화시킬 수 있는가, 큰 변화는 과연 가능한가 등등의 질문을 스스로 던져 본다. 불행하게도 이런 질문에 대한 나 자신의 대답은 그리 낙관적이지 않다. 큰 변화의 가능성은 민주화 직후에 상당히 높았다고 본다. 국가 건설 이후 민주화 이전까지 한국 사회를 만들어 놓은 것은 보수 세력이었다. 그리고 그 구조 위에서 민주화가 진행되었다. 기득권 세력들과 변화를 요구했던 민주화 세력 사이의 충돌은 한국 사회를 뒤흔들며 민주화를 가져왔다. 이런 상황에서 기존 사회질서를 변화시킬 수 있는 힘이 가장 강했던 시점은 민주화를 기점으로 해서 여기에 가까웠던 시기라고 볼 수 있다. 이 시기 한국의 정당정치가 제도화·공고화되었다면, 또 좋은 리더들의 등장과 경쟁으로 민주주의와 정당정치가 신순환의 빌진을 이끌었다면, 지금 한국의 정치 현실은 상당히 달라졌으리라고 생각한다.

민주화의 초기 국면에서 상대적으로 진보적인 정치 세력이 집권하기도 했고, 이 시기 동안 변화의 공간은 일정하게 열려 있었다고 생각한다. 이제 그 가능의 공간은 점점 더 닫혀 가고 있는 것으로 느껴진다. 이런 힘들의 상호작용이 2007년 대선에서 보수정당의 집권으로 귀결되었다. 그리고 이는 한국 민주주의의 굉장히 중요한 전환점으로 볼 수 있다. 민주화 혁명의 대상이 되었던 정치 세력들이 민주적 경쟁의 룰을 통해 다시 집권했다는 사실은 중요하다. 이것이 의미하는 바는 이제 한국에서 큰 변화의 가능성 내지 변화의 범위라는 것이 그리 넓지 않다는 것이다. 민주적 경쟁의 룰을 통해 보수든 진보든 집권할 수 있게 되었고, 이를 통해 좋은 의미에서든 나쁜 의미에서든 민주화 이후 민주주의가 기존 질서를 중심으로 상당 정도 틀을 잡았다는 인상을 받게 된다.

한국의 정치 현실은 정당 체제의 불안정, 정당의 낮은 수준의 제도화로 요약되곤 하는데, 이는 애초에 민주화를 희망한 사람들의 관점에서 볼 때, 그 기대 수준에 훨씬 미치지 못했다는 것을 의미한다. 이런 조건과 상황에서, 큰 기대를 걸고 사회를 변화시킬 수 있는 정치적 방법이 무엇인가를 스스로 묻는다면, 그렇게 큰 가능성의 여지는 존재하지 않는다는 것이 내 대답이다. 이렇게 볼 때, 한국 정치는 이제 안정적이고 지속적인 방식으로 변화되지 않으면 안 된다. 그래서 중산층과 서민 계층의 삶의 조건을 향상하는 방향이되, 좀 더 현실적으로 움직이는 것이 필요하다. 이런 나름의 기준과 판단에서 볼 때, 정치적 경험을 가진 지식인이자, 부패하지도 편향되지도 않으며, 한국 사회에서 요청되고 가능한 현실적 변화를 이끄는 데서, 손학규 대표는 좋은 자질과 덕성을 갖춘 리더임에 틀림없다.

그러나 이런 나의 개인적 기대와, 실제로 그가 현실 정치의 공간에서 얼마나 기대에 부응할 수 있을지는 아마도 다른 문제일 것이다. 그리고 그 차이는 무엇보다도 민주당을 개혁하는 데서의 리더십에 달려 있지 않을까 생각해 본다. 시작은, 시민적 열정과 요구를 대표하지 못하고 여전히 후진적·퇴영적 모습에서 답보하고 있는 민주당에 대중적 에너지를 불러들임으로써 변화의 활력을 만드는 데서 비롯된다고 생각한다. 그러기 위해서는 작은 기득이익에 안주하고 있는 민주당의 중심에 다른 사회적 힘들이 불러들여져야 할 것이다. 그것은 변덕스러운 여론의 추이에 즉자적이며 수동적으로 반응하면서 집권할 기회를 엿보는 식이 되어서는 안 된다. 그보다는 보통 사람들의 삶의 문제를 실제로 개선할 능력을 민주당이 갖추는 문제라고 할 수 있다.

나는 민주당이 하나의 포괄 정당으로서 확대되고 재편성되는 것이 필요하다고 생각한다. 민주당의 과제는 스스로의 통치 능력을 키워 나가는 한편, 여전히 정치적으로 허약하고 미숙한 진보 세력이 성숙할 수 있는 길을 터주고 적극적으로 도와주는 것이어야 한다고 생각한다. 앞서 연합 정치 논의에서 '부분 체제'라는 익숙하지 않은 말을 사용했지만, 그것은 민주당이 진보 세력, 특히 조직 노동과의 연대를 가능케 하는 이론적 기초로 사용될 수 있으리라고 믿는다.

자유주의에 대한 생각과 한국의 자유주의 논쟁에 대해 어떻게 보는지?

한국에서 자유주의는 냉전과 권위주의적 산업화의 희생양이다. 자유주의라는 것이 시민들이 그 내용을 따지고 이해하기 이전에 이미 대한민국 헌법에 그 중심 내용으로 수용되었다는 점을 지적할 필요가 있다. 그리고 자유주의의 주요 내용은 민주주의의 가치와 이념으로도 흡수되었다. 자유(민주)주의가 냉전의 산물로서 한국 사회에 들어오다 보니 좌우 양측으로부터 협공의 대상이 되었다. 보수는 보수대로 자유주의를 실천하기보다는 냉전 반공주의를 우선시했다. 냉전 반공주의는 자유주의를 가져오기 위한 하나의 수단적인 과정이 될 수 있을지는 몰라도, 그것 자체는 전혀 자유주의가 아니다. 좌파는 좌파대로 자유주의를 냉전 반공주의, 권위주의를 정당화하는 장치로 이해하면서 이를 비판적으로 접근했다.

다시 말해 자유주의는 철학적인 요소나 사회적 윤리로 한국 사회에 실제로 수용되기보다, 지향해야 할 정치적 규범으로 설정되면서 이념화되었다. 그러다 보니 지금에 와서 새삼스럽게 자유주의에 대한 얘기가 나오는 것 같다. 자유주의를 대하는 한국적 현상 가운데 하나가 바로 '접두사 자유주의'

이다. 자유주의는 한국 사회에서 갖는 의미가 너무나 광범하고 애매모호해서 접두사가 붙어야 자유주의가 무엇인지 어렴풋이 그 모습이 나타난다. 이런 점에서 접두사를 빼고 자유주의를 한국의 맥락에서 이해하는 작업이 선행된 다음에, 진보적 자유주의든 공동체 자유주의든 이야기하는 것이 맞지 않을까 생각한다.

최장집에게 자유란?

인간의 이성적 판단과 도덕적 자율성이 그로부터 나오는, 인간존재의 가장 본질적이고 귀중한 요소가 자유이다. 그러나 규범으로서나 가치로서만이 아니라 사회 속에서 이를 실제로 향유할 수 있기 위해서는 사회경제적 조건이 충족되어야 하는데, 그것은 사회가 뒷받침하지 않으면 안 된다고 생각한다. 이 점에서 자유는 자기 완결적인 것이 아니다.

최근 흥미를 갖고 있는 것이 있다면?

이번에 출간한 책(『막스 베버, 소명으로서의 정치』) 다음으로 준비하고 있는 마키아벨리에 지적 관심을 집중하고 있다. 정치철학에 덧붙여, 현실적이며 동시에 학문적인 세 가지 정치학적 문제에 관심을 가지고 있다. 먼저 국가와 시민사회의 관계에 관한 것, 둘째는 사회계층 구성의 변화와 이동에 관한 문제이며, 마지막으로 정규직·비정규직 문제이다.

첫 번째 문제와 관련해 말한다면, 국가와 사회 사이에 위치하며, 양자를 매개하는 중간 층위인 정당과 자율적 결사체의 역할과 변화에 관심이 있다. 이는 베버, 몽테스키외, 토크빌의 중심적 문제의식이다. 한편으로 과도하게 인간의 이성적 판단과 도덕적 자율성이 그로부터 나오는, 인간존재의 가장 본질적이고 귀중한 요소가 자유이다. 그러나 사회 속에서 이를 실제로 향유할 수 있기 위해서는 사회경제적 조건이 충족되어야 한다는 점에서 자유는 자기 완결적인 것이 아니다.

성장하고 비대해진 강력한 국가가 사회에 존재하는 기존의 자율적 중간 집단을 흡수 또는 포섭하고, 다른 한편으로 노동자·농민·자영업자·소상인 등 이들의 자율적 결사체의 성장을 막는 방식으로 국가가 시민사회의 성장을 억제 또는 억압하는 현상에 관한 문제이다. 이처럼 시민사회의 성장이 지체되는 동안에, 시장 영역에서 재벌 대기업을 주축으로 한 거대 사익 집단들의 영향력은 엄청나게 비대해졌다. 이런 구조가 한국 민주주의에 어떤 영향을 끼쳤는가는 중요한 문제라고 생각되어 연구했으면 한다.

두 번째는 사회의 계층 구성과 이동에 관한 것이다. 한국 사회의 계층구조, 특히 중산층과 저소득층은 산업화와 민주화, 또 최근의 신자유주의적 경제성장으로 어떻게 변화해 왔는가 하는 문제이다. 민주화는 사회계층의 상향 이동을 포함한 계층 이동의 가능성을 증진하는 데 어떤 효과를 가져왔는가? 최근 한국의 계층 이동의 구체적 메커니즘과 실태에 대한 경험적 지식을 가지고 있지는 못하지만, 인상적으로만 보면 현재 사회적 상향 이동의 가능성은 크게 낮아지지 않았나 생각한다. 말하자면 계급·계층적으로 단절되고 구조화된 사회라는 느낌을 갖는다.

마지막으로 한국의 노동자, 특히 비정규직 노동자들의 조건과 실태에 대해 관심을 가지고 있다. 이들의 사회경제적 조건이나 정치적 대표의 수준과 변화에 대해 연구하기를 희망한다.

어린 시절, 청소년기의 꿈은 무엇이었나?

나는 경남 밀양에서 태어났지만, 본가가 위치한 강원도 강릉에서 주로 성장했다. 중학교까지 강릉에서 지냈고, 고등학교 때 서울로 올라왔다. 유년 시절을 보냈던 강릉의 자연환경이 감성을 풍부하게 한 정서적 자원이 되지 않았나 싶다. 그래서 목가적이고 사색적이었던 것 같다. 이런 점에서 나는 행운아라 생각한다.

오늘의 어린아이들을 보면서 안타까운 생각이 드는 것도 이 점에서다. 그들은 대도시의 삭막한 콘크리트 속에서 자연과 격리되어 자라기에, 감성이나 정서를 함양할 기회를 충분히 갖지 못한다고 생각한다. 또 전자 기술 문명의 발전으로 스스로 사고하고 사색할 여유도 부족하지 않나 싶다.

서울에서 고등학교를 다니면서 지적 성장을 경험하게 되었다. 고등학교 3학년 때 있었던 4·19는 내게 굉장히 큰 충격을 준 큰 변화였다. 무엇보다 이때부터 정치에 관심을 가지게 되었다. 대학 시절의 나는 요즘 식으로 말하면 운동권에 가까웠다. 좋은 것인지 나쁜 것인지는 잘 모르겠지만, 이런 점에서 4·19는 나뿐만 아니라 우리 시대 젊은이들을 정치화하는 데 크게 기여한 사건이었다.

유학 생활 중 기억에 남는 일이나 힘든 일이 있었다면?

기회가 닿아 미국의 시카고 대학교에서 유학할 수 있었는데, 본격적으로 공부할 수 있었던 것은 그때부터였다. 대학자들의 엄청난 지식의 폭과 깊이를 직접 확인하고 배울 수 있었던 것은 개인적으로 혁명에 가까운 변화였고, 내게 엄청난 지적 자극을 주었다. 한국에서 대학 시절을 보낼 때, 미국보다는 독일이나 프랑스에 관심이 많아 영어를 늦게 배웠는데, 그 탓에 미국 가서 고생을 많이 한 점이 힘들었다.

상대적으로 늦은 나이에 유학을 갔기 때문에 마흔이 되어서야 학위를 마치고 한국에 돌아올 수 있었다. 이때가 우리 아이들이 유치원부터 시작해 초등학교 졸업할 때까지의 시기였고, 그래서 미국에서 초등학교를 다녔던 아이들 역시 한국에 돌아와 한국화되는 데 적잖이 고생했다. 지금 두 딸은 모두 미국에 살고 있다. 이는 어쩌면 내 늦은 유학 생활의 결과인 셈이다. 내가 유학했던 당시 대부분의 보통 학생들이 그랬겠지만, 아내가 아르바이트를 하는 등 고생을 많이 했다. 그때는 힘들었지만 지금은 좋은 추억으로 다가온다.

학문적으로 존경하는 분이 있다면?

존경하는 분으로 김우창 교수를 얘기할 수 있다. 정치적 관점은 나와 다르지만 김우창 교수의 철학적 사고는 내게 많은 가르침을 주었다. 한국 사회 문제를 바라볼 때의 섬세한 철학적·인문학적 통찰과 여기에서 나온 혜안은 내게 많은 영감을 주었다. 선생은 적어도 내가 아는 범위에서는 세계적으로도 최고 수준의 철학자들의 반열에 있는, 한국 사회에서 보기 드문 분이라고 생각한다. 생활 태도와 학문적 연마에서도 선생은 한국 사회에서는 희귀하다고까지 할 정도의 현자가 아닌가 한다.

스승이라는 측면에서 나는 미국에 가서야 비로소 대학자들을 만날 수 있었다. 다른 분야는 제쳐 두고, 정치학 분야에서 필립 슈미터, 애덤 셰보르스키Adam Przeworski, 브라이언 배리Brian Barry, 욘 엘스터Jon Elster 등은 모두 세계 정치학계를 대표하는 대가들이다. 이런 분들에게 강의와 지도를 받고 직접 배울 수 있었던 것은 개인적으로 커다란 행운이 아닐 수 없다.

스스로 생각해 볼 때, 자유롭게 사고하고 어디에 구속되지 않으면서 말하고 쓰는 것이 내가 해왔던 것이라 생각한다. 여기서 자유로울 수 있다는 것은 권력이나 돈이 나의 학문적 사고나 행위에 영향을 미치지 못했음을 의미한다.

한국 사회의 미래상에 대해 얘기한다면?

내가 생각하는 한국 사회의 가장 심각한 문제는 노동이 제 가치를 인정받지 못하는 것, 사람의 가치를 너무 낮게 보는 것이다. 한국의 현실에서 노동은 여전히 지적·이념적으로 굉장히 부정적인 편견을 야기하는 언어로 인식되고 있다. 정치적으로 노동이 중요한 행위자가 되지 못하는 데는 이런 사회적 편견, 이를 교정하지 못하는 교육과 문화의 문제가 크게 작용했다고 본다. 이를 냉전 반공주의의 유산이라고도 생각해 볼 수 있다. 내적 검열이라고 할까, 이런 것이 자유로운 사고를 제한하고, 전체적인 교육과 문화의 수준을 편향적으로 만들고 저하시키는 중요한 요소라고 본다. 그래서 노동의 가치와 역할이 경시되고 홀대되는 현재 상황이 개선되는 것이 미래 한국 사회가 나아가야 할 중요한 요소라 생각한다.

기억에 남는 사람이 있다면?

아무래도 민주화 운동과 관련된 기억을 중심으로 말할 수 있겠다. 내가 미국에서 공부를 마치고 돌아와 교수가 되었을 때가 민주화 운동이 막 시작되는 시점이었다. 군부 권위주의 말기라 할 수 있는데, 당시는 교수들도 여러 차례 시위에 참여하곤 했다. 그래서 고려대 교수 시절 함께 시위했던 사람들이 기억에 많이 남는다. 내가 젊은 교수일 때 학생운동이 절정에 달했다.

당시 담임제라는 것이 있었는데, 학생이 투옥되면 면회, 석방 운동, 변호사 섭외 등이 담임 교수의 역할이었다. 나는 고려대 정치외교학과 81학번의 담임 교수였다. 내 기억에 해당 학번에서만 감옥에 간 학생들이 20명 가까이 되었고 경찰서를 참 많이도 드나들었다. 현실화되지는 않았지만 그 와중에 학생들을 인터뷰해 책을 쓸까 하는 생각이 들 정도였다. 이인영 민주당 최고위원(현 민주통합당 최고위원)도 당시 학생회장으로 교수들 시위에 따라와 응원을 보냈던 것이 기억난다.

그리고 미국에서 처음 돌아왔을 때, 민청학련 사건으로 투옥되기 전의 김근태 씨를 크리스천 아카데미에서 만났다. 젊고 예지에 찬 운동권 지도자로서 김근태의 모습은 강렬한 인상을 남겼고 여전히 생생한 기억의 한 장면이 되었다. 안희정 충청남도 도지사 역시 기억에 남는 학생이었다. 지금도 당시의 열정을 간직하고 있는 젊은 정치인이라고 생각한다.

지금 꿈이 있다면?

학교를 떠났지만 늘 교육과 문화 문제에 관심이 많다. 한국의 교육, 문화 그리고 전반적 지적 수준이 지나치게 향리적이고 폐쇄적이라는 것, 그런 가운데 외국의 문물이 너무 무매개적으로 유입되는 데 문제의식을 가지고 있다. 내 나라인 한국에 대해 내가 갖는 이미지는 벼락부자의 모습이다. 굉장히 짧은 시간에 경제 발전을 이뤘기에 남부럽지 않게 부자가 되었지만, 지적·문화적 성장이 이에 상응하지 못하기에, 양자 간의 격차가 너무 큰 그런 사회라고 생각된다. 이런 격차를 줄이는 데, 이를테면 집필과 강의를 통해, 기성세대는 어쩔 수 없더라도 젊은 세대에게 지적 자극을 주고 교양을 갖도록 격려하는 데 나의 역할과 기여가 있지 않을까 생각한다. 정치철학 강좌도 그런 의도에서 시작된 것이고, 힘들지만 계속 책을 써내는 것 역시 그런 목표가 있기 때문이다.

마지막으로 현재 젊은이들에게 하고 싶은 말이 있다면?

현재의 젊은 세대들을 생각하면 두 개의 상충된 이미지가 떠오른다. 하나는 세계화 시대라는 말이 암시하듯이 모든 것이 가능하고 열려 있다는 것이다. 자신들의 관심과 노력에 따라 모든 것이 가능하며, 또 학교에서 만나게 되는 그들의 재기발랄함은 큰 기대를 갖게 만든다. 우리 세대 때만 해도 한국은 말 그대로 후진국이었고, 외딴 섬처럼 고립되어 냉전 반공주의만 전일적으로 교육되는 폐쇄적 사회였다. 우리 세대는 하고 싶어도 하지 못하는 것이 많았는데, 지금 젊은 세대들은 그렇지 않다는 것이 가장 큰 차이라 할 것이다.

그러나 다른 한편 그들이 매우 불행한 세대가 아닐까 생각하며 이는 매우 안타까운 점이다. 현재 젊은 세대들은 열린 환경에서 커다란 가능성을 가졌음에도 불구하고, 너무 힘든 세대다. 취업이다 경쟁이다 하면서 우리 세대와는 비교할 수 없을 정도로 커다란 압력을 받으며 고통 받고 있다. 학교를 마쳐도 직장에 취업하기도 어렵거니와, 겨우 취업에 성공한다 하더라도 개인의 창의적이고 자율적인 면을 허용하지 않는 기업의 위계적인 권위 구조, 베버의 말을 빌리자면 '합리화'의 압력 속에서 치열한 생존경쟁에 몰입하지 않으면 안 되기 때문이다.

나는 젊은 세대들의 가능성과 잠재력을 펼치지 못하는 사회를 조장 또는 방치하고 있는 현상이야말로 한국 정치의 가장 큰 실패 중 하나라고 생각한다. 기성세대에 의해 만들어진 부정적 결과가 젊은 세대들에게 전가되는 것, 나는 그것을 신자유주의적 성장주의와 경쟁이 가져온 부정적 결과로 이해한다. 치열한 경쟁에 내몰리는 젊은 세대들의 부담을 덜어 주는 사회를 만들어 내는 것, 나는 그것이 향후 정치의 핵심적 과제라 믿는다.

젊은 세대들에게 당부하고 싶은 것이 있다면, 세계로 눈을 돌리고, 세계적인 안목과 수준에서 생각하고 배우고, 가능한 한 많은 인간적·지적 경험을 가졌으면 좋겠다는 것이다. 그렇다고 해서 한국 현실에서 떠나라는 것이 아니라 한국 현실에 뿌리를 두고 세계적 안목을 지녔으면 한다. 또 고전을 착실히 읽고 외국어 공부에도 게을리하지 않았으면 좋겠다.

이젠 우리 사회의 중견 세대가 되어 버린, 이른바 386 세대를 보면 상당히 안타까운 생각이 들 때가 많다. 그들은 젊은 시절 내내 민주화 투쟁의 전위적 역할을 맡았고, 그들의 가능성과 에너지는 운동에 소진될 수밖에 없었다. 그들은 학업과 사회 경험 등 개인적 발전과 계발의 기회를 많이 갖지 못했다. 그런 점에서 그들을 잃어버린 세대라 부를 수 있을지 모른다. 이제 그들은 원하든 원치 않든 한국 사회의 중심적인 세대로 성장했다. 한 세대로서 이들이 잘되는 것이 한국 사회 전체가 잘되는 것을 의미하게 된 것이다. 이들 세대가 지적으로 성장할 기회를 충분히 갖지 못했다는 점은 그래서 한국 사회의 불행이라 생각한다. 그럼에도 불구하고 이 세대에서 앞으로 한국 사회를 이끌 좋은 지도자가 많이 나오길 기대해 본다.

自
由
人

2012
03
06

홍세화

진보의 미덕 중 하나는 기다림이다

암울한 시대에 시대의 부름에 응하다 '남민전 사건'으로 귀국하지 못한 채 망명객의 신분으로 파리에서 택시를 몰아야 했던, 그래서 우리에게는 '파리의 택시 운전사'로 잘 알려진 홍세화 전 진보신당 상임대표(당시 상임대표)를 만났다. 다름에 대한 이해와 관용이 부족한 우리 사회에 '똘레랑스'를 전파하기 위해 부지런히 펜을 움직였던, 그래서 차이가 차별과 배제의 근거로 사용될라 치면 그게 보수든 진보든 할 것 없이 언제나 냉철하게 비판을 가하고, 차별로 인해 고통 받는 사람들에 대해서는 언제나 따뜻한 마음으로 품어 안던, 하지만 평생 글 쓰는 이로 우리 곁에 있을 것만 같던 그였다. 그런 그가 진보신당의 당 대표가 되었다. 무엇이 그로 하여금 우리 사회의 가장 치열한 현장의 한가운데인 '정치'로 발을 옮기게 했을까.

　　"정치는 본디 고귀한 것이다. 보이지 않는 연대를 실현하는 것이 정치의 소명이기 때문이다. …… 소유의 시대에는 성장이 목표이지만 관계의 시대에는 성숙이 목표이다. 이는 인간관계의 성숙, 인간과 자연 간 관계의 성숙을 의미한다. 빼앗고 빼앗기는 제로섬게임이 항상 일어나는 곳이 소유의 시대였다면, 풍요로운 관계를 형성할 수 있도록 하는 곳이 관계의 시대인 것이다. 전환의 시기가 오고 있다. 신자유주의의 심장부에서 점령 운동이 일어나고, 금융자본주의의 위기와 생태적 위협이 새로운 사회를 요구하고 있는 것이 아니겠는가."

　　부름을 받고 난 후 이런저런 어려운 일들에 부딪혀 처음의 열정이 사그라지거나 도망가고 싶었을 때는 없었는지를 묻자 "20대 때의 상황에서 이념적 좌파에 앞서 실존주의를 접했다. 마르크스보다 사르트르, 카뮈와 같은 실존주의를 먼저 만났기 때문에 그 영향이 컸던 것 같다. 실존을 걸고 가기 때문에 스스로의 선택에 책임질 수밖에 없었다. 도망칠 수 없었다."라고 답한다.

　　그러면서 "우리가 놓치면 안 될 게 있다. 한국의 진보 정치의 역량은 앞으로도 계속 취약하리라는 점이다. 지금 현실적 힘이 부족하다는 이유로 몸을 움직인다면 언제 힘을 형성할 수 있겠는가? …… 지금 우리가 못하면 그 과제를 다음 세대에게 물려준다는 안목이 필요하다. 진보의 미덕 중 하나는 기다림이다."라고 이야기한다. 기다림. 모두가 '지금, 여기'에서 열매를 얻어야 한다고 이야기하는 정치의 현장에서 기다림이라는 낯선 단어를 들었다.

혹시 택시를 타게 되면 운전사의 얼굴을 확인해 보길 바란다. '파리의 택시 운전사'가 아닌 '한국 진보 정치의 택시 운전사'로 부지런히 사람들을 실어 나르고, 우리 사회 골목골목을 누비고 있을 그가 당신 앞에 와있을지 모르니 말이다.

진보적인 위치에 있었지만 자유로운 영혼으로서 진영을 초월해 발언해 왔는데 진보신당 대표를 맡아 화제가 되었다. 당 대표에 출마한 계기는 무엇이었는가?

인간은 정치적 동물이기에 정치적 지향이 있고, 시민 의식의 기본으로 적극성이 필요하다고 믿고 있었다. 프랑스에서 귀국한 뒤 곧바로, 완벽히 일치하지는 않지만, 나의 정치적 지향과 가장 가까운 민주노동당에 입당했다. 당시 나는 한겨레에 있었는데 사규 위반이었다. 그럼에도 당에 가입했던 것은 한국에서 진보 정당에 몸을 실어야 한다고 판단했기 때문이다. 한겨레에 있으면서 노동조합 조합원으로, 『르몽드 디플로마티크』 한국판 편집인으로 옮겨서도 세 사람밖에 안 됐지만 언론노조 직가입 분회를 결성해 분회원으로 참여했다. 노동자로서의 정체성, 정치적 동물로서의 정체성에 맞게 적극적으로 참여하면서 살려고 애썼다. 그렇게 민주노동당에 입당했고, 나중에 진보신당으로 분리되면서 나는 진보신당에 더 가깝다고 생각해 진보신당에 몸을 담았다. 그리고 4년 동안 평당원으로서 당비 내고, 특별 당비도 내고, 후원회장 해달라면 하는 등 그렇게 참여하며 글 쓰는 서생으로 살았다.

그런데 당을 이끌었던 이른바 유력 정치인들이 당의 결정이 자신들이 원하는 방향으로 가지 않는다고 해서 이탈했다. 당시 상황에 비추어 출마 계기를 두 가지 측면에서 말할 수 있는데, 하나는 당 중심성이라는 진보 정당의 정신이 훼손되고 있다고 보았다. 당이 중심이 되어야지, 당의 유력 정치인이 중심이 되면 그런 정당은 특하나 진보 정당이라고는 말할 수 없으며 '붕당'이라고밖에 볼 수 없다. 당의 유력 정치인들이 한꺼번에 나가니 당원들이 동요했다. 수습이 필요했다. 정서나 깜냥으로 보면 부족한 사람이지만 이 상황의 부름에 응하지 않는 것은 비겁한 것이 아닌가 하는 생각이 들었고 무척 고심했다. 다른 하나는 당원들에 대한 것이었는데, 그것은 한편 당을 선택했던 나 자신의 자존감의 표현이기도 했다. 실제로 한국 사회에서 '진보신당의 당원 각자가 어떤 역사적 배경을 가져서 당원이 되었을까?' 하고 생각해 보면, 그 한 분 한 분은 매우 소중하다. 이런 요인들이 작용했다. 뒤늦게 이 나이에 정당에 들어와 현실 정치의 일선에서 그것도 대표로 선다는 것이 쉬운 일은 아니었는데, 결국 이렇게 되었다.

상황의 부름을 받는 사람은 많지만, 그 부름을 받아들이는 것은 또 다른 차원의 문제다. 그간의 삶의 궤적을 돌아보면 상황의 부름을 받았을 때 항상 그 부름을 받아안았던 것으로 보인다.

상황의 부름에 응하려고 애를 썼다. 어렸을 때 외할아버지께 들은 '개똥 세 개' 이야기가 있다. 옛날에 서당 선생이 삼 형제를 가르쳤는데 어느 날 삼 형제를 앉혀 놓고 각자 장래 희망을 말해 보라고 했다. 첫째가 커서 정승이 되고 싶다고 하니까 서당 선생이 흡족해 했다. 둘째가 자기는 장군이 되고 싶다고 하니 서당 선생은 또 만족스러워 했다. 이번에는 막내에게 물어보았다. 막내는 잠시 생각하더니, 장래 희망은 그만두고 개똥 세 개가 있었으면 좋겠다고 했다. 서당 선생이 이유를 물어보자, 자신보다 책 읽기를 싫어하는 맏형이 정승이 되고 싶다고 큰소리치니 그 입에 하나 넣어 주고, 자신보다 겁이 많은 둘째 형이 장군이 되고 싶다고 하니 저 입에 또 하나 넣어 주고 싶다고 했다. 선생이 듣고는 얼굴이 일그러지기 시작하면서 "마지막 하나는?" 하고 채근했다. 막내가 우물쭈물하는 상황에서 외할아버지께서 "세화야, 막내가 뭐라고 했겠느냐?" 하고 물어보셨다. 그래서 "그야, 서당 선생에게 주지 않겠느냐."라고 했다. 왜냐고 물으시는 할아버지께 "맏형이나 둘째 형의 엉터리 같은 이야기를 듣고 흡족해 했으니 서당 선생이 먹이야 하는 것 아니냐."라고 대답했던 것 같다. 할아버지께서는 "그래, 네 말이 맞다. 하지만 앞으로 살아가면서 네가 그 말을 제대로 하지 못할 때는 세 번째 개똥은 네가 먹어야 한다."고 하셨다. 이 이야기를 하도 여러 번 들어서 어린 나이에도 머릿속에 각인되었던 것 같다. 그래서 살면서 세 번째 개똥을 먹지 않으려고 최대한 노력했다.(웃음)

가령 1960년대 후반부터 1970년대 초에 대학 생활을 하면서 당시 박정희 독재의 국가 폭력 앞에서 여기에 저항할 것이냐 순응할 것이냐를 두고 실존적 선택을 해야 했다. 그 상황에서 결국은 저항하는 쪽을 택했고, 그렇게 살아오려고 애를 썼다. 그때와 마찬가지로 지금 또한 상황의 부름에 응답한 것이다. 하지만 지금의 선택은 그때와 비교하면 그렇게까지 대단한 결단이었다고 할 수는 없을 것 같다.

부름을 받고 난 후 이런저런 어려운 일들에 부딪혀 처음의 그 열정이 사그라지거나 도망가고 싶었을 때도 있었을 것 같다.

20대 때의 상황에서 이념적 좌파에 앞서 실존주의를 접했다. 마르크스보다 사르트르, 카뮈와 같은 실존주의를 먼저 만났기 때문에 그 영향이 컸던 것 같다. 실존을 걸고 가기 때문에 스스로의 선택에 책임질 수밖에 없었다. 도망칠 수 없었다.

끝까지 사병이자 평당원이고 싶어 했으나, "당의 보루라 믿어 왔던 원칙들이 무너지는 것을 보면서 당 대표로 출마 결심을 했다."라고 했다. 그 원칙이란 구체적으로 무엇이었나?

당의 중심성, 당의 결정에 대해 당연히 지켜야 하는 부분들이다. 아무리 현실적 어려움이 있다고 하더라도 몸을 움직이는 것은 할 일이 아니다. 진보신당의 가장 핵심이었던 몇몇 사람들의 선택과 행보는 그들이 의도적으로 원했든 원치 않았든 진보신당의 소멸을 바라는 행위였다. 그것을 용납하기 어려웠다. 마음으로 무슨 말을 하는가보다 더 중요한 것은 "발을 어디에 담그고 있는가."이다. "고개를 돌려 눈이 어디로 향하고 있는가." 하는 측면에서 보면, 삶의 팍팍함과 이명박 정권에 대한 반사로 모든 정당들과 정치인들이 좌 클릭하고 있다. 심지어 새누리당도 복지를 이야기하는 것을 보면서 느끼는 것은 모두가 말은 그렇게 하나, 발은 움직이지 않는다는 사실이다. 발은 오히려 오른쪽으로 움직인다. 그 점을 잘 봐야 한다. 진보 정치가 워낙 현실적 영향력이 약하니까 몸을 움직인 것이라고 판단하고 있다. 이것은 앞으로도 진보 좌파와 한국 사회가 각오해야 할 문제이다. 그래서 내가 못하면 내 후배 세대에게 넘겨주는 과제가 되어야 하는데, 먼저 발을 빼서 몸을 움직이는 것은 내게 원칙이 무너지는 것과 같았다.

2011년 민주노동당과의 통합 논의에서 진보신당 독자파의 입장이 순혈주의로 비판받기도 했다. 정당이라면 자기 노선을 굳건히 지키는 것도 중요하지만, 그것을 대중적으로 구현해 낼 정치력을 얻지 못하면 결국 동아리에 그치고 마는 것이 아닌가라는 비판도 많았다. 이 점에 대해서는 어떻게 생각하는가?

우리가 놓치면 안 될 게 있다. 한국 진보 정치의 역량은 앞으로도 계속 취약하리라는 점이다. 지금 현실적으로 힘이 부족하다는 이유로 몸을 움직인다면 언제 힘을 형성할 수 있겠는가? 앞에서도 말했지만 지금 우리가 못하면 그 과제를 다음 세대에 물려준다는 안목이 필요하다. 진보의 미덕 중 하나는 기다림이다.

심상정·노회찬·조승수와 같은 정치인들이 진보신당을 나가 좀 더 큰 범주의 대중적 진보 정당을 만들려고 했던 것은 진보신당이 추구하고자 하는 비전들을 현실에서 구현하기 위한 몸부림이었다고 볼 수는 없을까?

사람은 합리적 동물이 아니라 합리화하는 동물이라는 말이 있다. 진보 정당이 추구하는 비전을 현실에서 구현하기 위해 현실을 추구한다? 오히려 현실의 힘에 굴복하면서 스스로 합리화하는 경향을 지적해야 하지 않을까?

2012년 3월 4일 사회당과 통합했다. 그런데 "요즘 여기저기에서 들리는 '통합'이 초조함과 약함의 증거이며 '무소의 뿔처럼' 묵묵히 갈 자신감과 용기의 결여"라고 이야기한 적이 있다. 진보신당과 사회당 간의 통합은 여기에서 제외되는 건가? 진보신당과 사회당의 통합은 타당들 간의 통합과 어떤 점에서 다른가?

사회당과의 통합은 이념과 가치, 전망이 같으니까 총선 전이든 후든 관계 없이 자연스레 이루어질 것이었다. 한 지붕 아래 세 가족이 들어 있는, 그야 말로 선거를 위한 몸집 불리기 식의 통합과는 다르다. "가치와 이념에 기초 하지 않은 통합에 과연 얼마나 지속성이 있을까?"라는 내 질문을 기억해 주 길 바란다.

비례대표제 확대 및 독일식 정당 명부제에 대한 사회적 요구가 높아지고 있다. 비례성이 높은 선거제도 도입은 진보신당에도 매우 중요한 의제일 것이라 생각 하는데 이를 실현하기 위한 구체적인 전략이 있는가?

독일처럼 정당 명부 비례대표제가 이루어졌다면 지금과 다른 상황일 수도 있겠는데, 우리나라에서는 소선거구제의 한계로 40퍼센트의 지지만 받아도 60퍼센트에 해당하는 의석을 얻는 구조이다. 한국 사회에 올바른 진보 좌파 정당을 건설하는 것이 간단한 일이 아니기에 장기적으로 보려고 한다. 총선 은 하나의 계기일 뿐이다. 만약 총선 결과가 좋지 않고, (득표율이) 2퍼센트 가 되지 않아서 당이 해산된다 하더라도 다시 추스를 수 있는 힘이 없지 않 다. 하방에서 다시 시작할 수 있다는 각오가 필요하다(진보신당은 2012년 4월 11일 실시된 19대 총선에서 지역구 의석을 획득하는 데 실패했으며, 정당 득표에서 도 1.13퍼센트를 얻어 정당 등록이 취소되었다. 이후 10월 22일 진보신당 연대회의 라는 이름으로 재창당을 완료했다).

뉴질랜드 같은 경우, 1994년에 소선거구제에서 독일식 정당 명부식 비례 대표로 바꾸니 전혀 다른 상황이 되었다. 장애인, 여성, 지역 활동가들이 국회에 들어가서 제 목소리를 내기 시작했다. 우리의 경우는 국회의원을 선출하기보다 지역 후보를 선출하는 지역주의, 혼탁한 돈 선거의 문제점, 문벌과 학벌이 작용하는 현실 등으로 인해 민의가 제대로 반영되지 않고 있다. 이 것이 소선거구제의 문제점이다. 문제는 거대 정당이 40퍼센트의 지지로 60퍼센트의 의석을 얻을 수 있는 이 제도를 쉽게 양보하지 않는다는 점이다. 시간이 필요한 문제이다. 지금 야권 연대 이야기가 나오고 있는데, 우리가 제기하는 것 중 하나는 "정책에 기초해 연대하자."라는 것이다. 연대를 하려면 목적이 있어야 한다. 한미 FTA 폐기, 비정규직 철폐, 원전 단계적 폐기, 소선거구제를 비례대표제로 바꾸기, 재벌 개혁, 부자 증세와 복지 증대 등이 논의되고 그다음에 연대가 이루어져야 한다. 지금처럼 "지역구를 몇 개 주고 몇 개 받을까?" 하는 식의 연합은 아니다.

2012년 2월 29일 '탈脫삼성 독립 만세' 행사를 진행했다. 출마의 변에서 자본주의에 신음하는 한국 사회의 문제를 얘기했었는데 선거철을 앞두고 그렇게 대놓고 탈삼성을 외치기가 쉽지 않았을 것 같다. 그럼에도 색깔을 분명히 냈는데?

진보신당이 처음부터 해야 할 일이 바로 그런 것이었다. 통합을 하느냐 마느냐로 시간을 보낸 것이 안타깝다. 지금 한국은 삼성으로 표상되는 재벌 국가이다. 총선을 통해 여야가 바뀌든 아니든, 삼성으로 대표되는 재벌 국가 체제를 그대로 둔 채로 과연 어떤 변화가 가능할까. 노동자들에게 약간의 변화는 있을지 모른다. 그러나 우리가 지향하는, 인간의 몸이 거하는 모든 곳에서 모두가 주인이 되어야 한다는 것에는 다다르지 못할 것이다. 가정을 예로 들면, 가정 내에서 각자가 다 주인이 되어야 하기 때문에 여성도 주체가 되어야 한다는 것이다. 그래서 양성평등·여권신장이 이루어져야 한다.

가정 이외에 직장을 포함한 그 어느 곳이든 마찬가지다. 우리가 여성의 노동권·사회권을 주장하는 것이 그 때문이다.

특히 노동자들은 일터에서 주인이 되는 것이 중요하다. 현재 한국의 노동자들이 처한 상황은 생존 문제 때문에 '자발적 복종' 혹은 '강요된 굴종' 중 하나를 겪고 있다. 이것을 그대로 노출하는 사례이자 공공성을 담보해야 하는 국가가 제대로 기능하지 못하고 있음을 보여 주는 사례가 바로 삼성이다. 엄청난 비리와 탈세, 세습은 그 어떤 것도 제대로 처리된 것이 없고 검찰·언론·사법 할 것 없이 다 한통속이다.

2012년 3월 6일이 황유미 씨 5주기였고 반도체 사업장에서 암이나 백혈병으로 죽은 사람이 알려진 것만 해도 44명이 넘는데 산재로도 인정되지 않고 있다. 이게 나라인가? 정치인이든 지식인이든 문화·예술인이든, 솔직히 말하면 삼성 앞에서는 지극히 비겁하다. 이 문제를 제대로 짚지 않는다면 진보 정당으로서의 자격이 없다고 본다. 총선에서 여야가 바뀐다 한들 얼마나 크게 달라질 수 있을 것인가? 그 변화의 가늠자이자 리트머스 시험지가 바로 삼성이다.

탈삼성을 이야기하면 바로 탈기업·탈자본주의로 이해되기 쉽다. 탈삼성과는 다른 문제이긴 하지만 지속 가능한 성장을 어떻게 이룰 수 있는지, 현 자본주의에 대한 진보신당 나름의 대안은 무엇인지 궁금하다.

지금까지 살아온 생산방식과 소유 방식, 성장주의에 기초한 삶의 방식에 대한 근본적 성찰이 필요하다. 신자유주의 자본주의 체제는 인간을 전인적 존재가 아닌 경제의 동물로 축소시킨다. 그 아래서 오로지 매매되고 있는 것에만 관심이 있고, 인간 자체가 시장 활동의 대상으로서의 가치와 구매력으로 평가되는 것이 지금의 상황이다. 그야말로 갈 데까지 갔다. 우리는 자손들에게 이런 사회를 물려줄 것인지 스스로에게 물어야 한다. 이런 자본주의 체제 자체에 대한 물음이 우리 사회에서는 삼성과 연결된 것이기도 하다. 지금까지 좌파들은 끊임없이 자본주의 체제가 옳지 않다고 이야기했다. 본래 좌파들이 옳지 않다고 주장하던 것들이 이제는 현실적으로도 가능하지 않게 되었다. 실제 미국과 유럽뿐만 아니라 전 세계적으로 1퍼센트만을 위한 신자유주의에 대해 99퍼센트의 반란이 일어나고 있지 않은가? 좌파들이 주장해 왔던 삶의 방식들이 우리의 지속 가능한 행복을 위해서도 결국은 옳았다는 확신이 모두에게 생겨나고, 이를 실천할 수 있게 될 때 비로소 자본주의를 극복할 전망이 보일 수 있으리라 본다.

이제는 성장주의에서 벗어나 녹색의 가치와 결합해야 한다. 소유의 시대에서 관계의 시대로 가야 한다. 소유의 시대는 물적 토대를 통해 누구나 해방될 수 있다고 말한다. 그렇기 때문에 자본주의와 싸우면서도 성장에 관심을 가질 수밖에 없었다. 해방의 조건이 거기에 있었기 때문이다. 그러나 이제 성장주의도 가능하지 않게 되었다면 목표가 성숙해져야 한다. 소유의 시대에는 성장이 목표이지만 관계의 시대에는 성숙이 목표이다. 이는 인간관계의 성숙, 인간과 자연의 관계의 성숙을 의미한다. 빼앗고 빼앗기는 제로섬 게임이 항상 일어나는 곳이 소유의 시대였다면, 풍요로운 관계를 형성할 수 있도록 하는 곳이 관계의 시대인 것이다. 전환의 시기가 오고 있다. 신자유주의의 심장부에서 점령 운동이 일어나고, 금융자본주의의 위기와 생태적 위협이 새로운 사회를 요구하고 있는 것이 아니겠는가.

프랑스의 어느 신부가 한 말인데 "정치는 본디 고귀한 것이다. 보이지 않는 연대를 실현하는 것이 정치의 소명이기 때문이다."라는 말이 있다. 이런 고귀한 정치를 하는 사람이 필요하고 특히 한국의 정치인들은 일관성이 있어야 한다고 생각한다. 자신의 정치적 이념이나 철학이 탄탄하게 있어야 하지 않겠는가. 그 점에서 정치인들도 인터뷰만 하지 말고 글 좀 쓰라고 말하고 싶다. 유럽에서는 정치인들이 글도 쓰고 자신의 생각을 정리한다. 글로 남긴 것이 있기 때문에 책임질 수밖에 없다. 반면에 한국 정치인 중에는 글 쓰는 사람이 거의 없고 심지어는 토론도 잘 하지 않는다. 인터뷰는 즉흥적으로 답변하는 경우가 많기에 "그때는 그랬다."며 합리화한다. 한국 정치인들은 이것에 훨씬 더 익숙해져 있다. 일관성도 없고 자신의 말에 대해 책임지지 않는, 정치인이라기보다 정상배들이 많다. 국민들이 그런 정치인들을 솎아 내야 한다. 정치의 수준도 결국 국민의 수준에 따라 결정된다. 국민의 수준을 넘어서는 정부는 없다는 말이 있지 않은가. 마찬가지로 국민의 수준을 뛰어넘는 정치는 없다. 국민들이 정상배가 아닌 진짜 정치인을 찾아내고 키워 주면 우리 정치 또한 그에 맞춰 발전할 수 있지 않을까 한다.

가끔 다시 '파리의 택시 운전사'로 돌아가고 싶은 때는 없는가?

물론 때때로 파리의 정경과 작은 골목길들이 떠오른다. 파리는 우리나라에서처럼 신문을 직접 배달해 주는 게 아니라 가판대에서 사야 한다. 커피 값은 의자에 앉지 않고 서서 마시면 반값이다. 그렇게 아침에 가판대에서 신문 하나 사고 카페 가서 서서 들춰 보며 크루아상 빵 한 개와 에스프레소를 먹고 마시고 담배도 한 대 피던 생각이 자주 난다.(웃음).

'파리의 택시 운전사'가 지금은 낭만적으로 들리지만 낯선 타국에서 이주 노동
자로서 삶을 살았던 거다. 대의를 위해 살았지만 결국 몸을 써서 생활하는 택시
운전사 생활을 했는데 거기서 오는 괴리감은 없었는지?

먹물 근성이 있어서 택시 운전사를 하기까지 시간이 좀 걸렸다. 머리를 굴
려서 어떻게 무엇을 해볼 수 없을까, 어떻게 생활해 나갈 수 있을까 생각하
다가 꽤 많은 시간이 흘러갔기 때문이다. 당시 처의 역할이 컸다. 현실적인
면에서 여성이 더 실천력과 적극성, 생활력이 있는 것 같다. 이런 경험을 통
과한 것이 내적으로 큰 힘이 되었다. 앞으로 내 생존 조건 때문에 체제에 굴
복하지 않을 수 있겠다는 것 말이다. 어떤 면에서는 체제보다 나 자신과의
싸움이 더 중요했다. 시시포스 신화에서 시시포스는 신의 형벌을 받아 산꼭
대기까지 바위를 굴려 올리는데 그렇게 올리면 다시 밑으로 떨어진다. 결국
자기와의 끝없는 싸움이다.

인생에서 가장 뜨겁게 눈물을 흘렸던 적은 언제인가?

『나는 빠리의 택시 운전사』(개정판, 창비, 2006) 마지막 부분에도 있는데, 해
방감을 느꼈던 어느 날이었다. 그날은 토요일 오후 늦게부터 일요일 새벽까
지 일하는 날이었다. 토요일 저녁부터 일요일 새벽 3시까지는 젊은이들로
바글바글하던 거리가 동이 터 밝아 오는 5~6시쯤 되니 사람이 거의 없어졌
다. 그 시간이 되니 갑자기 뭔가 가슴부터 올라오면서 눈물이 나기 시작했
다. 그렇게 파리 시내를 달리면서 엄청 울었는데 그건 해방감이었다. 아이들

을 데리고 남의 나라에서 어떻게 살아갈 수 있을까 하는 불안이 항상 있었는데, 어쨌든 택시 운전을 하면서 이제 나는 생존 문제와 관련해 굴종하지 않을 수 있다는 해방감. 그렇게 많은 눈물을 흘렸다. 그 후로는 울지 않는다.(웃음) 그맨 그야말로 주먹으로 눈물을 막 훔쳤었다. 마흔셋일 때였다. 그런데 본디 심약하기 때문에 요즘도 영화를 보다가 공감되거나 감정이입을 하면 살짝 울긴 한다.(웃음)

가장 행복했던 적은 언제인가?

물론 사랑의 시간이 행복했다. 나는 암울한 시대에 살았기 때문에 연애도 사치인 양 의도적으로 기피한 적도 있지만, 사랑이 행복의 원천이라 생각한다. 한편으로는 실연이 불행과 고통의 원천일 것이고.(웃음) 경제적으로 힘들고 어려운 것보다 사람에게 버림받고 잊히는 것이 훨씬 견디기 어려운 일인 것 같다.

가장 깊은 절망을 느꼈던 적은 언제인가?

프랑스로 가기 전에 학생운동을 하다가 중앙정보부에 잡혀가고 시경 대공분실, 보안사에도 갔다. 그때가 20대 중반이었는데 김근태 씨가 받은 정도는 아니더라도 기를 완전히 꺾어 버리고 인간이기를 스스로 포기하게끔 자존감을 죽여 버리는 과정을 겪었다. 한쪽은 옷을 입고 있는데, 한쪽은 발가벗은 채 책상에 턱을 올려놓고 꿇어앉는 상황이 황당했다. 매타작 없이 아무렇지 않게 인간의 존엄성이나 자존감을 바닥으로 끌어 내릴 수 있는 인간에 대해, 인간을 이렇게 만들 수 있는 체제에 대해 절망한 것이 그때였다. 그렇다고 스스로에게 절망하지는 않았다. 시시포스처럼 절망에 무너지지 않으려고 애썼기 때문이다. 반反나치 활동을 하다가 수용소에 갇혔지만 여러 우연히 겹쳐 살아남은 유대인인 프리모 레비가 한 유명한 말이 있다. "인간 괴물이 없지는 않다. 그러나 그 수가 많지 않아서 그렇게 위험하지는 않다. 오히려 위험한 것은 보통 사람이다."라는 것이다. 위험한 것은 아무런 의문도 품지 않고 기계적으로 따르고 행동하는 사람들이다. 나치나 파쇼는 몇몇 사람에 의해 이루어진 것이 아니다. 인간 괴물에 의해 그런 게 아니라, 당시 독일 사람들이 유대인들에 대한 학살을 알고 싶지 않으니 바라보지 않은 것이다. 알고 싶지 않게 만드는 것에 그대로 따라간 것이다. 사회에 대해서는 분노도 하지만 인간에 대해서는 그러기 힘들다. 모두 사회의 산물이기 때문이다.

정치인 홍세화가 아닌 개인 홍세화가 꾸는 꿈이 있다면?

삶의 의미를 끊임없이 반추하고 확인하고 이어 나가는 것이 꿈이다. 삶 전체로 보면 글 쓰는 서생으로서 나중에 읽어 봐도 '내가 썼지만 괜찮네.'라고 생각할 수 있는 글을 많이 쓰는 것이 소박한 꿈이다. 따지자면 '소박한 자유인'이 내 꿈이다.

책은 얼마나 자주 읽는지?

요즘은 지키지 못하는데 원칙으로 세운 것이 일주일에 두 권이다. 그래 봤자, 일 년에 1백 권이다.(웃음)

지금까지 인류 역사를 거치며 엄청나게 많은 자유들이 생겨났는데, 궁극적으로 그 자유들이 왜 요구되었을까. 그것들은 바로 '나'라는 인간을 어떤 존재로 만들 것인가와 관련된 자유를 누리기 위해서였을 것이다.

평소 사색하는 시간을 얼마나 갖는가? 내가 존재한다는 것을 느끼는 최소한의 시간은?

주로 담배 피우는 시간이다. 담배는 건강에 좋지 않다고 하니 끊어 보려고 했는데, 글을 쓰려고 하니까 포기했다. 그것도 습관이 되니까 잘 안 된다. 술은 몸이 잘 받지 않아 조금밖에 못 마신다. 만약 술을 잘 마셨더라면 지금은 여기가 아니라 아마 센 강 근처에서 이미 소멸했거나 지금도 배회하고 있을 것이다. 손에 포도주 병 하나 들고.(웃음)

홍세화에게 자유란?

우선 자기 형성의 자유, 즉 '나'라는 존재를 어떤 존재로 만들 것인가의 자유가 가장 중요하다. 지금까지 인류 역사를 거치며 신체의 자유, 사상의 자유, 양심의 자유, 종교의 자유, 학문·예술의 자유, 거주이전의 자유, 집회·시위의 자유 등 엄청나게 많은 자유들이 생겨났는데, 궁극적으로 그 자유들이 왜 요구되었을까. 그것들은 바로 '나'라는 인간을 어떤 존재로 만들 것인가와 관련된 자유를 누리기 위해서였을 것이다. 어떤 사회 환경에 규정되고 구속된다 해도 나라는 존재를 어떤 존재로 만들 것인가 하는 것은 내게 달려 있다.

더 나아가 사회경제적 조건이라는 측면에서 자유란 사회적 존재인 내가, 내가 속한 사회에 나를 작용시켜 긍정적인 변화를 모색하고 실천하면서 삶의 의미를 느낄 수 있는데, 그 행위가 나의 생존 조건을 담보해 주는 것이다. 실제로 젊은이들이 생각하는 삶의 자유도 그러할 것이다. 결국 내 적성과 능력에 따라 하고 싶은 일이 있고 그것으로부터 삶의 의미를 찾고 싶은데,

또 그게 나의 생존 조건을 충족시켜 준다면 그것이 자유인 것이다. 하지만 자본주의 체제는 자유를 쉽게 허용하지 않는다. 마르크스가 젊은 시절부터 갖게 된 문제가 바로 그 점이었고 그가 꿈꾸었던 것이 그런 자유인들의 자발적 연대 공동체였다.

마지막으로, 동시대의 청년들에게 하고 싶은 말이 있다면?

소유의 시대에서 관계의 시대로 가야 한다고 말한 것과 같은 맥락인데, 한국 사회는 물신주의가 팽배해 소유에 대한 강박이 너무 강하다. 내가 속한 사회에 나를 작용시켜서 삶의 의미를 느끼는 것을 자아실현이라고 하지 않는가. 젊은 세대들은 자아실현에 대한 열정이 있어야 하는데, 이것은 좀 밀려난 것 같고 어떻게 하면 더 높은 생존 조건을 가질 수 있는가에만 관심 있어 보여서 안타깝다. 인간으로서 삶의 의미를 느끼는 것은 매우 중요한데 단순히 소비하고, 소유하고, 순간적인 욕망에 매몰되어 있다는 생각이 든다. 물론 삶이 각박하고 미래가 불안하다는 사실은 인정한다. 그러나 생존 조건의 추구가 너무 지나쳐서 젊은이로서 가져야 하는 패기와 열정이 실종되어 있다. 참된 자유인이 되고자 하는 모습이 부족하다. 다들 가슴속에는 나름대로 하고 싶은 것이 있을 수 있는데 이 사회가 자유를 그리 만만하게 허용하지 않는다. 물론 자아실현의 열정이 생존 조건을 무시할 수 없다. 생존 조건 때문에 자아실현의 목표를 포기하게 만드는 사회인 것은 사실이다. 그런데 너무 일찍부터 포기해 버렸다. 젊은이들에게 두 손 모아 간곡하게 얘기하고 싶은 건 "자아실현에 관해 설령 유보하더라도 포기하지는 말자."는 것이다. 자기가 하고 싶은 일은 아니지만 먹고사는 문제 때문에 해야 하는 경우가 있다. 그리고 그 시점에 모든 사람이 자아실현을 포기해 버린다. 시간의 과정 속에서 긴장을 유지하고 있으면 결국 자아실현을 할 수 있는 길이 열릴 수도 있는데, 아예 그걸 닫아 버린다. 포기하지 말고 유보하라. 유보만 하라. 그것도 되도록 짧게. 내 꿈이 소박한 자유인이라고 한 것처럼 자아실현의 내용뿐만 아니라, 특히 생존 조건을 소박한 수준에서 멈출 줄 알아야 한다. 생존 조건도 아주 풍요롭게 하면서 자아실현도 하겠다는 것은 지나친 욕심이다.(웃음)

엮은이 후기

    '자유인 인터뷰'는 2011년 봄, 정치경영연구소의 작은 회의실에서 시작되었다. 자유의 의미가 한국의 보수주의자들에 의해 반공 혹은 경제적 자유로 왜곡되고, 진보주의자들에 의해서는 수구의 이념적 도구로 오해되어 오는 것에 늘 문제의식을 가졌던 최태욱 연구소장은 "진보적 자유주의를 삶으로 살아 내는 이들을 찾아보자. 그리고 그들이 생각하는 자유란 무엇인지 들어 보자. 그리고 그들이 공동체의 자유를 넓히기 위해 자신을 어떻게 희생해 왔는지, 그 시간들을 어떻게 헤쳐 왔는지 내면의 이야기를 들어 보자. 그리고 그것을 청년들에게 이야기해 주자. 이념을 전달하는 것으로는 안 된다. 진보적 자유주의를 말이 아닌 삶으로 살아 내는 이들을 찾아 그들의 이야기를 들려주자. 그리고 실제로 청년들이 찾아가면 분명 진솔한 이야기를 들려줄 것이다! 쉽진 않겠지만 한번 해보자! 어때?"라며 연구원들에게 자유인 인터뷰를 제안했다.

    마다할 이유가 없었다. 자유인 인터뷰를 진행하면서 가장 큰 수혜자는 누구일까 생각해 보았다. 그건 인터뷰를 진행하는 우리였다. 만나고 싶던 분들을 만나 궁금했던 것들을 마구 물어볼 수 있었으니 어찌 신나지 않을 수 있었을까. 절망을 이야기할 때 잠깐씩 스치던 외로움의 눈빛, 행복했던 순간을 이야기할 때의 설레던 눈빛, 자신들이 소중히 여기는 가치를 이야기할 때의 진지한 눈빛 등 그 눈빛 세례들은 인터뷰 기사를 만들어 내는 산고의 고통을 매번 잊어버리게 할 만큼 황홀한 경험이었다. 자유인 인터뷰를 통해 자유인의 삶에 대해 깊이 고민하고 그런 삶을 갈망할 기회를 만들어 준 최태욱 선생님께 진심으로 감사드린다.

이 자리를 빌려 정치경영연구소 양태성 연구원을 비롯해, 임지은·손어진·조윤경·장지선에게 감사한다. 인터뷰 자료를 찾고 녹취를 푸는 그 지루한 일을 묵묵히 해낸 이들의 노고가 없었다면 자유인 인터뷰는 나오지 못했을 것이다. 그리고 이 긴 원고를 꼼꼼히 봐준 김순영 박사님께도 특별한 감사의 말을 전하고 싶다.

자유인 인터뷰를 시작할 수 있도록 기회를 만들어 준 〈프레시안〉의 박인규 대표와 임경구 국장, 이명선 기자, 그리고 인터뷰이의 마음까지 담아내는 멋진 사진으로 독자들을 감탄케 했던 최형락 기자, 어설픈 원고를 즐겁게 읽어 봐준 〈프레시안〉 독자 분들에게 진심으로 감사드린다. 그리고 자유인의 정의는 무엇인지, 자유인 인터뷰에서 찾고자 했던 자유는 무엇인지를 서문에 담아 보라고 조언해 준 박상훈 후마니타스 대표와, 슬쩍 넘어가려고 했던 부분들을 매의 눈으로 잡아낸 정민용 주간과 윤상훈 편집자에게 감사드린다. 호박에 줄을 그었더니 수박이 되는 기적을 이분들을 통해 경험했다.

스물일곱 분의 인터뷰이에게 진심으로 감사드린다. 정치 현안에 대해 한참 물어보다가 "그런데 청년 시절은 어떠셨어요?"라며 뜬금없는 질문을 던지는 어설픈 인터뷰 진행에도 환히 웃으며 성실히 답해 주신 선생님들 덕분에 자유인 인터뷰를 계속 진행할 용기를 얻었다. 이 자리를 빌려 다시 한 번 감사드리고 싶다.

나의 모든 약함을 보듬어 주며 크고 작은 언덕을 함께 넘어 준 사랑하는 아버지, 어머니와 선미 언니, 찬영 형부, 희원, 주현 그리고 나의 영원한 비타민 지환, 우림에게 감사드린다. 이들의 사랑이 없었다면 자유를 향한 나의 여정은 한없이 불안했을 것이다.

마지막으로 지금 이 시대를 지나고 있는 모든 청춘에게 감사드린다. 각자의 삶을 이끌어 주는 신비한 이유들을 소중히 보듬어 가다 보면 어느 길에서 마주칠 순간이 있지 않을까. 그때 서로 맘껏 응원해 주기로, 또 함께하기로 하면서, 우리 모두 파이팅!